作者序
Preface

　　「旅者所見，無奇不有」❶有此一說是因為過去旅人們所寫內容或描述方式，無法經由現代科學的精細檢驗而得到證實或推翻，所以產生上述情況。我們的祖先安於所生之處，通常老死不離故里，因此無法反駁書上讀到的奇聞怪譚。在那忠於信仰的年代必然有其安定之處，因為誰也不能否定自己所受的教誨。但現代人透過旅遊把地球握於股掌之中，好奇的不放過世界任何角落，四處翻查探看，「舊規遷衍，新矩進駐」，而老故事也就逐漸為人淡忘。

　　正是為了讓這些故事免遭世人遺忘而快速失傳，我特撰寫此書，或者該說編纂此書。而我說編纂，是因為我更珍愛前人以古雅文字，將故事娓娓道來，而非以今語重述，篡奪其文筆之功，這種汰古換新的作法，今日已濫用成災。

　　古代博物學家的研究，也並非人人皆能參閱；再說，書寫文字大半為拉丁文，且因內容往往彼此抄寫，若逐篇盡讀，恐怕會

白費工夫。不過對一般讀者而言，選集倒是可考慮，若再將其中每幅古趣盎然的木雕版畫精確重製，用來與文字相襯，則成形的著作，容我自誇，必不至枯燥，就算只是淺讀略翻，也一定會有樂趣的。

也許最神奇的生物和最怪異的生命型態，會在海中發現；就算有緣一見的人，也非繪圖專家，只能等回到陸地才能述說所見怪物，於是語不驚人勢不休地描繪，而與本尊不像了。尤其是以北極海為主要棲息區民族的傳說，如克拉肯海怪❷、海蛇、旋渦、人魚等等，即使為其他民族所存疑，依然流傳久遠；也許最容易信以為真的年代是十四、十五世紀，當時的遊記似乎再光怪陸離都無人質疑，這點從紅遍歐洲的《約翰·孟德維爾爵士遊記》❸可見一斑，儘管孟德維可能是虛構的人物，而他自稱該作只是花了編纂的工夫，但對於十四世紀前半時期的歐洲來說，該作所蒐集的資料，卻是他們所能獲取的非歐洲國家之地理及博物的知識總匯。

昔日的博物學家都相互抄寫複製，也都把自己的文稿編纂成冊。普里尼❹取自亞里斯多德，

他人又引用普里尼，代代相抄；但是要等到印刷術發明後，他們的著作（給未受過教育者的書❺）才能流傳於大眾之間，也讓民眾能眼見所描述生物的圖像，這讓該書除了文字更有許多看頭。

本書只不過是一部怪禽異獸之匯集，為了今日大眾口味而作，諸位博雅高仕，就請無需費心嚴評細論了。

約翰‧艾希頓　*John Ashton*

注釋

❶ 語出十八世紀初英國詩人、演員暨諷刺劇作家蘇珊娜‧桑立弗（Susanna Centlivre）的劇作《求婚傳奇》（*A Bold Stroke for a Wife*）。

❷ 即 Kraken。北歐神話中的大海怪，通常以八爪形像呈現，近似章魚，插圖家常以該生物為本，創造其外貌。詳見本書 P.362。

❸ 約翰‧孟德維爵士即 Sir John Mandeville，應該即 *The Travels of Sir John Mandeville*（《約翰‧孟德維爾爵士遊記》）的作者，該書為一部旅遊回憶錄，現存最早版本為以法文出版，流通於十四世紀中葉，有許多語言之譯本，盛行一時，雖然內容明顯光怪陸離，但也曾影響許多重要人物，包括哥倫布。

❹ 本書所指，應為老普里尼，即 Pliny the Elder（23-79AD），為西元一世紀古羅馬博物學家、史學家及科學家，著有《博物史》一書。其侄小普里尼（Pliny the Younger，西元 63 至約 110 年）為政治家及演說家。

❺ 此話語出十五世紀法國宗教改革家約翰咯爾文（John Calvin）之《基督教要義》一書。新教人士意欲改革天主教之繁文縟節，相信直接經由閱讀聖經文字能與上帝溝通，故有此一說。

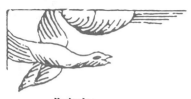

作者序
Preface
001

前言
Introductory
009

拉蜜亞
The Lamia
115

半人馬
The Centaur
120

Part1　人類神話

亞馬遜人
Amazons
042

矮人族
Pygmies
045

巨人族
Giants
054

原始人
Early Men
063

野蠻人
Wild Men
072

毛人
Hairy Men
076

紅毛猩猩
The Ouran Outan
082

半人羊
Satyrs
087

史芬克斯
The Sphynx
097

人猿
Apes
103

動物傳說
Animal Lore
105

曼提柯爾食人獸
The Manticora
111

Part2　草原森林

戈爾貢
The Gorgon
130

獨角獸
The Unicorn
135

犀牛
The Rhinoceros
148

牯獵
The Gulo
151

熊
The Bear
157

狐狸
The Fox
178

狼
The Wolf
189

狼人
Were-Wolves
195

羚羊
The Antelope
201

馬
The Horse
202

模仿狗
The Mimick Dog
206

貓
The Cat
211

獅子
The Lion
213

殺獅獸、天馬、克羅柯塔犬　　215
The Leontophonus、Pegasus、Crocotta

盧克羅科塔獸、耶爾羚、倒退進食的牛　　219
The Leucrocotta、Eale、Cattle Feeding Backwards

動物醫學　　221
Animal Medicine

蘇獸　　224
The Su

綿羊樹　　226
The Lamb-Tree

凱米拉　　233
The Chimaera

赫匹與賽倫　　235
The Harpy and Siren

Part3　　　　飛鳥禽類

藤壺鵝　　242
The Barnacle Goose

奇蛋　　248
Remarkable Egg

月女　　249
Moon Woman

葛瑞芬鷹頭獅身獸（獅鷲）　　250
The Griffin

鳳凰　　254
The Phoenix

燕子　　258
The Swallow

燕子與無腳鳥　　262
The Martlet, and Foot-Less Birds

雪鳥　　265
Snow Birds

天鵝
The Swan
268

小海雀
The Alle, Alle
269

戴勝鳥與小辮鴴
The Hoopoe and Lapwing
271

鴕鳥
The Ostrich
273

靖海之鳥
The Halcyon
275

鵜鶘
The Pelican
278

柳鶯
The Trochilus
280

雙頭野雁
The Two-Headed Wild Geese
282

毛絨母雞
Woolly Hens
283

四腳鴨
Four-Footed Duck
284

Part4　　　　海中幻獸

魚類
Fish
290

男人魚
Mermen
293

鯨魚
Whales
300

海鼠、海兔、海豬
The Sea-Mouse、The Sea-Hare、The Sea-Pig
323

海象 325
The Walrus

劍吻鯨、劍魚 329
The Ziphius、The Saw Fish

逆戟鯨 331
The Orca

海豚 334
The Dolphin

獨角鯨 336
The Narwhal

史旺魚 339
The Swamfisck

沙哈布 341
The Sahab

佘考斯 342
The Circhos

拖延魚 349
The Remora

犬鯊以及魟魚 352
The Dog-Fish and Ray

海龍 354
The Sea Dragon

刺魟 355
The Sting Ray

魚類的感官能力 356
Senses of Fishes

植形動物 358
Zoophytes

海棉 360
Sponges

克拉肯海怪 362
The Kraken

蝦與蟹 368
Crayfish and Crabs

Part5 爬蟲傳說

海巨蛇 372
The Sea-Serpent

巨蛇 383
Serpents

多頭龍 397
Wormes and Dragons

鱷魚 418
The Crocodile

巴西里斯克與雞蛇怪 424
The Basilisk and Cockatrice

蠑螈 431
The Salamander

蟾蜍 436
The Toad

水蛭 439
The Leech

蠍子 441
The Scorpion

螞蟻、蜜蜂、大黃蜂 443
The Ant、The Bee、The Hornet

前言
Introductory

我們對怪奇生物的研究，就從生物中最高貴的一種談起——即人類。假如達爾文說得屬實，那麼人類必然也走過許多階段，逐漸演化，才能站上今日地球霸主的地位。

這位哲學家並未在動物的起源裡，給自豪的人類祖先較高階的地位；或許我們也該感謝他沒有追溯得更久遠。他以海鞘❶為人類起點，這是目前所知一切具脊椎特徵的生物裡，最低階的一種；而他在所著的《物種起源》裡這麼說：

「這是脊椎動物門裡，我們能見到的物種中最古老的一種，可視為某類海洋動物，貌似現今存在的海鞘幼蟲，跟頭索動物❷一樣結構極為簡單；硬鱗魚以及其他像肺魚的魚類，必然是從牠們演化而來。我們從這種魚再演化成兩棲類，只是跨出一小步而已。我們看到鳥類與爬蟲類也曾緊密相連；而今日的單孔目哺乳動物❸以若有似無的關連，把哺乳類與爬蟲類連結在一起。但是目前尚無人能說明較高階而相關的三個綱，也就是哺乳、鳥及爬

蟲綱，是從脊椎動物亞門中兩個較低階的綱（即兩棲綱或魚綱❹）的哪一個演化而來。在哺乳綱裡，從遠古的單孔目、有袋動物，再到以胎盤育幼的形態，這個發展步驟並不難追溯。我們可能是像這樣發展成狐猴科；從這裡再到猿猴類就不遠了。猿猴類接著發展出兩個主要支派──新世界與舊世界兩種猿猴；而人類這個萬物之靈，則在很久之後，從後者裡產生。」

「至此我們能粗略地依其親近程度為輔助，盡力追溯脊椎動物的族譜。以人類的現狀著手，我認為在相接連的時期中，能部份還原人類早期祖先的結構，雖然這未必反映時間的先後。但經由人類保留下來的基本結構、外表上部分因遺傳而出現的特徵，與形態學和胚胎學的輔助，我們可以推敲人類祖先的樣貌。我在此所引用的各式各樣的事實，都已在先前提供。人類的祖先無疑全身皆有毛髮覆蓋、兩性都有鬍子、兩耳都有尖端且能轉向、身體後面還拖著一條尾巴，且上頭長有足夠的肌肉。他們的四肢與身體也有許多肌肉，如今這樣的特徵只能偶爾看到，且通常只出現在四手靈長類❺身上。在胚胎時期，就能看出腳姆

趾有抓握能力；我們的祖先無疑習慣樹棲生活，常出現在溫暖而森林濃密的地域。雄性還長有巨大的犬齒，為具有恫嚇功能的武器。」──《物種起源》

莫提默・柯林斯❻曾諷刺地寫道：

「在那久遠的年代，曾有一頭猿猴；
無數個世紀過去，牠的毛髮變捲了，
無數個世紀過去，牠的臂腕上長出姆指，
接著，他儼然已是個人類，還是個實證主義者❼。」

猿猴。

　　所附插圖，似乎體現了達爾文的一切要求，呈現了我們母系的祖先，該圖取自喬安尼斯・贊恩❽於西元一六九六年出版的舊書中，稱為「森林人」❾。

森林人（有尾巴的人類）。

　　達爾文說那個時期的人類有尾巴，而且只要沒有比插畫裡顯示的長（抄自上述書中），就不能說不雅，而這也還只是品味問題，要是能像條鼠尾、靈緹獵犬❿或玩具猄犬的尾巴，自然就更優

雅了。許多舊時代的作者談到婆羅洲及爪哇的有尾人種時，描述不只男性帶了條尾巴，女性也有。彼得·馬特⑪說在一個名叫因薩岡寧的地區，住著一種有尾族，因尾巴無法像動物那樣能活動而帶來困擾。依彼得·馬特的觀察，他們的尾巴像魚類或鱷魚般僵硬，硬度大到他們坐下時，坐位上需要有個洞來容納尾巴。

托勒密⑫與克特西亞⑬曾談到有尾族；而普里尼也說到錫蘭居住著一群長毛尾巴的人種，行動相當敏捷。馬可波羅告訴我們：「聽著，你們得知道在這個稱作蘭布里奧的王國⑭，居住長了尾巴的人類；這些尾巴約手掌那麼長，沒有毛髮。這些人住在山區，像野蠻人；而他們的尾巴跟狗尾巴一樣粗。」許多旅行家曾在馬來群島⑮聽說過覆蓋著毛的有尾人；而聖約翰先生⑯曾經在探討婆羅洲的文章中寫道，他遇到的一位商人曾見過這些住在島嶼北岸的族群，還親手摸過他們的尾巴。那些尾巴長約四英吋⑰，而且相當堅硬，椅墊上一定要鑽個洞才能坐。中國人也聲稱在廣東省北邊山區裡居住著一群有尾巴的民族。德庫瑞先生曾記載了南南人也是有尾族。據他的說法，有尾族居住在阿比西尼亞或奴比亞⑱，他們的尾巴至少有兩英吋長。我們都知道在老蒙伯度爵士⑲的理論中，人類本來就長有尾巴；不只如此，他還說，那時還存在天生有尾巴的人，有尾人會在入營體檢時被軍醫發現，還有人的「尾椎」被加長，而形成一條假尾巴，如此一來這個人還是能當步兵，但就不適合當騎兵。

正在踩踏釀酒葡萄的年輕有尾人（羊人）。

這張精緻的圖畫取自龐貝城的壁畫，圖串的有尾人據說是美化的年輕有尾人（羊人）❷⓪，正在踩踏釀酒的葡萄。但這類昔日遍布於世界各處的美好人種——有尾人，已經消逝。如今他們無一存留，似乎教人婉惜，由於我們從來不曾見過，讓人們輕易就揣測他們根本不曾存在，說這只不過是作家創造出來的生物。

接下來談的生物，直到十七世紀都一直是人們信仰的對象，而在伊麗莎白女王時代時，都還人人知曉，我們可以從《奧賽羅》㉑辯護自己的話裡讀到（第一幕、第三場）：

「而食人族，彼此相噬，
這種無頭蠻族，其臉面，
卻生在肩下㉒。」

一到二世紀之前，人們完全相信牠們存在。而該種族又與地理學有關，今日存於何福德大教堂㉓的「寰宇圖輿」㉔（現存中最早的英文地圖之一），就有這些奇異生物。這幅圖可追溯至十四世紀的最初幾年，人們所描繪的這類想像的人種在圖中有完整描述。

約翰・史路普㉕在西元一五七二年的作品所寫的獨眼族㉖附有插圖，以及下列評語：

「古代詩人所提到的，
波里弗默㉗與獨眼族同族：
相傳這條血脈傳至後代，
臉上只有一眼居中。」

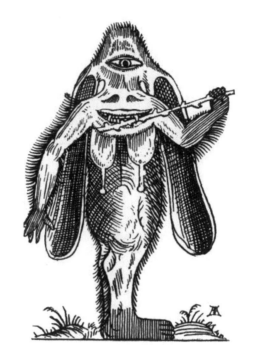

獨眼族。

　　普里尼把獨眼族的出沒處定位於「地球的中央，義大利及西西里附近」。如果我們能說服自己相信獨眼族這個說得繪聲繪影的理論，他們就極可能真的存在。他們擔任礦工，在帽子中央的燈或者燭火就是他們的眼睛；然而，看得出來史路普提供的圖應該是想像多於寫實。

居住在麥奧提斯大沼澤❷外，那個國度的賽錫亞人❷中，希洛多德❸並不相信裡頭有獨眼人或世上有任何獨眼族；不過比他晚約五百年的普里尼，把這個奇妙族群的舊故事翻新重說。

「北方各區域的民族附近，北風吹起地點的不遠處，就在他們視為巢穴，亦稱為『世界邊緣』❸的地方，住了只長一隻眼睛的偉大民族——亞瑞麥斯匹族，眼睛就長在額頭中央。傳說，這個民族與葛瑞芬鷹頭獅身獸（獅鷲）❸長年征戰，後者一般被描述成類似有雙翅的怪物，會開採金礦且貪婪地獨佔，而亞瑞麥斯匹人也同樣想據為己有。」

密爾頓在《失樂園》第二部裡提到這個民族：

「當葛雷風鷹頭獅身獸❸，飛越荒野，
振翅高飛，翻山越嶺，穿過苔谷，
追捕亞瑞麥斯匹人，他們偷偷摸摸，
在牠機警看守下，竊走，
被守護的黃金。」

不過鷹頭獅身獸的故事極可能是淘金客捏造出來的，好嚇阻別人不要靠近並打擾他們的生活。然而小型的亞瑞麥斯匹人並沒有把鷹頭獅身獸當回事，因為普里尼曾告訴我們這種小鼠賊：

「在金礦礦坑裡，他們的肚子會為了黃金而打開。肚裡總找得到偷來的金屑，為了這個他們樂此不疲！」同時，里維[34]也兩度提到這種啃咬金子的小鼠賊。

還有當時存在的食人族[35]，雖然那時傳教士的冷靜使他們無福享用，但是還有許多美味的生物。「除了賽錫亞食人族外，還有個名為反腳族的民族，居住於伊毛山（喜馬拉雅山）的某個遼闊山谷裡，他們是個野蠻的民族，腳掌與腿的方向相對，朝後方長；跑速極快，且不排斥野獸，與牠們四處漫遊。」

畢頓的職責是用亞歷山大大帝的步伐，測量反腳族的居住地到大帝所住位置的路程。他告訴我們，這個民族（反腳族）只能在自己居住的氣候裡呼吸，別的都不行，因此不可能把他們帶到鄰近王國的國王面前，自然也就無法帶到亞歷山大大帝面前。

我們前面所提的食人族，根據奈錫亞的伊索格納斯[36]的說法，居住在離波瑞斯尼斯[37]十日路程的地方，習慣以人類的顱骨為器皿喝酒，並把有頭髮的頭皮掛在胸前，猶如胸前蓋著許多圍巾。

奇形怪狀的人種。

同一位作家還敘述，在阿爾巴尼亞有一個種族，眼睛如海水青中
帶綠，其髮色在幼兒初期時便轉白（白子），而且他們夜間的視
力優於白天。他還說，也居住在離波瑞斯尼斯十日行程地方的掃
洛瑪族❸，每兩天才進食一次。

　　波格瑪斯城的克雷特斯❹說，在帕里安附近及在海勒斯龐特
海峽（即位於小亞細亞城鎮的卡瑪納）❹，以前曾居住名為奧菲
歐金族❹的人種，能用觸摸治癒被蛇咬傷的人，僅需用手碰觸便
能將蛇毒吸出。法洛❹告訴我們，那裡還有一些人的唾液能治癒
蛇吻。據阿賈沙耐迪斯❹的說法，同樣的能力也出現在非洲的錫

萊族❹身上；他們的族名來自曾經的國王錫萊勒斯，其陵墓位於大沙特灣❺一帶。在這些民族的身體裡，天生有種毒素可殺死蛇類，其體味更具有讓牠們昏沈遲鈍的作用。對錫萊族而言，依照習俗，兒童一出生就要立刻放在最兇猛的毒蛇前，以此檢驗老婆有無出軌。嬰兒一靠近，蛇要是沒有躲避就一定是孽種。然而這個民族已幾乎遭屠殺殆盡，兇手是納撒蒙族，如今後者占據錫萊族原有的居住地。然而這個民族仍有一些倖存者，若非即時逃離的，便是戰事發生時不在當地。義大利的瑪喜族也擁有同一種能力。據說這是因為他們的祖先是賽嬉❻的兒子，這個血統讓他們天生有這種能力。事實上，所有人類在自己的體內都有種可制服蛇類的毒素，據說唾液能使牠們有如被潑了滾水一般地逃竄；而同一種物質一旦進入蛇的喉嚨，便會殺死牠們，尤其是斷食中的瑪喜族人唾液，效力更是強大。

在納撒蒙族（居住在利比亞臨地中海之西卓灣附近）以及相鄰的馬克賴人居住地之上，我們從卡利凡尼斯處得知，有個由食人族構成的民族，每個人身上都有男女兩種性徵，並輪流發揮兩種

功能。亞里斯多德也曾敘述,他們的左胸是男性的胸部,右胸則是女性的胸部。

伊西格奴斯與尼弗多羅斯[47]告訴我們,在非洲有一些法師家族,他們以讚美的方式下咒,能使牛隻死亡、樹木枯萎而嬰兒喪命。伊西格奴斯還補充,在崔百利人以及伊利萊人[48]兩族裡,有些人有能力用眼睛迷惑人,而且只要盯著誰夠久,還能將那個人殺死,特別是用冒著怒火的眼神看;據說處於青春期的人,被他們用上述能力攻擊的話傷害更大。

更值得一提的事是,這種人每個眼睛裡都有雙瞳。阿波羅奈迪斯說,在賽錫亞有些女人符合這個描述,大家稱她們為拜西雅人。而費拉克斯[49]則說在龐特斯[50]的西拜伊族以及其他許多人也符合。他們一眼中有兩個瞳孔,另一眼中則有馬的形狀;他還說這些人入水不沈,即使衣服吸水變重也還能浮著。戴蒙則提到有個民族與他們十分相像,即衣索比亞的法納斯族,他們的汗水不管什麼樣的人碰觸到都會被侵蝕。作家西塞羅[51]也說,任何有雙瞳的女人的目光都有殺傷力。

如同創造野獸,造物主在創造拜西雅人時,注入了與野獸相同的嗜人肉習性。儘管祂在此生物身體的每個部份都賦予造毒的能力,像有些物種連眼睛都能造毒,但造物主卻讓一般人類沒有這種能力。距離羅馬不遠處,在費里西人[52]居住的地域,有幾戶人家被稱為狼族[53]。這些人每每都在索拉克提嶺[54]向阿波羅獻祭,

在祭禮上他們會踏過燃燒的木堆，卻一點燒燙傷也沒有。就因為這件事，長老院立法永遠免其兵役，而讓所有公眾傜役。

有些人一生下來，身體某些部份就有神奇功能。彼魯士國王❺就是一個例子，他的右腳姆趾能治癒脾臟疾病，碰碰病人病就好了。據說這個腳趾在火化中無法成灰，因此被轉至神殿存放。

印度及衣索比亞一帶神蹟奇事特別豐富。那裡產出最巨大的動物；例如那裡的狗比任何國家的都大，樹木也是，據說高到任何弓箭所射的高度都沒樹高。這是因為那裡的土壤有特殊的養份，氣溫溫和，雨量豐沛。若傳聞無誤，據說單單一株無花果樹（實為榕樹）就能替一整群馬遮風擋雨。而蘆葦（實為竹子）高到每兩個莖上的節間所構成的葦管，能製成可搭載三人的小船。還有個眾所皆知的事實，那裡有許多居民都高於五腕尺❻。這些人從不吐痰，從不受病痛所苦，沒有頭痛、牙痛、眼痛或任何其他身體部位的疼痛；陽光的熱度恰如所需，讓體質健壯……另外，據麥蓋西尼斯❼說，奴洛山區❽住著一個民族，他們兩個腳掌方向朝後，且各有八個腳趾頭。

在許多山區裡，有個以狗頭人身的人類所構成的部族。他們以獸皮為衣，不說人語，只是吠叫，長有爪子，以狩獵為生並捕捉鳥類。根據克特西亞曾說的一個故事，這種人數量超過兩萬零一百人；同一位作者還告訴我們，印度有個族群，他們的婦女一生只懷胎一次，而兒童的髮色出生那一刻就變白。他還提到另一個被稱為獨腿人的人種❸，他們只有一條腿，不過跳躍能力出奇靈活。同一個族群的人還被稱做足蔭人❹，因為他們在天氣酷熱時習慣仰臥，並以腳形成的大影子阻擋烈日曝曬。克特西亞說，這些人與穴居人❺的居住地相近；而西邊居住著一個無頸族，他們的眼睛長在雙肩上。

在東印度的多山區裡，也就是人稱卡莎克魯迪人的國度發現半人羊❻，一種行動敏捷的動物。牠們有人類的五官，有時以四肢行走，有時則直立以兩腳行走。牠們的速度快到除非是老弱殘病的否則通常無法捕捉。

陶倫將某個民族命名為克羅曼達人。該族居住在樹林，無法正常發聲且聲音尖的嚇人、身體佈滿毛髮、有海水綠的眼睛，牙齒有如犬類。優杜索斯❻則告訴我們，在印度的南部，有個被稱為雀腳族❻的族群，他們男人的腳有一腕尺長，而女人則明顯較小。

麥蓋西尼斯在印度諾瑪迪人間分出另一支族群，名為賽瑞族。這種人鼻子的地方只有兩個洞。在印度的邊境，極東之處，

也就是恆河的源頭㊺，有個叫阿斯多密人的民族，他們沒有嘴巴，身體粗糙多毛，摘下樹葉㊻遮蔽身體作為衣服。他們不進食，只靠呼吸以及用鼻孔吸入的氣味就能維生。既不吃肉也不喝酒，每當有長途旅行時，只攜帶有各種氣味的植物根部與花朵及野生蘋果，這樣就不會沒有東西可聞。不過只要是稍微強烈一點的氣味，一不小心就會嗆死他們。

伊索格奴斯㊼告訴我們，印度的另一個民族佘尼人能活到三百歲以上。伊索格奴斯認為衣索比亞的馬克洛比人、佘拉人以及亞索斯山㊽的居民也一樣長壽。上述除了佘尼人外的幾個族群以毒蛇肉為食，因此不怕任何毒物叮咬，他們的毛髮與衣服也有同樣功能。

根據奧涅西克里特斯㊾的描述，在印度沒有陰影的地區，男性可以長到五腕尺加兩隻手掌高㊿，壽命可長達一百三十歲。他們死時沒有任何衰老的痕跡，有如英年早逝一般。伯甘尼斯把壽命超過百年的印度人稱為吉門尼人㋕，而有不少學者稱他們為長壽人㋖。克特西亞提到其中有一族名為福人㋗，他們居住在山谷裡，壽命可達兩百歲。

年幼時就一頭白髮，老年時反而變黑。另一方面，有些加入長壽國的人，壽命從未超過四十歲，而他們的女性一生只生產一次。這個情況阿蓋沙查迪斯❼也提到了，據說他們以蝗蟲為食，而且腳步敏捷。克里塔卡斯❼及麥蓋西尼斯則稱這些民族為曼迪人❼，並清點出三百個村落屬於這族。他們的女性七歲就能懷胎，到了四十歲才會變老。

阿特密德洛斯❼說，住在塔普丹島（錫蘭）上的人，壽命極長且不會衰老。印度另一個民族卡林加人，女性五歲懷胎，但活不過八歲。而其他地方，我們又發現生下來就長有長毛尾巴的人，他們行動迅速，有一些則長有巨耳，可以蓋住全身。

柏巴莫斯的克雷提斯描述，居住在衣索比亞外的穴居人跑得比馬還快；另一個衣索比亞的部族──賽波泰族，身高超過八腕尺。衣索比亞的游牧民族中還有個部落居住在亞斯特拉格斯河北岸，離海岸約二十天的路程，這

長有巨耳的人類。

個民族稱為曼尼米尼人。他們以犬首猿[78]（狒狒）的乳汁為食，並大量豢養這種動物，但他們會把公的殺死，只保留少數作為繁殖用。在非洲的沙漠裡，常常有人上一秒還看見曼尼米尼人，但下一刻就消失無蹤，就像海市蜃樓一樣。

前人的這種描述，不妨說是普里尼在世時的基督教時期（即西元初年）所相信的事，這些信仰也世代流傳。在普里尼死後一千兩百年，約翰‧孟德維爾爵士證實了他的說法，如前面所提，這些奇異生物都有圖為證，在「寰宇圖輿」以及早期以印刷術製作的古書都有。孟德維爾寫道：「許多奇邦異國都在印度，印度之名來自貫穿該區的印度河。住在印度河附近的人膚色詭異，有黃有綠，而河裡有許多寶石與三十英呎[79]長的鰻魚。」

還有另一個人們稱為多汀人的族群。那個偉大的族群有著千奇百怪的風俗，有父食子而子食父，也有夫食妻而妻食夫的。假設某個父親、母親或友人生病了，以父親為例，兒子就會立刻去找掌管法律的祭司，請求他向神像祈求神諭，看看父親是否會死於該疾病。於是祭司與兒子便在神像前虔誠跪下祈問。假如神回答能活，他們便

好好照顧；假如神回答會死，祭司便領著兒子、妻子或友人到病人面前，以手堵住病人的口鼻將他悶死，接著他們把屍首擊成碎片，辦一場盛宴請所有死者的友人來分食，還會請許多吟遊詩人伴樂而餐。等肉都吃完了，便把骨頭埋葬，大家齊聲高唱禱詞。沒有出席這個食屍宴會的朋友，將顏面盡失，破壞情誼，永遠不被視為朋友了。

有個族群的國王是個強而有力的偉大領袖，許多部族都在他統領之中，而每個部族又各有統治者。這些民族裡，有些部族只有一隻眼睛，就長在額頭正中央，他們生吃肉類及魚。另一個部族則沒有頭部，眼睛長在雙肩上，嘴巴則在胸口。還有一個部族既沒有頭部也沒有眼睛，嘴巴長在雙肩上。再有一個部族臉部平坦，沒有鼻子也沒有眼睛，該有眼睛的地方只有兩個小圓孔，嘴部有洞但沒有嘴脣。還有一個部族長著平坦的臉，沒有眼睛、嘴巴和鼻子，眼睛和嘴巴是長在肩膀背後。

另外還有一個民族相貌奇醜，嘴脣大到在太陽下小睡時，可以用來遮臉防曬。另一個民族則體型嬌小有如侏儒，沒有嘴巴，只有一個小圓孔，他們吃肉喝湯都用根管子吸，沒有舌頭也不講話，只是吹氣和吹口哨，彼此溝通便靠這種聲音當作信號。另一個民族則是耳垂及肩的野人；有一個民族也是野人，耳朵下垂而腳部像馬，跑起來迅速，他們靠獵取野獸為食。有一個民族，用手腳併用來行動，像性情兇猛的動物般，且能像貓科動物或猿類

跳到樹上。還有另一個民族以膝蓋走路，每隻腳上有八根腳趾。

　　有個部族名為毗坦人，因為他們不吃東西，所以這個部族的男性不耕田。他們體形嬌小，但沒有矮人❸那麼小。毗坦人沒有人性形同野生動物，以野蘋果的香味維生，每當他們遠遊時就帶著蘋果，因為萬一找不到香味來源就會餓死。還有另一個部族，除了臉與手掌外全身皆覆蓋羽毛❸，這類族人在海上也能生存，生吃肉類與魚類。在衣索比亞有個獨腳族，他們行動敏捷，令人驚嘆，而且獨腳巨大到躺在地上時，腳的影子可以涵蓋住全身遮日擋雨；他們的子女出生時髮色赤紅，老時則轉全黑。

　　此外，有一種象頭族。古時候這個族群不蓋房子，而是安身於洞穴岩縫中，有許多以燧石做的銳器被找到，是人們用來做成箭或茅來捕殺動物的工具。有的做成破骨工具來切開大骨，以吸食裡頭的骨髓。這些到了古典時期被稱之為穴居人（語出希臘文的 trwglodutai，即穴居人）。這是個通泛的說法，也有特別拿來指住在多瑙河沿岸的未開化民族，與居住在紅海西岸及衣索比亞的

民族。

　　後者的生活不可能會太安
逸，因為希羅多德告訴我們：
「咖蘭曼堤人❷需要架著四馬
戰車獵捕衣索比亞的穴居人，
因為他們是跑得最快的人類，
這點我們時有所聞。穴居人吃
蛇類、蚯蝪以及類似爬蟲類維
生。他們有與眾不同的語言，
聲音就像蝙蝠般尖銳。」

　　普里尼如前文所提，談到
一個食用蝰蛇的民族，這個食
物讓他們的壽命比別人長。孟
德維爾告訴我們：「我們來到
一個名為查考塔的地方，這裡
的人全像野獸，毫無人性。他

象頭族。

們以洞穴為家，因為他們的智力不足以蓋房子；他們吃蝰蛇，沒
有語言，但能對彼此發出有如蝰蛇間的嘶叫聲；無生財之道，只
擁有一種四十個顏色的彩石，依產地之名叫做查孔奈石。他們不
知道它的價值，只是貪婪地據為己有。」

　　那種石頭八成就是某種瑪瑙。正如普里尼的推測，這塊石頭

可能像某些人認為的那樣不是黃玉。[83]黃玉因其綠色光澤而得到高價。一點都沒錯，當年它首度被發現時，便成為最受喜愛的寶石。事情是這樣發生的，有一些穴居海盜受暴風雨及饑荒之害，漂流到阿拉伯半島外名為塞堤斯島的小島上，他們在挖地找植物根莖為食的時候，發現了這種寶石；至少這是阿基拉烏[84]提出的說法。朱巴說：「紅海中有個島嶼名叫托帕佐[85]，距離陸地約三百個技競場周長之遠[86]。四週雲霧撩繞，常常是航海者尋找的地點，因此它得到今天這個名字──『托帕辛』[87]這個字的意思就是穴居人語裡的『尋找』。往後的某個年代，有尊四腕尺高的雕像，就是以此石雕成。而托帕佐石（今名為黃寶石）是所有寶石中最大的一種。」

　　這點顯示衣索比亞的穴居族有一定的商業頭腦，他們在沒藥及其他調味料的生意做得還不錯。普里尼說穴居族貿易的貨品裡也有肉桂。他們「向鄰族買進肉桂，乘著木筏走海路運送，木筏無舵、無拖曳，也不靠槳或帆推動，他們沒有尋求任何工藝資源幫助，靠的就是一條命與膽量，在筏上面對一切。此外，他們選擇在冬季、約春、秋分[88]

時出海，因為那時吹東南風，這時的風能引導他們走向對的路線，航行過一個又一個海灣，等繞過阿拉伯海角，東北風就會把他們吹到杰瑯尼提㊲的奧西利亞港。這個穴居族因偏好此港所以航行至此，他們說至少要再過五年這些商人才可能啟程回家，而許多族人也在航行中喪命。他們以貨物換得的物品有玻璃、赤銅、布料、腰帶扣、手鐲以及項鍊；也就是說，這些交易特別取決於女性難以捉摸的品味與喜好。」

上述說明至少顯示有些穴居人有商業特質，且有相當程度的文化水準；其實後者已獲完全證實，因為普里尼在接下來不久便談到密洛巴蘭能人：「他們帶的是穴居國的各式商品中最糟的一個。」這點證明他們已經達到某個文明高度——學會以假亂真的手法！值得一提的是，這個民族的幾個特殊習性也引起了他人的注意。他們擁有長角的龜（或應該說是牠們的前腳），形狀有如七弦琴的兩個琴弓，穴居人騎著牠們游泳。而這應該就是指海龜，因為他們叫牠切隆；穴居族也崇拜牠們。此外，穴居人的牛不像一般的牛，那種牛的角向下朝地面彎曲，使牠們吃草時不得不把頭偏向一側。這些牛應為跟弗里佳㊵的牛隻混種，後者的角跟耳朵一樣能轉動。幸運地，他們還擁有一座名為病湖的湖（Lacus Insanus 即 Unhealty Lake）。湖中的水不分晝夜，每天會變得又鹹又苦三次然後又變成淡水，人們一點也不意外病湖會充滿三十呎長的白蛇。

注釋

❶ 即 Ascidian，通常為長條形，一端為口，濾食維生，惟其消化管道附有一條極原始似脊椎之神經結構，算是最原始的脊椎生物之一，五億年前寒武紀海中前曾興盛一時，但今日仍有少數支派存在。

❷ 即 lancelet，其狀如魚條，為濾食動物。

❸ 即 Monotremata，是卵生哺乳類，目前僅有極少存在於澳洲，如鴨嘴獸及針鼴。單孔是指尿道、肛門與產道並未分離。

❹ 魚或魚類是「魚綱」的通稱。「魚綱」非單系群，而是並系群，也就是由多個脊索動物門的「綱」所組成。因如今的生物分類多偏好使用單系群，故「魚綱」一詞不再有效。

❺ 即 Quadrumana，指的是手與腳皆有掌與指的結構及功能。

❻ 即 Mortimer Collins（1827-1876AD），英國詩人暨小說家。

❼ 即 Positivist，他們主張對事理認知，要求諸經驗事實，拒絕以先驗與形而上思辯的結果為基礎。

❽ 本書提供之名字拼法為 Joannes Zahn，但似乎為 Johann Zahn（1641-1707AD）之誤。贊恩為日耳曼數學家暨博物學家，他在世年代符合本處所引文字之出版年代。

❾ 即 Ourani Outain，應該是馬來語「人」（orang）與「森林」（utan）之羅馬字母拼音，因為是超過一個半世紀以前的拼法，與現今通行的拼法之一的 orang-utan 略有出入。

❿ 即 greyhound，源自中東，後長用於賽狗，臉尖而體長，奔跑快速而善解人意。

⓫ 即 Peter Martyr （1457-1562AD），義大利裔西班牙史學家，專攻新世界的發現史。

⓬ 即 Ptolemy（85-165AD），居於埃及亞力山卓之希臘天文學家，

其著作影響往後千年的西方天文學。

⑬ 即 Ctesias，西元前五世紀古希臘物理及史學家。

⑭ 即 Kingdom of Lambri，應該在今日的蘇門答臘。

⑮ 即 Malay Archipelago，為中南半島與澳洲之間的島群總稱。

⑯ 應是 James Augustus St. John，十九世紀英國人。十九世紀中葉，婆羅洲北半為英屬殖民地，今日為馬來西亞之領土，又簡稱東馬，他應該是大英帝國殖民單位的官員。婆羅洲南半則為荷屬殖民地，後來成為印尼之部領土。

⑰ 書中之「吋」皆指「英吋」。

⑱ 即 Abyssinia or Nubia，前者即衣索比亞，後者為南埃及至蘇丹之尼羅河沿岸地帶。

⑲ 即 James Burnett，Lord Monboddo（1714-1799AD）。當時眾所周知之蘇格蘭法官與哲學家，為蘇格蘭啟蒙運動時期的重要作家之一，堪稱為演化論的先聲之一。Burnett 為其姓氏，蒙伯度則為其家族之領地，他自父親繼承此頭銜。在封建時代，貴族及上層階級，往往以其頭銜為名。

⑳ 即 faun。在希臘神話的圖象裡，通常有更多山羊的特徵，如長尖耳、羊的雙腿、更獸樣的五官，以及這裡也有的羊尾巴。

㉑ 莎翁四大悲劇之一《奧賽羅》主人翁，他的悲劇在於因受小人用計欺瞞，使妻子遺失一方手帕而誤會她出軌，一時妒火攻心，失去理智勒殺貞妻。

㉒ 原文同時有 cannibal（食人族）及 anthropophagi（無頭蠻族）二字；前者為哥倫布初到中美洲時，西班牙人以其語言，稱呼有食人風俗的原住民族名而衍生之詞，而後者則為希臘文 man-eater 之羅馬字母拼法，故兩者皆為食人族或習俗之意；但伊麗莎白時期之英國人對此類族群還有另一附帶之想像，即肩上無頭，身軀正面為臉龐所在之處，因此，本譯將位於第二行之 anthropophagi 譯為無頭蠻族，順道將此文化花絮帶入，同時也為避免詞彙重複。

㉓ 即 Hereford Cathedral，位於英格蘭西部近威爾斯之同名郡內，八世紀以前便有宗教活動，教堂本身則約十一世紀建成。

㉔ 即 Mappa Mundi，原文之語序為「圖輿 / 寰宇」。歐洲自中世紀即有繪製世界樣貌之習俗，此名為這種地圖之名稱。圖上往往將各地之人物動物也放置其中，因此

成為許多古人對異國動物之樣貌的圖像記錄，其想像力天馬行空。該教堂本身已是重要古蹟，但更為有名的是它的鎮堂之寶，一幀十四世紀初由一位 Richard of Holdingham 之人所繪製的 Mappa Mundi，已列聯合國世界人類文化遺產之一，為現今尚存之中世紀寰宇圖輿最大的一幅，高 158 公分，寬 133 公分，地圖主題為一圓盤，滿滿佔居一張略呈五角形之獸皮上。圓形正上方為東方，是伊甸園所在，內則當時所知世界之各洲以及想像之地點，如諾亞方舟所在之處；底部則為直布羅陀，亦為西方之向。

㉕ 應為 Johannes Sluper，他於 1572 年於 Antwerp 出版的一本小冊，*Costume*，有許多奇想生物，包括本書 P.316 會提到海僧侶這種怪魚。

㉖ 即 Cyclope，古希臘神話中之獨眼巨人；其古希臘文之原意即圓形（cyclo-）、眼睛（op）。

㉗ 即 Polipheme，為荷馬史詩《奧迪賽》中之一個獨眼巨人之名字，是海神波賽頓之子。他不讓奧迪修斯一行人離開其洞穴，每日皆以巨石擋進門口，餓時抓一人來吃；奧迪修斯心生一計，趁他睡覺刺瞎其獨眼。而巨人及其羊群每日也得出入洞穴，必須每日開門，奧迪修斯倖存的一行人則躲在羊腹下逃出。

㉘ 即 Palus Mæotis，今日位於由北往南自中亞中間一帶，流向黑海、裏海間但轉西注入黑海的唐河流域（Don River），古稱達奈河（Tanai River）。

㉙ 即 Scythians，居住在中亞黑海、裏海之間以北的大草原，古代稱為賽錫亞（Scythia），居住這裡的遊牧民族即此族。

㉚ 即 Herodotus，生年約在西元前 484 到 425 年間，被尊為史學之父，但由於他身處古遠年代，慣於不區分傳說、神話或史實，因此也為後人諷為謊言之父。

㉛ 其原文 Geskleithron 之意思為 limit or boundary of the Earth，即如此譯。

㉜　即 Griffins，其古希臘文原意為彎曲（curved），詳見本書 P.250。

㉝　此處為 Gryphon，不同於 Griffin，詳見本書 P.250。

㉞　即 Livy，西元前六十多年至西元後十多年間在世之羅馬史學家。

㉟　本文並陳以下二說：Anthropophagi 與 canniba。前者源自古希臘文，拆解字根後為
　　man-eater，即「食人族」的意思；而後者源自西班牙人取自加勒比海原住民的語言，
　　為「食同類者」的意思，但通常也是只食人的人類族群。故二者為同義異源的文字。

㊱　即 Isogonus of Nicæa，奈錫亞（Nicæa）為古代希臘古城，位於今日土耳其東北邊上，
　　近馬爾馬拉海，此城極具歷史意義，四世紀初，由君士坦丁大帝在此召開的宗教
　　討論大會並公告奈錫亞信經，是基督教發展的重要里程碑。

㊲　即 Borysthenes（the Dneiper），黑海北端烏克蘭中部聶伯河流域一帶。

㊳　即 Sauromatæ 為流經賽錫亞中之 Tanais 河（今 Don River〔見注釋 28〕）東邊一帶，
　　居此之居民。

㊴　即 Crates of Pergamus。為土耳其中部之古城，有石灰泉自地下冒出，具醫療作用，
　　羅馬時期即為大城。出身此城的克雷特斯為記錄奇聞異事之史前史學家。

㊵　海勒斯龐特海峽（Hellespont）即古希臘人稱今日土耳其之達坦尼爾海峽之說法，
　　帕里安（Parium）為在其峽岸上之城鎮；卡瑪納即 Camanar。

㊶　即 Ophiogenes，古希臘人相信擅治蛇毒的一個民族。

㊷　即 Varro，西元前一世紀在世的古羅馬學者暨作家。

㊸　即 Agatharcides，西元前在世的古希臘史學家。

㊹　即 Psylli，該族居住地約在今日利比亞。

㊺　即位於利比亞在地中海中段海岸的錫德拉灣（Gulf of Sidra）。

㊻　即 Circe，為荷馬在《奧迪賽》中，一位令人畏懼的女神。奧迪修斯返鄉途中登上她
　　的仙島伊姬島（Aeaea），她有太陽神 Helios 的血統，有法術、擅藥劑、通天文地
　　理，知曉過去未來。她最有名的行為，便是將登上島的男人，餵以仙劑，凡對她及
　　她宮女動慾念的，便會變成動物，其中以變成豬最為著名。奧迪賽的許多水手便
　　因此變成島上動物。

㊼ 即 Isigonus 與 Nymphodorus。前者為奈錫亞人，在世年代約在西元前一世紀中至西元一世紀，善於撰寫辯論文章，應有師老普里尼及法洛。後者為西西里島東邊賽洛庫桑港人，為希臘化時代（約亞歷山大大帝死，羅馬帝國興起間幾世紀之時間）初期作家。

㊽ 即 the Triballi 以及 the Illyrii。前者為居住今日南塞爾維亞、馬其頓以及保加利亞交界一帶的古老部落，後者亦為古代部落，分部於今日波士尼亞、蒙特內哥羅、柯索弗以塞爾維亞一代。二者在古希臘作者筆下皆有提及。

㊾ 即 Phylarcus，西元前三世紀希臘史學家，雖著作今多不傳，但許多人相信當時頗為其他史學家所用。

㊿ 即 Pontus，小亞細亞（亦今土耳其）北邊沿黑海之地。

(51) 即 Marcus Tullius Cicero（7BC-43AD），羅馬帝國政治家、哲學家暨散文家，在當時亦被喻為偉大的演說家，其作品、風範對後世影響皆鉅。

(52) 即 Falisci，居住於古代 Faliscus 之城民，該城確切位置今日已不可考，但應該就是在現今羅馬所在的行省中。

(53) 即 Hirpi，此字來自古代義大利居住在該半島中部亞平寧山脈裡之薩賓（Sabines）族語言，意思即狼。遠古羅馬初建國時，便是結合分佈該區域之數族群，包括此部族。

(54) 即 Soracte，近羅馬大都會，位於台伯河與費勒萊河間的山脊。

(55) 即 Pyrrhus，古希臘冠此名者不算少，從阿基里斯之子到西元前四至三世紀間，羅馬的大敵艾畢魯斯王國的彼魯士國王（Pyrrhus of Epirus， 319-272 BC），該國位於希臘靠亞得里亞海這一側。

(56) 即 cubit，為古代之長度單位，其拉丁文原意為肘部，故原有從最長指（即中指）末端至手肘轉彎處為度量單位，無奈歷來並無定論，大半約在四十至五十多公分（即二十英吋上下），但

古羅馬人的腕尺卻為今之十八英吋長，故這些人約為八呎高。作者所引之古籍往往直言多少腕尺，但也常是形容異想奇思的動物，似乎無現實狀況需符的問題了。

(57) 即 Megasthenes（350-290 BC）。古希臘史學家、外交家及印度民族誌專家。他曾任大使派駐印度，所著一書《印度誌》今已亡佚，但從後世史家著作引用的片段，可略讀原作面貌。他身處後亞歷山大大帝的希臘文化全盛時期，希臘文化勢力東抵印度，甚至為佛像雕塑帶來希臘風格時期。

(58) 即 Nulo Mountain，古印度山名，從麥蓋西尼斯的印度行腳來看，應不出喜馬拉雅山山脈中。

(59) 即 Monocoli，其原意即「獨 - 腿」。

(60) 即 Sciapodæ，其意為「以腳遮蔭」。

(61) 即 Troglodytæ，其希臘文原意即「常去洞裡的人」。

(62) 即 satyr，源自古希臘文，為酒神身旁相隨之半神，外貌通常為上半身為人類、下半身為羊；除此之外，其形像裡亦常包括似犬之大耳，還有永不消褪的勃起陽具。故也是好色之徒的代名詞。

(63) 即 Eudoxus，但以此名傳世的古希臘人有二者著名，一者為西元前 390-337 年間的古希臘天文學家。另一位則是西元前二世紀左右在世航海家，曾遊歷範圍遠至印度等地，亦曾為希臘化下的埃及托勒密王朝托勒密八世探索紅海。

(64) 即 Struthpodes，原文為古希臘文，該字即麻雀（struth）、腳（pod）二字根組成。

(65) 原作似有誤。因為恆河是由西向東流的河，其源頭在西。

(66) 應該是棉花。

(67) 原書此處名字拼為 Isogonus，疑為前文之伊西格奴斯（Isigonus）。

(68) 即 Mount Athos，位於希臘東北方一半島上，自古即有二十所東正教之修道院座落其上，為自治區。

(69) 即 Onesicritus（360-290 BC），古希臘史學家及哲學家，為犬儒主義者，亞歷山大大帝東征時，曾隨行在側，返回希臘後即著書記載此行，雖多為後人引用，但也常受到可信度不足之批評。

⑦ 一掌寬為今之三英吋，所以這種人應該身長八呎。

⑦ 即 Gymnetæ，此字原意是「操勞過度的人」。

⑦ 即 Macrobii，此字由二字根 macro（長）與 bio（生命）組成，此處為複數形式。

⑦ 即 Pandore，原文為希臘文「神的禮物」。神話中，潘朵拉之名，即此字為陰性形式。

⑦ 即 Agatharchides，史學家及地理學家，活躍於西元前二世紀左右；克尼多斯人，該城是小亞細亞西南臨愛琴海之希臘古城，今日土耳其境內，但他成人時主要在埃及亞歷山卓，為當時托勒密王朝發展。

⑦ 即 Clitarchus，曾為亞歷山大大帝之御前史學家，父親 Dinon de Colophon 亦為史學家，他生年約在西元前四世紀中葉至後期，在埃及亞力山卓之托勒密王朝為官。

⑦ Mandi，此名所指極繁，從印度、巴基斯坦、亞塞拜然至尼泊爾皆有以之名之地名，以及中世紀寓言中提到的壽命不長的民族。

⑦ 即 Artemidorus Ephesius，西元二世紀在世，以弗所人，是職業占卜解夢人，曾遊歷希臘、義大利、亞洲各地，並與各個階級之同行切磋，歷程中累積不少材料，著有多冊解夢書傳世。

⑦ 即 cynocephalus，此字發展自二古希臘文字根之組合，即「犬」（cyno）及「頭部」（cephalus）組成。

⑦ 文中之「呎」皆指英呎。

⑧ 此處指的是 pigmy 而非 dwarf。前者矮小，但身材比例與常人相近，只是小一大號；後者身高與前者相同但手腳粗短，甚至扭曲變形。

⑧ 另一版本則是粗硬的毛髮。

⑧ 即 Garamantes。是古代居住在今日利比亞一帶之民族，善建地下灌溉系統，曾建立柏柏耳王國（Kingdom of Berber），其名稱

來自拉丁文野蠻人（barbarian）之詞，其人種為中東、南歐及非洲民族在近萬年內融合而成，有柏柏耳語，北非一帶上有上千萬人說用此語。

㊸ 即 topaz，亦有音譯為拓帕石，為鋁矽酸鹽的結晶體，顏色從無色到褐藍等都有，但以黃色為最多，故又稱黃寶石。

㊹ 即 Archelaüs，關於這名字所指的人，可能有很多人選。因為西元前一至八世紀間，有許多詩人、雕塑家、哲學家、國王，以及其他領域有成者皆有以此留名，此處謹供讀者參考。

㊺ 即 Topazos，此島名字自然成為黃寶石原文 Topaz 的由來。

㊻ 即 stadia，單數為 stadion/stadium，古希臘人的距離單位，長度如其名，以眾所皆知的有名競技場場地的週圍長度為計算單位，但因場地、年代、地區不同，一個單位約今日一百五十到兩百多公尺都有可能。

㊼ 在希臘文裡的意思是「猜想」、「以直覺認定」或「臆測」。

㊽ 此處按照原文 "they choose the winterseason, about the time of the equinox, for their voyage" 判斷作者應為季節書寫有誤。

㊾ 即 Gebanitæ，根據普里尼說，該國國王曾經擁有肉桂的獨銷售權。

㊿ 即 Phrygia，為一個古國。曾存在於安那托里亞高原中偏西部，即土耳其中部近西北，曾以酒及馭車術聞名，特洛伊戰爭中還有戰將上場對抗希臘人。

Part 1

奇幻生物的起源
史上第一本古代幻獸檔案大解密

CURIOUS CREATURES IN ZOOLOGY

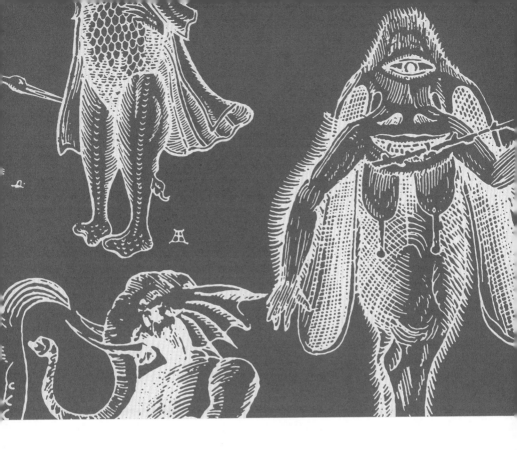

亞馬遜人 Amazons 矮人族 Pygmies 巨人族 Giants 原始人 Early Men 野蠻人 Wild Men 毛人 Hairy Men 紅毛猩猩 The Ouran Outan 半人羊 Satyrs 史芬克斯 The Sphynx 人猿 Apes 動物傳說 Animal Lore 曼提柯爾食人獸 The Manticora 拉蜜亞 The Lamia 半人馬 The Centaur

亞馬遜人
Amazons

　　亞馬遜族也就是女戰士族，尚未滅絕（這點在每個警察局的案件紀錄都有顯示）❶。因為她們是有組織的戰鬥兵團，達荷美（Dahomey）國王便一直留著。據希羅多德說，希臘人攻打亞馬遜族後以三艘船艦撤離，並把活捉的亞馬遜族全部帶走，但到了海上，女戰士誓死不屈並把希臘人殺光。不過她們忘了一件事，沒有半個人懂一丁點航海術。她們連怎麼駛舵、划槳都不知道，因此只能隨波逐流，後來漂流到克連尼（即Cremni，應該在塔公洛格 Taganrog 附近），那裡也是賽錫人的領土。她們上岸的事因盜馬而洩漏，賽錫人可不喜歡這樣被耍，於是跟她們開戰，一開始以為對方是男性，但驗傷時發現對方是女性。在明白這點後，賽錫人因為實在太紳士而不肯戰鬥，於是漸漸與亞馬遜人建立友好關係。然而女戰士們拒絕住進賽錫人家裡，她們中肯地說：「我們實在無法與貴國女性共處，習俗與她們不同。我們開弓射箭、舉臂投茅、跨馬馳騁，從未學過

女紅家務。而貴國女性不曾做過上述任何一件事，僅做女人分內的事，打理她們的蓬車，而且不打獵或踏出家園一步，因此我們無法與她們共處。假如你們想娶我們為妻並踏實的過日子，請回去向你們的父母求取可得的財產，然後回來跟我們一起生活。」

年輕的賽錫人的確這麼做了，但是等他們回來，亞馬遜人卻說她們覺得留在當地不妥，因為她們讓別人骨肉分離，更何況還曾在當地盜搶掠奪，因此她們覺得最好的做法是離開，並提議應該越過達奈斯河❷也就是唐河，並在另一側建立殖民地。這點她們的丈夫都接受，等他們都安頓下來後，女性又回來原來的生活方式——打獵、與丈夫同上戰場並穿著同樣的服裝。老實說，她們這種生活方式，正是過去許多女性的夢想，但在當時也只是自娛的空想罷了。然而其中卻有個問題，亞馬遜族女性成年的要件，包括殺死一名男性，在做到這點之前她不能結婚。

約翰‧孟德維爾爵士當然知道這一切，但他卻佯裝不知情地說：「在卡爾迪地區之後，他們到了亞馬遜一地，那是個沒有男人只有女人的國度。如人們所說：『她們無法忍受與男人共同生活，也不能忍受上頭有男人管轄。』那個國度也曾有過國王，國內也像其他地方有男人居住並娶妻。但是後來有位國王柯洛匹厄斯與賽錫國開戰，結果在戰場上遭到屠殺，一同戰死的還有國內的青年菁英。其王后聽到惡耗，連同國內其他仕女知曉其夫君都已陣亡，便將國內剩餘的老弱男性聚集屠殺殆盡，從此便再無男

性與她們共同生活。」

「每當她們需要男人時，便到鄰近國家尋找，男人會過來住幾天或者看女人要他留多久，然後就離去。如果生下男嬰，會在能走路、吃硬食時送還給生父；假如生的是女嬰，她們就留下自己撫養，假如性情是溫柔的，她們會炙除其左乳房好扛盾；假如身材嬌小，則炙除其右乳房以學習射箭。這個國度的女人都擅長戰鬥，也時常與他國開戰，且該國女王將國家治理得很好，而該國四週環海。」

注釋

❶ 此處作者是以諷刺的口吻談暴力傾向的女性，雖非多數，但絕對存在。

❷ 即 Tanais River，今稱唐河（Don River）。這條河由北向南自中亞流向黑海、裏海間但轉西注入黑海。

矮人族
Pygmies

他們是常人的極端面──侏儒及巨人。但不可忽視的是，他們雖然不正常卻在每個年代都有。侏儒在聖經《利未記》二十一章二十節被提及，有段說：「這些人不可靠近領取神的食物。」其中就包括「駝背或侏儒」。侏儒不分老少，都被當做貴族與富人的玩物，但是我要寫的不是他們，而是一個名為矮人族的種族。他們非常嬌小，是皮格梅厄斯人的後裔。他們在最早期的經典裡被提及，在荷馬寫的《伊利亞德》（第三卷：第一章的三至六行）也有被提到，鮑普❶的譯文如下：

「因此，當嚴冬襲擊平原，

刺骨寒霜，或大雨滂沱，

往溫暖海域，鶴群便飛去。

此呼彼應，行行有序，穿越蒼穹，

牠們給矮人諸族帶來傷害與死亡，

戰爭乘翼而降。」

荷馬還寫了一首詩，〈矮人族與鶴之戰鬥〉，談到矮人族與鶴。下方的插圖取自龐貝城的壁畫。

矮人族與鶴之戰鬥（一）。

亞理斯多德說他們住在地下洞穴，收穫時節便帶著斧頭出來，像砍樹般砍收農作物，並騎著與自己身材相近的山羊與綿羊去和某種鳥類開戰。有些人稱這種鳥為鶴，那種鳥類每年都會從賽錫飛來掠奪他們的作物。普里尼提到他們好幾次，特別在第七冊的第二章（原文未有書名）：「除了這些民族外，據說在山的最盡頭，住著三掌寬人 ❷ 和矮人族，這兩個族群都只有三掌寬的高度，即二十七英吋高而已。他們喜歡居住在健康的環境，那裡有著因高山擋住北風而四季如春的氣候。荷馬所提及與鶴打仗的就是這個民族。傳說他們有個習俗，就是每年春天成群結隊騎著公綿羊與山羊前往海岸，配備弓箭消滅那些鶴的蛋及雛鳥。這趟跋涉約三個月長，若不這麼做，鶴

群會增加到他們無法應付的地步。而他們住的小屋，據說是以混合了羽毛與蛋殼的泥巴蓋成的。」

孟德維爾因此這樣形容他們：「當人們路過吉本斯城時，會渡過一條約四哩寬的淡水大河，接著進入大迦南地。這條河流經矮人族的地盤，那裡的人體形嬌小，約僅三掌寬的高度，男女都性情良好，但壽命只有八年❸，活到八年的矮人族就算長壽了。他們以工藝聞名，還有棉花和其他各種貨品。矮人們不出遠門也不犁田，但是其中還是有像常人一樣高大的人，當他們替矮人勞動時，矮人卻對這些高大的常人嗤之以鼻，就像我們遇到手大腳長的人時，有的表現出瞧不起的樣子一樣。」

矮人族與鶴之戰鬥（二）。

　　馬可波羅❹告誡他的讀者，別被假矮人族騙了。他說：「提醒你們，每當有人聲稱帶來印度的矮人族時，那都是謊言、騙術。那些嬌小的人類說是什麼矮人族，根本是在這個島上（蘇門答臘）製造出來的。我告訴你怎麼做。你知道嗎？在島上有種猴子非常嬌小，且臉部長得像人類。他人捕捉後拔光毛髮，只留下部分鬍子以及胸毛，然後吹乾、填飽、用番紅花染色，還有其他加工過程，最後就會看起來像人類。這不過是想騙人罷了！因為印度也好，世界上任何地方也好，從未見過有這麼小的人類，身形小得像這些冒牌的矮人族。」

　　不過，現代有更多人提到這種嬌小的族群。歐勞斯‧麥格納斯❺不但重述這個經典故事，還說到格陵蘭的矮人族──現代的愛斯基摩人。這些柏查斯在他的《行者見聞》❻也有提到：「矮人族居住在冰島，有人類的形體。他們連指節縫裡都有毛髮，且男性鬍子長達膝蓋。但儘管他們有人類的樣子，卻沒有理性與理解力，口齒也不清楚，只能發出類似嘶吼的聲音，跟鵝差不多。」

　　若要在現代裡找出有關矮人族的史料，我需

要引用西元一八六八年 E. J. 伍德所寫的《巨人與侏儒》，並特別為它背書，因為這本書的材料來自美國，有時候會摻雜著虛構內容，例如書中的 P.246、247、248。「根據當時的新聞所述，西元一八二八年在美國田納西州懷特郡的斯巴達鎮附近，有幾處半畝到一畝半大小的墳場，發現有體型非常小的死者被埋在石塚或石棺裡。最長的遺骸才十九英吋。骨頭堅硬而勻稱，且整體骨架完好無損。有些死者似乎很長壽，因為牙齒已磨損得光滑而短小，而有的則完整而長。墓穴深兩呎，棺材以石頭打造，先鋪一片石版為底，兩側豎立一片，頭腳各一片，死者上方再蓋一片。死者頭部全部朝東方埋葬，而一般情況都是仰臥並將雙手置於胸前。在左臂彎裡，放了一個甌，那是某種容器，約有一品脫（pint）容量，以灰色的碎石或貝殼做成，裡頭裝了兩、三片貝殼。其中一具骨骸頸上掛了一串九十四顆的珍珠項鍊。而在這個墳場附近還有個古城鎮的遺址出土。」

　　韋布在他那篇《自然歷史中的傳奇》裡提到在肯塔基與田納西所發現的小型石棺；他描述這些棺材約三呎長、十八英吋深，底部、側面及蓋片都以未削平的石頭製成。這些讓他猜測是某個矮人族的墓地，而這個矮人族可能在所謂的印地安原住民❼的傳統開始之前，早已滅絕。

　　西元一八六六年的報紙告訴我們，密洛伊將軍❽經常到田納西州史密斯郡參與開採礦業，他發現該郡的華特鎮有些頗有來

頭的古墓，在一條小溪沖刷某個低地表層後顯露出來。那些墳墓從十八英吋到兩呎都有，大部分都是較小的尺寸，約埋在地表下十五英吋深度，那裡放置了四片未拋光的石片，一片為坑底，兩側各一片，還有一片為蓋。裡頭有人類的骨骸，有些整顆顱骨近乎無損，許多骨骼也都還排列得清楚。牙齒非常細小，但明顯是成人的牙齒。遺骸旁也有陶製容器相伴。關於這些矮人族墳墓，密洛伊將軍無法獲得任何令人滿意的史料。附近最年長的居民也對他們的來源與歷史一無所知，只知道同郡裡的史戴茲村也有大量類似的墳墓，以及納西維市附近那條史東河河口也有一小片墳場。密洛伊將軍把他發現的骨骸存放在納西維州立圖書館。

中非居住著一個如今是眾所皆知的侏儒族。在非洲遊歷的隆佐・德・里奧，有許多年跟隨著李文斯東醫生❾。侏儒族的這個事實，曾有一度只有他一人主張。不過他受到尤金・沃夫書面的支持，後者也曾跟著史坦利❿到過中非。他堅稱在剛果河南邊的支流，見過許多村落全住著里里普人⓫，男性全沒有高於四呎半的，而女性更是

嬌小。他形容他們既勇敢又精明，擅長使用弓箭，能輕易擊倒非洲水牛、羚羊，甚至大象。他們設陷阱捕捉小獵物的技術更是高明，無人能比。在近距離攻擊中，他們驚人的以靈巧的技術使用茅，就算是一般投擲出手間也包含著超凡的技術。

這些侏儒族蒐集棕櫚的樹汁用來製作肥皂。男人臉部光滑，呈者赭紅色，頭髮短而像夜晚般烏黑。在剛果河南方支流域，有成千上萬名侏儒族人居住在那兒。

史坦利先生在解救艾敏勳爵之行⓬時，還遇到幾個矮人族，但是他不同意沃夫先生提出的描述，沃夫形容他們是親切而善良的民族，行事直爽，更加不會像那些未完全開化的蠻族那樣心懷不軌。

反觀史坦利，則認為矮人族十分惱人，對於其毒箭更是印象深刻，但在寫此書之時他尚未回來，而我們除了他的來信也沒有其他記載可佐證，因此最好別對這些體形嬌小的民族的習俗與性情做判斷。

沃夫說矮人族面對其高大的鄰族不免要敬畏三分，但是他們生性勇敢而精明，總能善用情勢克服體形弱點。

注釋

❶ 即 Alexander Pope（1688-1744AD），英國詩人、荷馬譯家及評論家。是英國十八世紀前半的代表詩人，英雄雙行體長詩為其代表文體。

❷ 即 the Trispithami，其希臘文即「三」（Tri）以及「掌寬」（spithami）二字根之組合。而掌寬則指把手掌打開，從姆指尖到小指尖之距離。

❸ 有的版本寫六、七年。

❹ 即 Marco Polo（1254-1324AD），義大利商人、探險家以及作家。他曾於西元 1271 年經絲路到東方，歷經二十年返回義大利，寫下著名之遊記，那是歐洲人第一次最完整地看到中國、日本等位於歐亞大陸塊另一頭的文明。

❺ 即 Olaus Magnus（1490-1557AD），瑞典人，為地圖繪製家、作家以及教會學家。其兄長為瑞典末代主教，瑞典宗教改革後，因二人篤守天主教而流亡波蘭等地。其名原來拼法為 Olof Månsson，此處為拉丁化拼法，至使其姓氏本為 Son of Man，而非拉丁化後雙關了拉丁文的 great 一字（亦為 magnus）。故其名仍純以音譯為之。本書往後為免冗贅，皆僅以姓氏稱之，即麥格納斯。

❻ 即 Purchas。應該是 Samuel Purchas（1577-1626AD），英格蘭艾塞克郡人，劍橋畢業後獲御授該郡神職，駐於伊斯伍德（Eastwood）時，因近當時航務興盛之雷伊港（Leigh-on-Sea），經常接觸各類行經七洋四海之各類旅者、水手等。於是他從中蒐集各類海外異譚奇事，出版成四大部的《行者見聞》（Purchas his Pilgrimes），內容從古帝國到東方的日本、從大西洋之南北通往太平洋航道至新大陸等等，簡直寰宇之內無所不包，出版後大受歡迎。

❼ 此處說話者會加「所謂」一詞是因為「印地安」一詞原本是「印

度人」的意思，根本是初到美洲的歐洲人的誤會，以為已經繞過地球到了東方。

❽ 即 Robert Huston Milroy（1816-1890AD），為美國人，曾為美國內戰時北軍之將軍，以及法官、律師等等。退役後工作包括華盛頓州印地安人事務主管，曾令該地印地安族之年邁酋長能留原地安享天年，不被牧者驅逐。

❾ 即 David Livinstone（1813-1873AD），蘇格蘭人，醫生、基督教公理會傳教士及探險家。一生從貧至富並開拓當時西方人對非洲的視野，大開非洲門戶，是十九世紀英國的傳奇人物。

❿ 即 Henry Morton Stanley（1841-1904AD），威爾斯人，記者及探險家，以其探尼羅河之源而聞名。

⓫ 即 Lilliputians，這是英國小說家史威孚特（Jonathan Swift）的小說《格列弗遊記》中虛構的民族，該國國名「里里普」（Lilliput）明顯諧「小」（little）一字，而該國有個死敵布列副斯古國（Blefuscu），兩個島國就一峽之隔，實則影射百年敵對的英法兩國。兩國人民皆只有人類不到十分之一大小，但其心腸狹小、險惡，卻非外觀可愛玲瓏可測，這自然是史威孚特這位英國文學史之重要諷刺文體大師的設計，該段即是我們熟知的小人國遊記。這裡有個跨文化的巧合，因為里里普人這種小小人正是中文詞彙「小人」的絕佳註腳。

⓬ 即 Emin Pacha（1840-1892AD），原名 Isaak Eduard Schnitzer，為奧圖曼土耳其帝國，但為德裔猶太人（由其姓氏可知）之醫生、博物學家暨埃及上尼羅河之 Equatoria 省之首長，其 pacha 頭銜為奧圖曼皇帝所封，相當於英國女王所封之「騎士」（knight）頭銜，也是埃及國王封予平民之最高頭銜之一；最後他在轉而為日耳曼東非公司效力時，在一趟探索之旅中被其僕役殺害。
此次解救行動，為最後一次歐洲人探索非洲內部深處的大型探險之行，由史坦利籌劃領隊，表面上目的是為解救受回教叛軍所困的 Equatoria 城及其首長，即 Emin Pacha，實則以此藉口得以組織探索非洲內部之行。

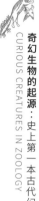
巨人族
Giants

上一篇似乎幾可以一語道盡《姆指湯姆的故事》❶的內容，因為姆指湯姆每回與巨人交手時，他總能智取呆頭呆腦的巨人，兩者根本沒得比。以《騎士傳奇》為例，除了巨人，巴克列❷跟其他侏儒都天生聰敏，且沒有什麼難得倒他們！他們最終的命運就是被某個騎士殺死，而原本被他們囚禁的騎士及少女們獲得自由。侏儒冷靜沈著，但是巨人暴躁愛吵架又貪婪，有時還會吃人。肥腓胖肪❸就屬於這類龐然巨人，就某方面來說，為他們的性格美化、說好話也是件樂事，我決定先美化他們的性格，再繼續談這些體形龐大的人之主題。

把《論巨人與英雄豪傑的滴酒不沾》告訴我們的是麥格納斯。

「沙索❹這位最有名的丹麥作家說，在北方有個跟巨人一樣強大又有權勢的族群。裡頭有個人叫史塔查特魯斯，他備受尊敬，且英勇的美德已有歌頌，當年全歐洲也找不出幾個像他這樣的英

雄豪傑，放眼全世界也一樣，至今仍少有而且未來恐怕也稀罕。除了沙索給這位精力充沛人物形容的諸多美德，他還提到史塔查特魯斯的滴酒不沾，這對英勇武人是必要條件。我認為在此適合將他與下面這件事一起談論，杯酒中往往可把這貪婪世界裡的奢靡看更清楚。沙索證實，英勇的史塔查特魯斯生性節儉，不愛花俏打扮。他總是忽視享樂而敬重美德，仿效禁慾的古代作風。他在飲食上喜愛家常食物、厭惡昂貴的盛宴，同時痛恨大吃大喝、吃燻肉或精品肉類。為了去除飢餓感，他的胃口越來越大，且只吃一種肉，且為了避免有損他的美德，他嚴正拒絕沾染食用各種美食的惡習，不碰令人喪失自律的甜點，堅守古代的儉約律令，摒棄暴飲暴食的信仰。再者，他無法忍受一頓飯裡既有烤肉又有炖肉；堅信把多種食物烹飪成一鍋是糟蹋食物。因此他能拒絕丹

巨人族。

麥人的奢侈品，而那還是從德國學來的，怪不得丹麥人如此陰柔。除此之外，他用自己的方言寫了詩歌。」

他僅選重要的，唱道：

〈史塔查特魯斯的儉節之歌〉

「壯漢深愛的生肉，他們不需要，
也不喜愛吃精緻的餐點宴饗，
他們最喜歡豢養的就只有戰爭。
你可以扯咬下他們的鬍鬚，
那剛硬一團，充滿僵直雜亂的鬍渣與頭髮，
也別想要他們的大嘴離開每日的乳品。
我們奔離精巧的廚房，
並飽食精緻肉品，違反古代習俗，
人們食用炖肉，違反自己的意志。
確實使一盤青草毫無滋味，
豬及羊養出一身肉，無論冷熱，
再大膽也別糟蹋肉類將它們混食。
喝乳飲的人，我們認為他強壯，

且心靈大膽而自由。

我們是古代的十一長者領主，
服侍哈成王，在餐宴上，
海格〆貝嘉查斯坐位排行第一。
他吃的第一道菜是乾火腿，
以及與他手中跟燧石一樣硬的麵包皮，
這讓他饑餓，腹中咕嚕作響。
桌上無人吃酸臭的肉，
只有美味和家常，才給大家吃，
滿足於粗茶淡飯，僅管並不豐盛。
好吃恐非好事，亦不優雅，
國王本身便吃得簡省。
沒有任何飲料有加蜂蜜，
啤酒是共享的酒，穀物所釀，
他們吃的肉僅僅略烹，不烤。
每桌上的肉都略淋肉汁，
幾乎無例外，古人所讚美的，
在家常餐宴上，每個人都應感有福。
桌上沒有巨壺，無人使用大碗，
也沒有濫用彩繪餐盤，

　　每人都以木杯取飲料。

　　景仰古風舊俗的人，

　　無人使用高銀杯或獸角爵，

　　因為他們生性省吃儉用，必吃盡餐中飧，可見

　　一斑。

　　銀缸或者金光閃閃的杯子，

　　主人認為不妥，

　　不該上桌以示奢華，或讓客人空尋。」

　　史塔查特魯斯立下戒律並以身做則，號召許多人節制飲食與禁酒，但儘管他在食物與酒方面節制，卻是個行事豪放的海盜，一名狂戰士❺。

　　然而後來他因年邁而活得辛苦，為了尋求死亡，他去會見黑舍勒斯，其父也是他手下亡魂，他求黑舍勒斯行行好把他的頭砍下，後者也欣然照辦，史塔查特魯斯的頭顱就這樣從脖子上直接墜落到地裡了。北歐巨人還有許多其他的文獻記載，但沒有一個有如史塔查特魯斯的人生這般發人省思。

　　聖經中也談到許多巨人，包括亞敏人、亞納金人以及占占敏人❻。例如巴珊國國王❼奧格，他

的銅床便有九乘四腕尺大，即十三呎六英吋長、六呎寬。那位厲害的冠軍菲利士人，迦斯的哥利亞，有六腕尺加一個掌寬高，即九呎九英吋。在《撒姆爾二書》的第二十一章第十五至二十二節裡，我們讀到許多巨人。

> 「15 再者，非利士人仍與以色列交戰。大衛帶領隨從迎戰非利士人，然而大衛疲乏欲暈。」

> 「16 巨人諸子之一，以西比奴，拿著重三百舍克爾❽的銅製長茅，身配新劍，想斬殺大衛。」

> 「17 但是則魯亞之子阿比西尼，為了保護他，要打擊非利士人，將他殺死……。」

> 「18 此事之後，以色列人又與非利士人在歌伯交戰。胡撒海人西百該殺了史巴，一名巨人之子。」

> 「19 接著，又與非利士人在歌伯交戰，伯利恆人雅勒・奧爾金之子艾哈南殺死吉特人歌利亞的兄弟，那人所用長茅，粗如織布機的機軸。」

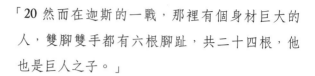

「20 然而在迦斯的一戰，那裡有個身材巨大的人，雙腳雙手都有六根腳趾，共二十四根，他也是巨人之子。」

「21 當他在陣前對以色列辱罵，大衛之兄施密得之子強納生便殺了他。」

「22 此四人都是巨人之子，並全死在大衛或其隨從的手上。」

　　但若 M. 翁西昂所言屬實，上述這些都只能算是小矮人，他於西元一七一八年計算出一些重要人物的身高：亞當高一二一呎九英吋、夏娃一一八呎九英吋、諾亞二十七呎、亞伯拉罕二十呎而摩西十三呎。

　　暫且先把這些古代典籍裡的巨人放一邊，普里尼說：「我們這個年代出現過最高的是一名叫加巴拉斯的人，他是克勞迪厄斯一世❾從阿拉伯帶來的，高九呎多。奧古斯塔❿在位時有兩個人，名字各為波西奧與賽昆迪拉，還比加巴拉斯還高半呎。他們的身體被製成標本當珍奇物品蒐藏在

蘇勒斯特❶家族的博物館裡。」

　　但若要說誰發現與我們算相近時代的最高人類，冠軍仍屬於約翰·孟德維爾爵士。「那山谷之外有個偉大的國家，那裡的人都跟巨人一樣高大，有二十八呎高，他們不穿衣服只披獸皮，不吃麵包、只吃生肉，也喝獸乳，更愛吃人肉，且他們不蓋房子。有人還告訴我們，除了那個國度外，還有種更高大的巨人，有四十五呎或一呎高❷，有人說有一腕尺（七十五呎）高，但是我沒見過。那些巨人還養了巨羊。能生產巨毛氈，那些羊我倒見過好幾次。」

注釋

❶　即 *The History of Tom Thumb*，姆指湯姆為英國民間故事，西元 1621 年出版成書，為最早印行的童話故事之一。十八世紀英國小說家暨戲劇家費爾汀（Henry Fielding）還以他為題材，改編成同名劇作。

❷　即 Pacolet，巴克列本身是個巨人 Ferragus 的侏儒信差，他有隻神奇的木馬可以把人神奇地載到心中想去的地方。在故事中，巴克列得拯救被囚的公主貝麗珊、騎士等眾人。該故事於十六世紀初，即已自法語翻譯成英語，傳入英國。

❸　即 Fe Fi Fo Fum，是迪仕尼卡通電影傑克與魔豆中巨人出場時口中哼的調子，於是便成為他的名字。

❹　即 Saxo Grammaticus（1120-1220AD），丹麥史學家、神學家及作家，其史學鉅作《丹麥史跡》為首部丹麥通史，其中〈哈姆列傳奇〉一段，成為幾世紀後莎翁編寫其鉅

作《哈姆雷特》的靈感源頭。

❺ 即 Berserker，為北歐神話中提到的好戰族群，披熊皮而勇猛無比。

❻ 即 the Emins、the Anakims 以及 the Zamzummims。阿納金人為舊約聖經中提到，居住在迦南地南邊的巨人，其名稱在古希伯來文之意為「項鍊」。

❼ Bashan 國約在今日以色列北方約旦境內，該國曾在以色列人來到神約定的國土時，加以抵擋，但終於不敵被滅。

❽ 即 shekel，古代近東諸族通用的銀幣或重量單位，其值無一定論。

❾ 即 Emperor Claudius（10BC-54AD），應為羅馬帝國皇帝之克勞迪厄斯一世，西元 41-54 年在位。

❿ 即 Emperor Augustus（63BC-14AD），奧古斯都皇帝。著名的凱撒大帝為其舅公，但欽定他為子及繼承人，結束羅馬帝國前後三巨頭的長期政爭，成為首位獨攬大權的皇帝，但仍僅以「第一公民」之銜自居；西元前 27 年 - 西元 54 年在位，由於其英明，建立優良之政經制度，因而開創往後兩世紀西方世界前所未有的太平盛世局面。

⓫ 即 Gaius Sallustius Crispus（86-35 BC），古羅馬平民出身的歷史學家與政治人物，凱撒的支持者；他是那個時的史學家有著作傳至今日，且作者可考的第一人。

⓬ 節錄原文片段 " xlv or 1 fote long"，判斷書寫有誤。

原始人
Early Men

　　因為沒有任何史料可作為依據，所以人類的上古歷史無從推敲。就我們所知範圍而言，在那個最早的生存狀態、西方世界的狀況、氣候與動物必然與現在大不相同。當時生活於地表的有大象、犀牛、河馬、原牛❶、馴鹿、穴熊、棕熊、北極熊、穴鬣狼，以及其他許多現今已絕種的動物。當時人類已經存在，因為人們發現他們的手工製品，包含手工處理過的燧石片工具，並結合了獸骨。發現人類的部分遺骸，然而過去尚未發現完整顱骨。當時人類有兩種形態，分別為長頭族❷以及圓頭族❸，其中長頭族年代又更為久遠。

　　我們所能做的，便是依人類在地球上的棲息區域，在一些清楚的定義及已知條件下，盡可能完整地分類。於是石器時代被分為兩個時期，一個時期的物品為粗略打造成的燧石工具，這段稱為舊石器時代；另一時期的物品則是經過打磨並仔細雕琢的武器及工具等，這段稱為新石器時代。接著是銅器時代，這時人類學會了熔燼金屬並製模，顯示文明的一大進步；然後，終於來到鐵器時代，此時人類已能隨心所欲地駕馭更堅韌的金屬，緊接而來的便是正史❹。

　　穴居人無疑屬於遠古時期，他們是捕捉野獸的獵人，遍佈於

當時的西歐各處，把捕殺的動物骨骼打碎以取食骨髓。在嚴格區分下，部分穴居人被歸類屬舊石器時代，他們能用堅硬強韌的材料製造出石刀、茅簇、匕首、刮刀……等到弓也發明了，便隨即發明箭簇。而在基本的藝術表現方面也沒有交白卷，從他們以線條描繪及獸角雕刻所捕殺的動物，就能清楚顯示出這點。佳仕得先生❺在朵杜恩郡❻的洞穴挖掘時，在馬得蘭尼文化❼裡發現動物浮雕及雕像，有許多馴鹿、一頭羱羊❽、一頭長毛象等等，皆清楚可辨識，其中那頭長毛象還相當寫實。而這一切全呈現在一根長毛象牙上。

　　湖居人從其居所附近的遺骸來看，居住時期橫跨石器與銅器兩個時期。希羅多德提到這些耐人尋味的居所。「那些潘吉斯山❾附近以及鄰近杜貝瑞族❿的亞格安斯人⓫、奧杜曼堤人⓬，以及住在普拉西雅湖⓭的人，都完全未受梅嘉拜祖斯⓮壓迫。然而梅嘉拜祖斯卻企圖征服居住在湖上的人，那裡的房子是這樣建構的：木板安裝在高聳的樁上，位於湖裡頭，只有一條窄橋於岸邊相連。支撐木板的樁全是古代居民當做公共設施而建。後來他們立下一條法律來推動下面這件事：當男

性結婚時，每娶一位妻子便打下三根椿，並從名叫奧白勒的山採來木頭。每個男性都有好幾位妻子。他們以下列方式同居：每個男人都有棟建在木板上的屋子，他居住其中，地板上有個門通到湖下面。他們在小孩子腳上綁細繩避免墜入湖中，並以魚做飼料餵他們的馬匹及馱獸。湖中盛產魚類，打開門，以繩繫空籃垂下到湖水裡，只要一下就能拉起整籃魚❺。」

　　就這點，有條寶貴的記載可以做為湖居人的佐證，瑞士的蘇黎世湖裡就有找到類似的住所。西元一八五四年，由於前一年冬天的乾旱與寒冷，水面降到比過去任何一年都還要低一呎。位於蘇黎世的奧白摩林與多立肯❻二鎮之間的一個小湖灣，居民為了與湖爭地，便把湖面下降而露出的地方變成自己的花園，並盡可能逼近水濱築牆圍地，把得到的土地墊高，清走湖底的汙泥。他們在清除汙泥時發現鹿角、磚片以及各種工具，這個發現引起一位古物學家的注意，他認為這是一處古老的湖上村落。日內瓦湖、康斯坦湖以及涅夫卻戴湖❼等湖也有重大發現，讓世人更明白這些湖居人的風俗與智慧。他們能編織也能製陶，且種植並烘乾穀物。不，應該說他們把穀物磨成粉並烤成餅乾。他們吃蘋果、覆盆子、黑莓、草莓、榛果仁、櫸木子仁以及豌豆。且顯示主食包括穀類、水果、魚以及野獸的肉，因為這裡找得到下列動物的骨頭。棕熊、獾、貂、松貂、雞貂、狼、狐狸、野貓、水獺、麋鹿、原牛、水牛、公鹿、麗❽、

野豬、沼澤野豬。同時，他們也圈養豬、馬、牛、肉羊、綿羊以及狗。我們得記得，從石器時代到銅器時代，這一切是一個漫長時期累積的記錄。從找到的胸針及手鐲可以發現他們也配戴飾品。湖上村落在許多地方都有發現，例如蘇格蘭、英格蘭、義大利、德國以及法國，這種做法似乎流傳甚廣。在愛爾蘭，他們還在湖中建人工島，名為「湖上小築」❿，然後在島上建築住所。樁上建屋如今也有，世界各處都有民族採用。

　　人們還在其他地方找到原始人的遺跡，像是丹麥至今尚存的廚餘塚❷或者古廚餘堆，此外在蘇格蘭的莫雷峽灣及史拜尼湖岸邊、英格蘭的康瓦爾及德芬、法國松姆河口的聖梵勒希、澳洲、南美洲的火地群島、馬來半島、安達曼群島、以及南北美洲等地皆可找到上述遺跡，這顯示了原始人分佈極為廣泛。丹麥的廚餘塚首次被看出全貌時（當然是二十世紀的事了），大家還以為只是堆高的沙灘，但研究之後，他們發現裡頭有四個品種的軟體動物，也就是貝類❷，各有不同的棲息地，而且全都是成長完全或接近全貌的。經過更仔細的探究，發現其中還有一些燧石工具、有

刀傷的骨骼，可以斷定這堆貝殼蒐藏必定是人為的結果，而且更進一步可以推論，這裡是某一個史前民族的村落遺址。此假說完全得到出土物品的佐證，有還包含有升過火痕跡的爐灶。因此，這些廚餘堆顯然是某個遠古民族的作品，他們極其貧窮而落後，只能靠吃貝類維生，這些塚就是吃掉貝類肉後丟棄的貝殼。

我們可以在火地群島上發現類似的例子，達爾文跟著西元一八三二至一八三六年間出航的冒險號及小獵犬號的探測船隊來到這座群島。從達爾文探險記事的節錄，我們可以如親眼目睹般想像那些廚餘塚的古人。

達爾文探險記事描述：「這些居民主要靠食用貝類維生，因此不得不定期移居。但是每隔一陣子就會回到同一地點，從這些古貝殼堆可以看出，有些的量可能達幾噸重。這些貝塚遠遠就能清楚看出，因為上面有只在特定貝類上生長的植物，火地群島人村落的屋子大小及形狀類似稻草堆。只用幾根折斷的木頭插在地上，一側只是簡單地用植物遮擋，上面還有幾束草與樹枝。整個結構應該花不到一個小時就能完成，看似只打算住個幾天。在接下來的時期，小獵犬號在華勒斯島㉒下錨停留幾天，那是往北的一段短程處。上岸期間，我們與六名火地群島人共乘一條獨木舟。我行遍世界，還沒看過這麼無助而悲慘的人。」

「在東岸，我們所看到的原住民穿著駱馬皮斗蓬，西岸則有海豹皮。在中部地區的部族，男性通常擁有海獺皮，有些為約手

帕大小的一小片，根本難以遮蔽身體。皮以絲線串接擋在胸前，看風怎麼吹來決定遮前還是擋後。這些舟上的火地群島人幾乎全裸，就連成年女性也一絲不掛。當時下著大雨，雨水從她身上流下。這些可憐的傢伙都發育不良，醜陋的臉上塗了白漆、皮膚骯髒而油膩、頭髮糾結成團，話語和聲音粗糙，毫無尊嚴。」

「看到這樣的人時，你會難以相信他們與我們是同類且住在同一個世界。晚上，這五、六個火地群島人就像動物般，在濕地上裸著身體蜷伏睡覺，幾無沒有任何遮風蔽雨的東西來阻擋惡劣氣候的摧殘。每當退潮時，他們就必須從岩石間找尋貝類；女人則不論四季，潛水尋找海膽或耐心地坐在舟上，以綁了餌的髮絲來捉小魚。如果捕到海豹或遇到漂上岸的死鯨，那就算是大餐了，而如此惡劣的食物只能再配一些沒有什麼滋味的野莓與菇蕈。他們同樣會遇到饑荒，於是有時也得吃人，包括吃掉老弱的父母。」我相信，這就是那些貝塚的創作者最忠實的寫照。

然而在丹麥，儘管貝殼是那些塚的主要構成物，但除了貝類外，他們還吃其他魚類，包含鯡

魚、鱈魚苗、比目魚以及鰻魚。他們也不排斥食用鳥類，貝塚裡也找得到鳥類骨頭，像燕子、麻雀、松雞、鴨、鵝、野雁，甚至如今絕種的奧克海雀㉓。獸類方面，他們吃鹿、麏、野豬、原牛、狗、狐狸、狼、貂、海獺、大山貓、野貓、刺蝟、熊以及老鼠；此外他們還吃海豹、海豚以及水鼠。

由於幾乎完全沒有打磨過的工具，所以即使還是有發現一、二個廚餘塚人製作的器具，但他們仍被歸類於舊石器時代。

銅器與鐵器年代則無需再多著墨了，因為這時人類已脫離最初的野蠻狀態，儘管一切優雅藝文都尚未發展但已萌芽。那時的人類有能力把金屬加以冶鍊、鑄造、塑形，不能視為完全的野蠻族了，例如長頭族人，就拿著碎燧石做的工具及武器。

注釋

❶ 已絕種的牛亞種，是現代牛未馴化的近親。

❷ 即 Dolicho Cephalous，源自古希臘文之「長」與「頭部」二字根。

❸ 即 Brachy Cephalous，源自古希臘文之「短」與「頭部」二字根，但是作者顯然並沒有依其字源而直譯，故譯「短」為「圓」。

❹ 人類思想是以文字呈現，因此，在東西方皆以有文字記載的歷史算正史。

❺ 可能為 James Christie（1730-1803AD），為今日著名拍賣公司佳仕得的創辦人。

⑥ 即 Dordogne，為法國西南部由同名河流流過之一郡，境內著名的 Lascaux 山洞留有極豐富完整之史前人類壁畫，已列入聯合國世界文化遺產。

⑦ 即 La Madelaine，距今一萬七千至一萬兩千年間，主要分佈於法德境內，以及部分西班牙於中歐。

⑧ 即 ibex，山居山羊之一種，歐亞交界及非洲都有。其角呈長形無卷大弧之粗柱。

⑨ 即 Pangæus Mount，該山脈位於色雷斯南方近愛琴海一帶。

⑩ 即 Doberes，為古希臘之邊陲部族，分佈於色雷斯境內。

⑪ 即 the Agriance，為遠古居住於色雷斯一帶之部族。

⑫ 即 Odomanti，為遠古居住於色雷斯一帶之部族，古希臘史學家，包括希羅多德皆有提及他們。

⑬ 即 Lake Prasias，該湖位在馬其頓與色雷斯之間。

⑭ 即 Megabazus，古波斯帝國君主，他繼大流士拿下希臘色雷斯一地，後並將波斯帝國擴成東起希臘西至印度，並跨歐亞非三洲的帝國。

⑮ 今日該湖漁夫的湖中住家，仍然與希羅多德在世時的古希臘沒什麼差別。

⑯ 即 Ober Meilen 與 Dollikon，約在蘇黎士湖北岸中段處之二城鎮，相距兩、三公里，目前為 Wetzikon-Meilen 電車線相鄰之兩站，前者為終點。

⑰ 即 Geneva、Constance 以及 Neufchatel。其中日內瓦湖跨瑞士與義大利之間。

⑱ 一種體型較小但大於羌的鹿。

⑲ 即 Crannoges，此類先民建築，常見於蘇格蘭至愛爾蘭等塞爾特民族，首字根 crann 自源自古塞爾特語「樹木、小樹」，大概

因為其形態為在湖面先豎數十根木樁，高出水面兩、三公尺，鋪上平板，再在此平面上築其原始形態的房子或帳蓬，狀似漂在湖濱水面的人工島。

⑳　丹麥語稱為 kjökkenmöddings。組成其字的二字根，kjökken 與 mödding，意思即「廚房」與「垃圾」。

㉑　產量最豐盛的就數蠔、貽貝、血蚶以及玉黍螺。　　　　　　　　　·

㉒　即 Wollaston Islands，南美洲之最南端諸群島之一，屬於智利國土。

㉓　即 auk，狀似小型企鵝，但實與知善鳥同屬，其名為冰島語，該鳥分佈於北美及歐洲等。

野蠻人
Wild Men

　　有人在襁褓時期遭到遺棄，在森林裡歷經萬難長大成人，就像卡斯伯‧豪斯與野男孩彼得❶。許多小說還提供了其他例子，像是羅穆勒斯與雷穆斯❷、奧爾森❸等等。有些人渾身長毛像男野蠻人與女人，有如史路普書中所描述，他們的形象如下文所示：

〈男野蠻人〉

「只創造美好事物的上帝，
　讓人類穿上理性的衣服：
　而這裡的這個野蠻人，
　一年四季都跟野獸一樣。」

〈女野蠻人〉

「女野蠻人有人類的眼睛，但不神聖，
　因此她常在大自然環境裡，

你們描述她在自然裡的樣子，

就如你們自己親眼所見。」

　　當年凱撒第二次來到不列顛❹時，他發現儘管不列顛人已算
十分文明，擁有騎兵與戰馬車夫（後者人數眾多，卡西勞納斯❺
留了四千名來觀察羅馬人），也知道築城防守的技術，但是才剛
脫離野蠻狀態。從身上的顏色與髮鬍樣式顯示他們有虛榮心，
他們依照穿著打扮製作專
屬個人的護身符。凱撒
在〈第五部中的十四章〉
（原文未列出書名）寫道：
「所有部族之中，最開化
的是居住在肯特的族群，
那區海事發達，風俗民情
與高盧❻並無大差異。在
內陸的人不種植穀物而是
以肉類牛乳為食，且以獸
皮為衣。事實上，所有不
列顛人都以菘藍❼為自己
上色，那是一種藍色的染
料，因此在戰場上他們看

男野蠻人。

起來更嚇人。他們不綁頭髮，將全身毛髮剃乾淨但留下頭髮與嘴上的鬍鬚。主要是在兄弟或父子之間的十甚至十二人，會共享彼此的妻子。若有人懷孕生子，則屬於妻子當年是處女時所嫁的那個配偶所有。」

女野蠻人。

注釋

❶ 即 Caspar Hauser 與 Peter the Wild Boy。前者為西元 1828 年紐倫堡的著名社會事件。那年 5 月 26 日,他被人發現遊蕩街頭,年紀約在青少年但智商似不高又不知語言為何物,後來經他逐步回憶,表示出生以來,即遭囚於暗無天日的地下室,僅僅有人提供食物維生,至於囚禁者的動機會何,至今尚是不解之謎;有陰謀論者言,他可能是當時某王公貴族之私生子,或遭類似狸貓換太子之類的王室血脈爭奪黑幕,因而把他囚禁,但因純屬臆測,真實與否就不得而知了。

後者則是在西元 1725 年,德國漢諾瓦外森林裡,被一群獵戶發現還是兒童的他,像頭動物不會人語,以手足四肢撲地的方式行走,在野外裡食野果維生。當時巧逢英國國王喬治一世(他為漢諾瓦王朝之英國元首)拜訪該城,其媳婦威爾斯王妃得知此事,大發慈悲之心,將彼得帶回英國接受王室之照料,到他七十多歲過世前,有過走失而復尋的波折,該次插曲還是因為東英吉利亞區某監獄失火,在救出囚犯中,獄方發現他符合王室的尋人啟事示上人物的特徵,也算沒有悲劇收場。他終生未能說人語,但似乎能懂,能說出自己名字,以及他最重要的貴人,英國國王的名字——喬治。據信他應該是患有皮特霍普金斯綜合症而遭棄養。

❷ 即 Romulus and Remus,為羅馬帝國之建國始祖,相傳遭棄養在林中,由母狼養大。

❸ 即 Orson,他是中世紀著名的騎士傳奇 *Valentine and Orson* 這對雙生兄弟之一。前者有幸被帶入宮廷,以騎士身份調教長大,後者則流落深林中,由母熊撫養長大(類似野男孩彼得之境遇)。後來相遇成為主僕關係,並合力救出為巨人囚禁之母親,即為當時希臘帝國的皇后。

❹ 凱撒雖在西元前五十四年左右,即因對高盧(約今日法國)用兵以開疆闢土時,順道將隔海之不列顛納入軍事行動的範圍,而且也如下註所示,頗有進展,但英格蘭要真正納入羅馬帝國版圖成為領土,則還等近一世紀後,在西元四十三年由克勞迪厄斯一世完成。

❺ 即 Cassivelaunus,羅馬帝國拼吞不列顛時,不列顛原住諸族之一的首長,在西元前一世紀裡,曾帶領反抗諸族對付羅馬帝國向北的侵略擴張,但後因遭已投降的部族對羅馬部隊洩漏軍情,也兵敗投降。

❻ 即 Gaul,範圍相當廣大,包括今日法國至萊茵河西岸及義大利北部。羅馬帝國納入版圖之前,為塞爾特部族分佈其中。

❼ 指 woad,十字花科之草本植物,其藍色色素存在葉中。

毛人
Hairy Men

多毛女孩。

從上文我們也許會猜，假如古代不列顛人「不
修邊幅，全身長毛」，他們若要盛裝打扮，一定要

花上許多時間。不過濃毛遍布在人類身上，也絕非罕見，醫學典籍上便記載著諸多案例。

有位西班牙舞蹈家茱麗亞·巴斯特拉娜❶，她全身覆毛且有一副優雅的鬍子。她生了一個孩子，毛髮也像母親一樣冒出來。在過去，倫敦有個多毛家族的展覽，那個家族滿臉覆蓋毛髮，就像多毛普艾拉，也就是亞卓凡迪❷在他的《怪物誌》稱為的多毛女孩。

她十二歲，來自加納利群島❸，同行的有她四十歲的父親、二十歲的哥哥以及八歲的妹妹，全都一樣多毛。馬里厄斯·卡撒留斯帶著他們，首站在波隆那❹展出，這無疑是具有說服力的描寫，因為《怪物誌》的作者——亞卓凡迪從出生、成長、過世都住在那個城市。他還舉了其他例子，不過沒有這個這麼鐵證如山。

緬甸的亞瓦❺有兩位美好的多毛人，他們有兩位最有說服力的證人。約翰·克勞福❻在所著的《使館日記：從印度總督到亞瓦法庭》以及亨利·約爾上尉❼，在他的《印度總督下達雅華法庭之任務之記事》中提到：「那是一對父女，名字分別為蘇蒙及瑪鳳。那位父親簡直分不出睫毛、眉毛及鬍子，因為他整張臉包括耳朵內外，全覆滿長而柔順的銀灰色毛髮。他全身除了手腳，也覆蓋與上述同樣質地及顏色的毛髮，不過沒那麼濃密；背脊與雙肩的毛髮最茂密，有五英吋長、胸部上有四英吋長，而手臂、大腿、小腿及腹部的毛髮則較為稀疏。」

　　至於那個女兒，約爾寫道：「瑪鳳全臉或多或少都覆滿毛髮。一部分臉頰、鼻口之間長著短絨毛，而臉上其他地方長著濃密柔順的棕色長毛，鼻子及臉頰的部分則變淡，毛有四或五英吋長；鼻翼、眼下及顴骨上的毛髮則充分的生長。但是最特別的是在耳朵內部及上方，該處除了頂端其他都看不見。其他地方也都覆蓋了大量如絲綢般的毛髮，這表示耳殼外的每一部分都長出了毛髮，且各垂掛成八到十英吋長的髮絲。額頭上的毛髮往上梳與頭髮連成一片，頭上則梳理成中國風的髮型（這是她家鄉的女性常有的髮型），不過額頭的毛髮沒那麼濃密，使額頭隱約可見。」

　　「鼻子覆蓋了濃密的毛髮，沒有一種動物的鼻子是這樣，至少我沒見過，長長的毛髮呈現波浪捲，垂掛而下的樣子有如蘇格蘭斯凱㹴犬的毛髮，真是奇觀。鬍鬚顏色較淡，有四英吋長，看起來柔軟而光亮。」

　　約爾與瑪鳳再次碰面時，她育有兩名子女，老大與常人無異，但另一個仍在襁褓中的嬰兒，則顯然得到母親的遺傳。

　　日本北部的原住民阿伊努族 ❽ 也以多而濃密的

毛髮聞名，他們遭到日本人用視之如犬般的態度鄙視。M. 馬丁・伍德先生在倫敦民族學學會❾宣讀一篇有關他們的報導，他說：「以掃❿本人也不可能比這些阿伊努人更多毛。他們的毛髮長成一大片毛叢，又粗又密，鬍鬚又濃又長，而臉部大半也都覆滿通常是深色的毛髮；額頭突出、眼珠為深色而眼神溫和，讓臉部沒有蠻族的樣子。他們的手部及臂部，其實就是全身大半部位，都覆滿反常的濃密毛髮。」

　　然而前面的描述遭到質疑，特別是伯納・戴維斯，他於《倫敦民族學學會回憶錄》第三冊的報告裡，引用了許多旅行家的話來證明阿伊奴族的多毛其實是誇大的說法。然而柏德小姐在她的《日本秘徑》，讓這個議題有了定論，因為她親自拜訪了阿伊努族的國度。她明確的駁斥阿伊努族沒有全身多毛的敘述，他們的毛髮的確較多。儘管她也承認有些人沒有全身多毛，像書中 P.232 的例子：「他們不穿衣服，但裡面只有一個多毛的」。而在平取町蝦夷島，她說：「男性身材中等，胸部與肩膀寬闊、骨架粗大、體格非常強壯，手臂與腿粗短而肌肉發達，手掌與腳掌都不小。身體覆蓋著短而硬的毛髮，許多人的四肢尤其如此。我見過兩個男孩，背部簡直像披了皮草，毛髮跟貓身上的一樣細軟。」接她在書中 P.283 又說：「濃密的黑色毛髮、炯炯有神的眼睛，再配上多毛的四肢與異常強壯的身材，讓他們看起來像是招惹不起的野蠻人；然而分部眼睛與嘴巴的笑容『甜美而陽

光』，說話輕聲細語有如音樂，我這輩子還沒聽過如此溫柔甜美的聲音，有幾度我甚至忘了他們其實還是蠻族。」

注釋

❶ 即 Julia Pastrana（1834-1860AD），實為墨西哥人，後與街頭藝人結婚，表演至莫斯科時產生一女夭折，自己不久亦隨之而去。其遺體經防腐處理留在歐洲供研究，一直到二十一世紀初，才移靈葬回墨西哥家鄉。

❷ 即 Ulisse Aldrovandi（1522-1605AD），義大利人，曾推動創立波隆納植物園，為歐洲最歷史最早的植物園之一，他在博物史的成就，常被尊為博物學之父。

❸ 即 Canary Isles，該群島位於非洲摩洛哥外約一百公里之大西洋中，由大小不等的近十座島嶼組成，最大的三座皆在一千多平方公里而已，為西班牙領土；自大航海時代以來，即為跨洋之中站，曾經有一度該群島所產之葡萄酒被視為海神仙釀。金絲雀 Canary 即是產於此串群島，引入歐洲後大受歡迎而成為常見的鳴賞雙美之馴禽，因此以主島之名命之。

❹ 即 Bologna，義大利北部古城，2000 年曾奪下歐洲文化首都的頭銜。

❺ 即 Ava，緬甸中部之地名，十四世紀曾建王國，明朝末帝永曆曾逃至此。

❻ 即 John Crawford（1783-1868AD），蘇格蘭籍醫生、殖民事務官員及作家，對亞洲語言頗有研究，並在建立新加坡為英屬殖

民地有重大貢獻。

⑦ 即 Captain Henry Youle，蘇格蘭裔，一生大半在印度緬甸等地任大英帝國之軍職或公職，但亦為東方學家、地理學家暨遊記作家。

⑧ 即 the Aïnos，亦稱愛努族等，分佈於庫頁島、北海道、堪察加島等地。其文化語言險因日本強勢同化而消失，近年來，在自身爭取與努力下，已獲得延續。

⑨ 即 Ethnological Society of London，《不同族群社會間之交易》，西元一八六六年輯，第 4 冊，P.34。

⑩ 即 Esau，舊約聖經人物，為雅各之兄，出生時一身是毛，其名即此意思。

紅毛猩猩
The Ouran Outan

　　從多毛人到猩猩的進化是個簡單而自然的過程，我們只需從猿人著手，其中包括紅毛猩猩、黑猩猩以及大猩猩。這些是與人類最接近的大型猿類。牠們或許沒有尾巴，且那根短小的腳趾無法讓牠們靈活運用工具而不能被視為人類。紅毛猩猩是婆羅洲與蘇門答臘的特有物種，牠們出沒在那兩個島上靠近海岸的沼澤森林裡。就猩猩而言牠可以長到相當大型，約四呎四英吋高，但體型與力氣都還比不上大猩猩。與人類比，牠們的手臂簡直太長了，腳又短得可笑。在野生環境中牠們幾乎只吃素，並在樹上築巢，像是家一樣把樹枝編成一片，多少能遮風擋雨。牠們無法適應囚困於籠中，會變得慵懶無力而垂頭喪氣。但野生棲息地裡，牠們若需自衛也能勇猛地反擊。A. R. 華勒斯在他的著作《馬來群島：紅毛猩猩與天堂島的國度》說了下列關於牠們的戰鬥故事：

　　「往河流下遊方向幾哩處，住了一群迪雅克人❶，居民發現有隻大紅毛猩猩在吃河畔一株棕

櫚的嫩芽。他們驚動了牠，牠便退進緊鄰河濱的叢林裡，有幾個男人帶著茅與開山刀去攔截牠。帶頭的人想要用茅刺穿牠的身體，結果紅毛猩猩抓住他雙手握住的茅，一瞬間就攻擊男人的手臂，牠用嘴巴咬穿了男人的手肘上方，然後兇猛地拉扯撕裂。要不是其他人緊隨在後，這個人恐怕不死也要沒了半條命，因為完全無力抵抗；不過其他們的人隨即上前，在一陣茅與開山刀圍攻後把猩猩殺死。那個傷者病了好長一段日子，一輩子都無法再正常使用那條手臂了。」

牠被命名為半人羊猿猴❷，可能是因為大家覺得牠們像古希臘神話中居住森林的半人羊非常好色，絕非長像類似。

葛斯納❸告訴我們他對紅毛猩猩的看法，提供了一幅長尾猴屬❹的插圖，並引用卡爾丹涅斯❺的話，他說長尾猴（Cercopithecus）即野人，外貌奇特，有人類的身高與外型，腿像人類但全身上下長滿毛髮。除了人類以外沒有動物受得了牠，對牠們而言，在自己地盤上並不覺得比較低等。且牠們喜歡男孩與女人。

普里尼這樣評論半人毛猿猴：「在印度東邊多山的地區裡，那個叫做卡查魯迪❻的國度，我們發現半人羊，這種動物行動非常敏捷。牠們有人的五官，有時用四肢行走，有時則站立行走。行動敏捷到除非是老弱病殘的，否則從來沒有一隻被捕獲。」在另一段他說：「半人猴與半人羊會先把食物儲存在臉部的頰囊

裡，之後再一塊塊取出來放在手中吃掉。」

托普索❼把半人羊猿猴與古希臘神話裡的半人羊混為一類，後者有山羊的腿與角，但他在下列段落裡顯然是指前者。「這些半人羊棲息在撒提瑞達群島上，共有三座，緊臨著印度在恆河的

半人毛猿猴。

盡頭。關於這點，優弗莫斯・卡爾講了這個故事：『當我航行前往義大利時，由於強風與惡劣的氣候，被吹到一處前所未至的海岸，那裡有許多荒蕪的海島，住著野蠻人，水手們拒絕登上某些島嶼，因為先前已遭到當地人以不人道也不文明的方式的對待過，於是水手們把我們載到那些半人羊島。在裡我們見到了紅毛居民，背後還長了條不比馬尾短的尾巴。水手看見紅毛居民靠向船邊並抓住跟水手們來的女人。船員們因害怕把一名蠻族女人送給他們，他們以最可怕且骯髒的方式強暴她，由此可見他們真是野蠻的禽獸。』」

他還告訴我們他對半人羊猿猴的想法：「牠們一定是某種具有特長的動物。因為牠們顯然會吹奏笛子，還掛有方便的囊袋好收納用銅幣換取的水果，這無疑是以牠們的演奏賺取來的酬勞。」

注釋

❶ 即 Dyak，是婆羅洲原住民。

❷ 即 Simia Satyrus，因為 Simia 是猴類，Satyrus 則是半人羊。

❸ 即 Conrad Gesner（約 1515-1565AD），瑞士醫生、博物學家暨語文學家，是文藝復興型的全能學者，對動植物尤有興趣。

❹ 即 Cercopithecus，其學名由「長尾」（Cerco）及「猴子」（pithecus）的希臘文組成。

❺ 即 Hieronymus Cardanus（1501-1576AD），生於義大利帕維亞，是典型文藝復興人，天文地理、數學哲學無所不通，著作近二百種，其中在數學代數及機率理論方面貢獻尤大，也僅算部分成就，但小至今日通用的轉動式號碼鎖，也是他宇宙般心靈的小產物。

❻ 即 Catharcludi，印度境內民族之族名。

❼ 即 Edward Topsell（約 1572-1625AD），英格蘭教士，雖為神職人員且有多部神學相關著述，但卻以他因喜好研究奇禽異獸而留下的著作更為聞名，書中許多生動插畫令人印象深刻。

半人羊猿猴。

半人羊 ❶
Satyrs

半人羊（一）。

他還描述了一種特別的猿類，類似古希臘典籍中的半羊：「在春、秋分，朝東南方，有種名叫半猿羊的動物，即似樣貌為羊與猿猴組成的生物。由於世上還有像熊的猿猴，名叫半猿熊；與像獅子的，名叫半猿獅；及像狗的，外叫半猿犬；如前所述，而且還有許多在自身族類身上，混合其他生物容貌。」

「其中有一種名叫潘的動物。牠的頭部、臉部、角部、腿部以及腰部以下都與山羊相似，但是腹部、胸部及手臂卻像猿猴。

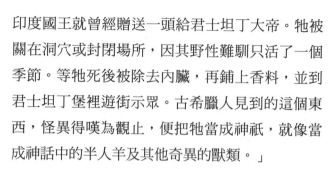
印度國王就曾經贈送一頭給君士坦丁大帝。牠被關在洞穴或封閉場所，因其野性難馴只活了一個季節。等牠死後被除去內臟，再鋪上香料，並到君士坦丁堡裡遊街示眾。古希臘人見到的這個東西，怪異得嘆為觀止，便把牠當成神祇，就像當成神話中的半人羊及其他奇異的獸類。」

我剛才說過，托普索把猿猴跟半人羊混為一談並視為一類，但是他的版本說來有趣，有如一則軼聞，我將以接近原貌的方式轉述：

「如同半猿犬，也就是狒狒猿，儘管終究不實，但仍讓人有想像空間。還有一種人類，即半人羊，是極為稀有的獸類，令人聯想為魔鬼；詩人、畫家、描圖師、雕刻家，為了傳播這種迷信，連同猿猴，在描述上在牠的頭上加了雙角，而雙腳則變成山羊蹄，而也有一種半人羊兩者皆無。也許是因為魔鬼有時以人類的模樣現身，就如同他們有時以半人馬、野驢或其他模樣現身；也有可能是因為魔鬼並沒有從半人羊身上獲得任何特質或身形，而是從猿猴本身仿效魔鬼（因為兩者本有相似之處），他們和半人羊猿猴本來就有許多相似之處。邪惡的半人羊具有部分人的模樣，住

在偏僻的地方，毛髮粗厚又好女色，其他猿猴天生就易沾染上這種習性，半人羊也是。」

也許半人羊這個名字更應該是源自希伯來文「Sair」，〈以撒亞書第三十四章❷〉，而其複數是「Seirim」，〈以撒亞書第三十四章〉，可詮釋為「沙漠的怪獸」，或者「粗獷、多毛的半人羊」。當「Iisim」與「Seir」結合時，便是指山羊。

查迪亞人❸把「Seirim」翻譯成「Schedin」，即邪惡的魔鬼；阿拉伯文的「lesejathin」，也就是撒旦：波斯人稱為「Devan」，伊利萊人稱為「Devadai」；德華斯人即德國人，則稱為「Teufel」。那些流傳世界各地，奉行舞蹈以及其他祭祀酒神儀式的動物則叫半人羊「Satyres」，有時叫「Tytiri」，這是因為牠們擅歌曲而放浪；半人羊有時又叫「Sileni」，差異在於小而年輕的被稱為「Satirikp」，老而體型大的才是「Sileni」。還有那酒神與仙女，酒神在描述中常駕著葡萄藤編成的馬車，西勒努斯騎驢伴隨著祂，酒神或半人羊則搖動儀杖與法器❹。由於牠們跳躍，故被稱為「Scirti」；而那古老的半人羊式跳舞則叫「Sicinnis」，有時牠們也被稱為「Sicinnistæ」或羊腳人。普里尼描述，西衣索比亞的某些丘稜區住著許多半人羊樣子的羊腳人，到了晚上牠們升起巨大的火堆，奏笛、伴隨著獸鼓鐃鈸並起舞；還有在亞特拉斯山❺的莫爾人之中也有牠們的身影，但到了白天卻都找不到腳印、遺留物或任何痕跡。

印度東部山區、卡爾塔杜里一帶以及孔瑪里及過魯迪等省份

也有半人羊，但是前面提過生於衣索比亞的佘比，儘管臉部相似但並非半人羊，也不是普雷錦人猿（牠們像長了短鬍鬚的半人羊）。有許多種類的半人羊，比起用目前已知的任何特質，以名稱來區分會容易得多。這就是前面所提到的羊腳人，詩人的仙子、小半人羊精、牧神以及伴牧神之半人羊，牠們在外邦人的時代被當做神祇來崇拜。在外邦人的宗教裡，也包括把牠們的圖像放在家中的門或大門上，以防覬覦的小人來下咒。

儘管索里納斯⑥談起半人羊有如談論人類，但事實上牠們沒有人性，除了幾處外貌沒有任何與人類相似的地方。牠們在日常中把肉放在嗉囊裡，等到餓了才拿出來吃，這種行為在弗米卡獅上是

山羊與半人羊。

一年發生一次的事，在其他猿類中是不安的表現。牠們除非生病不然很難被捕獲，最好是找幼小、年老的或趁牠們睡覺時下手。蘇拉❼獲得的那頭，就是趁牠睡覺時得手，地點是在阿波羅尼亞❽附近的仙泉聖地❾，蘇拉找了各種語言的翻譯對牠進行問話，但沒有獲得任何回應，只有酷似馬嘶叫的聲音，因為牠受到驚嚇而害怕，最後蘇拉就把牠給野放了。

菲洛史崔特斯❿說了另一個故事：「阿波羅尼厄斯⓫與同僚在衣索比亞尼勒斯瀑布外的一個村落紮營，他們聽到一群女人彼此急促呼叫的聲音。有些叫著：『捉住牠！』有些則叫著：『追上牠！』她們的丈夫聽到後便立即拿起棍棒、石塊或任何手邊的重物過去幫忙，心想著別讓老婆受任何傷害。距離那時十個月前，曾有一陣可怕的半人羊尖叫聲傳來，牠們因為求歡過於激烈，不但對婦女施暴還殺了兩個人。阿波羅尼厄斯的夥伴聽了都打個抖嗦。聽到這裡，在尼厄斯的其中一人還對天發誓，女人們因為裸體又手無寸鐵無法抵抗牠強烈的慾望，且半人羊還非得求歡不可；然而阿波羅尼厄斯說，有個方式可以化解這些暴力野獸的慾火。相傳米達斯⓬用的方法（因為米達斯是半人羊的血親，如其驢耳可證）。米達斯聽他母親說，半人羊喜歡喝醉後好好睡一覺，醒來便溫和可親，你會以為牠失去原來的獸性了。」

「於是阿波羅尼厄斯想在靠近大路上的泉水池中放酒，以便使半人羊嚐了後立刻變得溫和。阿波羅尼厄斯說：『可別以為這

只是個傳說，我們去找鎮長問問沒有酒可以讓我們拿去給半人羊喝。』一切都談妥後，他們把四只大型埃及陶瓶裝滿酒，倒進牛群喝水的泉水裡，然後阿波羅尼厄斯便呼喚半人羊並威脅牠，半人羊被激怒後喝了酒便醉倒了。阿波羅尼厄斯說：『現在，讓我們向半人羊獻上祭品。』他帶領村民成群結隊來到離鎮上很遠的仙女洞，向他們展示睡著的半人羊，並說：『只要你們不再毒打、怒罵或刺激牠，牠就永遠不會傷害你們。』」

魔鬼確實以半人羊的形象施展許多騙術，每年在帕納蘇斯山⑬舉行的酒神盛宴，許多半人羊都會現身，各種聲音與鐃鈸聲交錯震耳。然而人類也有可能像半人羊隱居在無人森林裡；據聖耶

半人羊（二）。

洛姆❶記載，在隱士保羅❶的時代，曾有一頭許多詩人吟唱的半人馬在聖安東尼❶面前出現。那時他在附近一座亂石山谷裡看到長著朝天鼻的男小矮人，他額頭上有雙角下半身則是山羊腿；這位聖者並不驚慌，以信仰護體以正氣保身，就像一位基督士兵一樣向牠走近，牠獻上一些椰棗以感謝聖安東尼的和平相待，讓他在旅途上有食物可吃。聖安東尼問牠是誰，對方回答：「我是個凡間生物，這片荒蕪森林的居民，那些外邦人士誤把我當神祇崇拜，稱我為小半人羊精靈、半人羊以及魔床精靈❶。我謹代表本族類，請你們為我們向那位，為拯救世界而來、唯一的神祈禱。」話才一說完，牠就飛奔而去，就像脫籠野鳥般轉眼不見。為了避免這則故事有不實之嫌，以下可做為證據：在君士坦丁時期的亞力山卓，曾有一頭半人羊被世人所見，那是世上難得一見的異相。牠過世後，為了防止遺體腐敗，人們以日曬及鹽漬保存，並送至安堤奧卡❶讓皇帝親眼目睹。

　　半人羊難得一見，更如前所述難以捕獲。在薩松尼❶靠近達西亞的森林曾發現兩頭半人羊在逃脫中，雌性被獵戶的箭以及放出的獵犬所殺害，雄性則遭到活捉，牠上半身像人類下半身像山羊，不過全身覆毛。牠被馴化並被教導用直立行走，牠還會說幾個字，不過聲音像山羊嘶吼，且沒有句意。

　　著名的博學之士喬治·法布里卻斯❶曾給我看過這著名的野獸圖像，我想這可為半人羊增添一則故事。他說：「在沙奈伯羅

主教的教區裡，有片名叫芬尼伯羅的森林，有種四蹄野獸，顏色如黃康乃馨，但由於野性難馴，完全不肯讓人接近。牠將自己深藏幽暗之處，被包圍後，再饑餓也不肯出來進食，沒多久便餓死了。其後腿與前腿極不相似，而且更長。牠約在西元一五三〇年捕獲，其形象被非常生動地描繪，讓我們無需再費工夫描述牠的鬃毛以及各個部分與身型。」

注釋

❶ 有關半人半羊形態的神話生物，有以下幾種說法，Pan、Satyr、Sileno、fawn 等等。Pan 是希臘神話中的人物，基本上是神的等級，是森林中動物的守護神，大自然之神，也因好色，常也代表春天及繁殖力強，此外，panic 一字即從其名而來，因為祂能讓人抓狂；Satyr 亦為希臘神話之人物，牠不到神的等級，只是精靈小怪，長相醜陋，更動物化，而且永遠處在勃起狀態（至少古人在描繪牠或在祭典扮演牠時，這點是必要特徵，甚至以自慰或獸交場景處理。）；Sileno 通常即 satyr，但常指帶頭的那個或伴在牧神的身邊的；fawn 則是羅馬神話的說法，但形像較清新，常以半童半羊方式呈現，調皮搗蛋，如波蒂切里的名畫《愛神與戰神》（Venus and Mars）中那群鬧著歡好後沈睡的戰神的那些小精靈，該畫目前藏倫敦大英美術館。

❷ 此為希伯來人聖經之以撒亞書。

❸ 即 Chaldæans，為一種居住在南巴比倫帝國一個同名地區的民族。

❹ 即 Thyrsi，酒神祭司、半人羊及與典信眾的必要配物；它是一根纏滿長春藤或帶果葡萄藤之法杖，杖頭上頂著一球巨大的松果狀物體。

❺ 即 Atlas，位於非洲西北，跨越摩洛哥、阿爾及利亞與奈及利亞多國的山脈，最高峰達四千公尺以上，綿延兩千五百公里。該地區為柏柏耳人分佈地區，在柏柏耳語中，山叫做 adrar，似希臘神話中扛著世界的巨神 Atlas，故有此名，但此巧合倒也能點出此山山勢之壯麗。

❻ 即 Gaius Julius Solinus，西元三世紀在世，為著名之文法家及編纂者。

❼ 原文為 Sylla，但似為 Lucius Cornelius Sulla Felix （138-78 BC），外號 Sulla，為古羅馬之著名將軍與政治人物。

❽ 即 Apollonia。由於阿波羅為希臘重要神祇，其神殿甚眾，而以此為地名之處在有希臘人處，皆有不少。但蘇拉曾洗劫雅典城，故應該是希臘境內的其中一個。

❾ 即 Nymphæum。古希臘羅馬人皆會設置專獻給眾仙女（nymphs）的聖地，會以一聖水之泉為中心。

❿ 即 Lucius Flavius Philostratus（170-254AD），是羅馬帝國時期著名之智辯家，人稱「那個雅典人」。

⓫ 即 Apollonius。由於阿波羅為希臘重要神祇，將祂的聖名放入名字以表崇敬的人也不少，但此位應該是西元前一世紀的希臘雕刻家 Apollonius of Athens，他留下的貝爾弗戴雷軀體（Belvedere Torso），雖僅存殘作，卻是啟發米開朗基羅雕塑藝術之重要作品，目前存放於梵帝崗。

⓬ 即 Midas。米達斯國王在希臘神話裡有兩則著名故事，一則為愛金而求酒神賜他點石成金的手，起先點得很興奮，但沒多久便發現那是詛咒，食物一碰成金，沒得吃沒得喝，最後連女兒都一不小心被他一碰便變成一尊金像；另一則則是他在一場阿波羅與牧神比賽誰音樂好聽的場合裡，竟不識相說阿波羅的不如牧神，阿波羅當下便說只有驢耳才會喜歡牧神的音樂，於是他的耳朵當下變成驢耳。

⓭ 即 Parnassus。高近兩千五百公尺，位於柯林斯地狹北岸，戴爾菲（Delphi）附近的一座高山，該山同時為阿波羅及酒神戴奧尼索斯等二神的聖山。

⑭ 即 St. Jerome（347-420AD）。生於今日近克羅埃西亞，應為伊利萊人，他受教皇大馬蘇斯之命翻譯拉丁文聖經（至此時，各版新、舊約聖經，主要以古希臘文及希伯來文撰寫，尚無一部包含新舊約全本官方之聖經），花了二十年完成後，又以後半生不斷為之註解，實為譯界千古難再的偉大成就。此外，他曾為一頭獅子拔去掌中刺，因此他的圖像裡常有一獅為伴。

⑮ 即 Paul the Eremite，約為西元前三世紀，據聞在他的百歲人生從青少年起便於荒野獨居。

⑯ 即 S. Anthony，此指大聖安東尼（251-356AD），他是羅馬帝國時期的埃及基督徒，創先以隱修生活為修道方法，西班牙畫家達利，便曾以一幅超現實畫作品，描寫他在沙漠中可能會有的魔幻夢境，赤身裸體持十字架，想退卻那步步近逼、承載著裸女，高可摩天但卻腳如細絲的巨象及巨馬。

⑰ 即 Incubi，此字來自拉丁文之「躺在上頭」之意，這種妖精有男有女（succubus），通常會在人家睡覺時，壓在睡者身上以與之交媾，也許為古人對於春夢的另一種理解。

⑱ 即 Antiocha，位於今日土耳其與敘利亞在地中海岸上的交界附近，為亞歷山大大帝死後其大將塞琉古一世建立自己的王國，此城即其重鎮之一；到了西元一世紀，基督教北傳至此時，世人開始稱他們為基督徒，而「基督」的意思是「救世主」。

⑲ 即 Saxony，位於今日德國中部偏北處，為神聖羅馬帝國之一邦。

⑳ 即 George Fabricius（1516-71AD），德裔新教詩人、史學家及考古學家。

史芬克斯
The Sphynx

史芬克斯。

　　史芬嘉又稱史芬克斯，來自印度以及衣索比亞。牠們也屬於人猿類，擁有女人的胸部，且胸部直接長在頸部下方，表面光滑無毛、臉部外形渾圓、臉頰銳利且嘴尖，而其氣質容貌也像女人。那個部位光滑無毛，有個紅色的構造呈圓形凸出，像是顆粟與其體色相配，外觀也優雅。牠們的聲音極似男性，但沒有抑揚頓挫，有點像人們因在氣頭上或悲傷中而草草回答的感覺。長著棕色毛髮，色澤黯淡。在阿拉伯半島最遙遠角落的岬角上近迪拉處，有一種名為斯芬格又稱弗密卡的生物屬於獅類，同樣地也可在穴居族的類別中找到。

　　相較之下狒狒及半猿狗❶比其他猿類野性重，而半人羊與無角半人羊則更為溫馴，牠們雖為野生卻尚可馴服，但雖然溫馴卻也會報復別人的傷害，如同堤比斯人在眾目睽睽下被殺。且牠們把食物儲藏在頰囊裡，餓了才拿出來吃掉。

　　史芬克斯出自「綑綁」一詞，如希臘文注解所示，另外也可指細膩、優雅而輕挑（當時有一種常見的交際花名為斯芬泰，而梅格拉❷的斯芬

史芬克斯。

加斯常指聲名狼藉的煙花女子），剛好讓詩人墨客拿來創造出那個名為史芬克斯的怪獸，正是出自此傳說。

海德拉❸生出凱米拉❹，凱米拉又與奧色斯生出史芬克斯以及尼米安獅，而奧色斯是格律翁❺的其中一隻看門狗。他們費盡心思創造出史芬克斯這個怪獸，描述牠有少女的臉龐、獅子的四肢以及鳥類的雙翅，或者如安索尼厄斯及凡里納斯所說，牠有少女的頭部及臉龐、獅子的四爪及龍的尾巴。牠會盤踞在斯芬山頭，給所有路過旅客一則謎語，謎語如下：「什麼生物先以四足行走、再來兩足，最後三足？」所有無法解答謎語的人，全都遭到牠立刻叼起來從高聳的山上丟下深谷殺害。終於有一天伊底帕斯❻說出了謎底：「那個生物就是人類。嬰兒時期以雙手雙腳爬行，成人後便以雙腳走路，等老年時便需要加一根枴杖才能站穩，也就是以三腳行走。怪物聽了，立刻從同一個高聳的山上跳下深谷，了結了自己的性命。而伊底帕斯則獲得了精明、睿智之解謎者的稱號。」

「但事實上，卡得莫斯❼娶了一位名叫史芬克斯的亞馬遜女子，帶著她到堤比斯，把當時的國王德拉可殺死並奪取他的王國。事後卡得莫斯還娶了德拉可的妹妹哈莫娜，原妻史芬克斯則遭到拋棄。她為了報復，在許多追隨者的協助下放棄了榮華富貴，來到斯芬夏斯山並帶走了卡得莫斯倚重的巨犬，從此日日侵擾並掠奪人民。而那則謎語，在堤比斯語裡指的即是戰爭的入

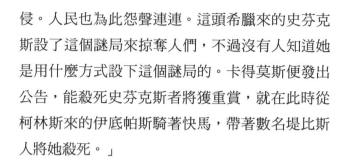

侵。人民也為此怨聲連連。這頭希臘來的史芬克斯設了這個謎局來掠奪人們，不過沒有人知道她是用什麼方式設下這個謎局的。卡得莫斯便發出公告，能殺死史芬克斯者將獲重賞，就在此時從柯林斯來的伊底帕斯騎著快馬，帶著數名堤比斯人將她殺死。」

其他說法則是，伊底帕斯先假裝與史芬克斯友好，殺了她並讓世人覺得那是她帶來的紛擾造成的後果。柏珊尼厄斯❽則說：「前人提到的謎語並不是謎語，而是阿波羅下示的神諭，受諭者是卡得莫斯，他不昭告天下，自己的後代才能成為堤比斯王國的繼承人；而伊底帕斯是萊厄斯之子，是該國前任國王的兒子，他在睡夢中聽到了該則神諭，並奪回被自己姊姊史芬克斯奪取的王國，接著在不知情的情況下娶了自己的母親賈卡斯姐❾。」

不過，根據博學的艾錫亞托❿在他的一幅圖示格言下的註釋描述，這則情節巧妙的故事真正的教訓如下：「她那可怕的身軀顯現那處女之身的容貌，包含了她的殘忍與高傲，在她的獅爪、御風自如的能力與群鷹與羽翼下，藏著行淫縱慾的

罪行。我要以蘇達百科 ⓫ 的話為這樣的怪物下結論，川頓 ⓬ 、半人羊、半人馬等，都是這種東西的形象，這些形象除了上述物種外，在宇宙中所無法尋獲。」

注釋

❶ 即 Babouns 以及 Cynocephali，其實似應指一獸，後者拆解，即狗頭。

❷ 即 Megarian，Megara 是位於柯林斯地峽的城邦。

❸ 即 Hydra。為一九頭蛇怪，是海克利斯十二任務中之一，殺死勒那湖（Lerna Lake）中的那頭海德拉。該怪物不但口噴毒液，而且頭砍後會再生，牙齒植於地中會生出全副武裝之戰士。

❹ 即 Chimæra，詳見本書 P.233。

❺ 即 Geryon's doggs，格律翁為梅杜莎之孫，亦為人面怪物，荷馬史詩的赫吉歐（Hesiod）說他有三個頭，不過到但丁，把他描繪成人面飛龍狀的怪物。格律翁的牛是海克力斯的第十個任物，必須去偷一隻來。

❻ 即 Œdipus。古希臘悲劇主角，在古希臘三大悲劇作家索弗克里斯（Sophocles）所寫的同名劇中，他為一國之君。國內瘟疫肆虐，神諭顯示是因為該國前王之死懸案未解而天降災禍，需破案方能解災；但經抽絲剝繭後，才知當年他來到這個王國，娶后而代前王之位的路上，曾因與人衝突失手殺死對方，而那人即為前王，因此他即是兇手。

但更深的悲劇是，他自己是出生遭父母拋棄的孤兒，因為神諭顯示他會殺父娶母，因此父親將他拋棄，但此父親即為他失手殺死之人。因此，至此真相大白，他果真殺父娶母，最後其母得知真相後自縊，而他則刺瞎雙目而退位。

❼ 即 Cadmus，堤比斯國（Thebes）之建國國王，是希臘神話中屬早期之英雄。

❽ 即 Pausanius，約西元前 420 年的雅典人，出現在柏拉圖的《飲談宴》（*Symposium*）中，佔有相當比例的篇幅。

❾ 即 Jocasta，即堤比斯城之王后，先後嫁給丈夫及兒子。

❿ 即 Andrea Alciato（1492-1550AD），義大利人，法學家及作家，為法律人文學派（legal humanists）之創立人。

⓫ 即 Suidas，是一部關於十世紀拜占庭的百科全書，書名應是作者名，但身分不詳，主題則是古代地中海世界；該書以希臘文撰寫，字典式條列，約三萬條內容。

⓬ 即 Tritons，海神波賽頓與海中仙女所生之兒子。形象向來以上半身人而下半人魚為主，故一度成為男性人魚的說法。

PART 1
人類神話

人猿
Apes

　　史路普曾將獨眼巨人描繪得精采絕倫，而他在描繪人猿應該有不相上下的表現。他給我們介紹了一種人猿。不幸地，該物種沒有存活到現代。這種人猿能編織粗布，且可能是用藺草來製作。牠們披著獸皮披風，直立行走並以一根拐杖作為輔助，由於生性注重禮節，為避免無鞋而顯得不得體，便把腳部塗黑。史路普他如此歌頌牠們：

「在秘魯人們見到奇景，

　上帝在那裡造了這麼一位人猿，

　為打扮得體，牠全身衣著成套，

　一旦在外，牠會選擇以人現身。」

　　在結束人猿這個主題之前，我無法不注意到托普索提到的另一個猿屬的物種，也就是熊猿。在美洲有種外貌嚴重走樣的野獸，居民稱牠們為霍特或霍提，法國人則稱為歸儂，跟大型非洲猴一樣大小。牠的肚子垂得非常低，頭部與臉部與孩童相仿，被捕獲時會如幼兒般嘆氣。膚色灰暗、毛髮如熊，一隻腳掌上只有三個爪子，每個爪子有四根指頭長，就像水蠟樹的刺，牠們用爪

子來爬高樹，而且一生大半都待在特定樹木的濃密葉林之間。那種樹極高，美洲人稱之為阿曼霍提，因此這種動物才被稱為霍提。牠們的尾巴約四指長，幾乎沒有毛髮。有件事常常被拿來試驗，就是看牠是否再饑餓也不會吃活人的肉。有個法國人曾贈與我一頭霍提，我與牠相處了二十六日，最後被狗咬死。在那段時間裡，我把牠放到露天的院子裡並在旁觀察，儘管下雨牠也從來不會變濕。只要把牠馴服，牠會跟人很親近且喜歡爬上主人的肩上，這讓裸身的美洲人受不了，因為牠們爪子十分銳利。

以紳士形象現身的人猿。

動物傳說
Animal Lore

　　今日奇禽異獸的傳說能如此豐富，全要歸功普里尼。然而，裡頭幾乎沒有現代研究實事求是的嚴格要求。他告訴我們，有些地方就是不該有什麼動物，並依此帶出一些稀奇古怪的動物界傳聞。

　　「造物主真奇妙，不但讓不同國家有不同物種，讓同一國家內的某些地方有某些物種，而有些地方就是不能有某個物種。在義大利，睡鼠只在一個地方找得到──梅遜森林。在利西亞❶，羚羊從未越過分隔該地於敘利亞的山區。分佈在臨近地區的野生驢，也不會跨越分隔卡巴多奇亞到西利西亞❷的邊界。在海勒斯龐特海峽的岸上，雄鹿絕不會走進陌生的地域，而在亞吉那撒斯群島❸的雄鹿，絕不跨越艾拉弗斯峯；棲息於山區的也長著與平地動物一樣的偶蹄❹。在波洛撒林島❺上，黃鼠狼連有馬路的地方都不會跨越。在畢奧夏一帶❻，鼴鼠被引進到雷巴迪亞❼，但一碰到地面便飛奔似的逃離該地區，而臨近的沃克米納斯❽，則因為鼴鼠使農地被搞得滿目瘡痍。我們看過用這種動物旳毛皮製成的床單，由此可證即使用宗教的力量感化，也防止不了大家用這種動物來滿足我們可怕的奢華需求。」

　　「野兔最初被帶到伊撒卡島❾時，一上岸就暴斃。而在伊布撒島❿岸上，家兔也發生同樣情況；儘管兩處相距不遠，也就在西

班牙以及巴列瑞克群島❶，但對於兔類而言都是同樣的結果。」

「在錫連尼❷的蛙類不鳴叫，會鳴叫的被帶去歐洲大陸了。在那時，塞瑞弗斯島❸上的蛙類也不鳴叫，不過一旦被帶到別的地方牠們就會鳴叫了。而同樣的事情似乎也發生在佘塞雷的西坎卓斯湖❹。」

「在義大利，鼩鼱的牙齒可分泌毒液，這種動物在亞平寧山脈以外任何地方都找不到。無論在鼩鼱棲息地區的哪處，只要牠一旦跨越車輪留下的痕跡就會立即暴斃。」

「馬其多尼亞❺的奧林帕斯峰上沒有狼，克里特島也沒有。在這個島上也沒有狐狸、熊或任何會害人的動物，除了盲蛛，那是一種蜘蛛。」

「還有一件更了不起的事，就是在那島上除了賽頓區外沒有鹿；同樣的情況也發生在野豬、松雞與刺蝟身上。」

普里尼繼續講述只會傷害陌生人還有只會傷害本地人的動物。

「有些動物對本地居民無害，但會讓外地人喪命，像是泰凌佘斯的一種小蛇，據說會從地裡跳

出來。在敘利亞，特別是幼發拉底河岸，蛇類不會攻擊在睡覺的敘利亞人，即使本地人誤踩了蛇而被咬，蛇毒也無效。但是對他國來的人，牠們可就不客氣了，會兇狠加以攻擊。不但會殺死受害者，死前還要其忍受劇烈的痛苦，因此敘利亞人從不殺牠們。在拉莫斯島❶的凱瑞亞山則剛好相反，亞里斯多德這麼告訴我們，外地人被蠍子咬了沒事，本地人就會喪命。」

他還提出某個耐人尋味的觀點，是當時的動物學家前所未聞的，即動物間的相互厭惡。他說：「動物除了上述本能外還擁有其他習性，這並不難看出。事實上，動物之間也有相互厭惡或相互喜歡的情況，以及除了我們在下列提到動物的各種不同情感。例如：天鵝與老鷹永遠看不順眼，渡鴉與柯羅瑞斯鳥❶總在夜間找尋彼此的蛋。有同樣的情況還有渡鴉跟鳶鳥，彼此永遠都在戰鬥、搶奪食物；此外還有烏鴉跟貓頭鷹、老鷹跟柳鶯。如果老鷹跟柳鶯看不順眼的情況是事實的話，是因為老鷹得到了鳥中之王的頭銜；而同樣戰鬥與搶奪食物的情況，也會發生在小型貓頭鷹與一切較嬌小的鳥類上。」

「有地域性的動物也有相似狀況。黃鼠狼與烏鴉為敵、斑鳩與螟蛾、姬蜂與黃蜂，盲蛛與其他蜘蛛。在水生動物間，鴨子與海鷗是敵人；鷸與鷺，就像鐮刀與綬草彼此相剋。有類似情況的還有鵰鴞與蒼鷺，牠們永遠在搜尋彼此的孩子。而赤胸朱頂雀❶這種如此嬌小的鳥類，竟跟驢子有過節。因為驢子為了抓癢，將

身體往懸鉤這種帶刺的灌木上磨蹭，而壓扁樹叢上的鳥窩。驢子對赤胸朱頂雀這種鳥類來說實在龐大得可怕，光是嘶吼就足以把蛋震出鳥巢，而鶵鳥有時甚至成鳥，都嚇得跌落地上，因此該鳥便飛向驢子，用尖喙專門啄其傷口。」

「同樣地，狐狸跟北雀鷹為敵，蛇類與黃鼠狼及豬為敵。有種小型鳥類專門破壞渡鴉的蛋，我們稱為隼。其幼鳥同時是狐狸急於捕獵的對象，隼也以啄狐狸的幼獸甚至成獸回報；而一旦渡鴉察覺隼被狐狸襲擊時也會飛來幫忙，有如對付共同敵人。」

「白腰朱頂雀棲息於懸鉤子樹叢裡，對驢子有同樣的敵意，因為驢子吃該樹的花。赤胸朱頂雀與鶵鳥 ⓯ 彼此水火不容，一般人相信牠們的血混不起來；正因為這點，人們總不屑地認為牠們的血一定是魔術裡唸誦咒語時會用到的東西。」

「胡狼與獅子彼此爭鬥不已，一者極小，另一者極大。毛毛蟲會迴避被螞蟻入侵的樹。蜘蛛安坐樹間的網中，若下方樹蔭裡正好有條蛇來休憩，蜘蛛會跳下落於蛇頭上，並叮咬牠。穿透達腦，蛇會大驚並不停嘶鳴，且因眩暈而將身子捲了又

捲，發現怎麼也甩不掉，就把懸掛在上方的蛛網扯破，這個情況
會持續到蛇死亡為止。」

注釋

❶　即 Lycia，西元前十三至六世紀之古國，位於今日土耳其西南之地中海沿岸上。

❷　即 Cappadocia 及 Cilicia，前者為土耳其中部區域，後者則位於今日土耳其東南方與
　　今日敘利亞交界處之地中海岸。

❸　即 Arginussa，位於今日土耳其愛琴海岸中段一帶之迪奇里半島（Dikili Peninsula）
　　外之三個小島。

❹　原文作 cloven ears 似有誤。

❺　即 Poroselene，該島在愛琴海東角北上萊斯寶島（Lesbos）與土耳其之間。

❻　即 Bœotia，古希臘之中央地區，約在雅典北方，為古城提比斯所在省份。

❼　即 Lebadea，畢奧夏一帶的地名。

❽　即 Orchomenus，此名可能為數個地方，但其為位在畢奧夏裡之城，此應指此地。

❾　即 Ithaca，位於伊奧尼海這面之希臘島嶼，傳說為奧迪修斯之王國所在。

❿　即 Ebusus，似指今日之伊維薩島。在地中海西邊，近西班牙之海中。

⓫　即 Balearic，位於西班牙東北角上之瓦倫西亞外海與帕爾瑪島之間。

⓬　即 Cyrene，位於利比亞北部近地中海之古城，曾為希臘人居住，羅馬時期依舊興盛。

⓭　即 Seriphos，位於南愛琴海中央，不滿一百平方公里的小島。

⓮　即 Thessaly 的 Sicandrus 湖，前者為臨畢奧夏北方之一省，已接近色雷斯。

⑮ 即 Macedonia，亦稱馬其頓，古代馬其多尼亞王國所在，也是帶來亞歷山大大帝的國度，位置在佘斯雷北邊。

⑯ 即 Latmos，愛琴海中之島嶼，有一座城邦。

⑰ 即 Chloreus，普里尼曾提到的綠色鳥類，但文獻無圖難以查證品種。

⑱ 即 Aegithus，可能為山雀或赤胸朱頂雀。

⑲ 即 Anthus，喙部較雀鳥為尖，體形則相差不大。

PART 1
人類神話

曼提柯爾食人獸 ❶
The Manticora

曼提柯爾食人獸。

　　在奇禽異獸傳說中，擁有近似人類容貌又最稀奇古怪的，就數曼提柯爾食人獸了。雖然牠不是眾多傳說中的當紅炸子雞，但牠歷史久遠。如亞里斯多德在談動物的牙齒時提到：「這些物種裡，沒有一個有雙排齒。但是假如克特西亞的話可信，倒有一些物種有這個獨特的結構，他提到印度有種動物叫曼提柯爾。牠的上下顎各有三排牙齒、長得跟獅子一樣兇惡巨大，腳部也類似，

但是臉部及耳朵卻像人類；眼睛是灰色、身體是紅色，尾巴則像陸生蠍子可以螫人，上頭不是覆有毛髮而是長滿尖刺；叫聲有如笛子與喇叭結合；牠的速度不比鹿來得慢，生性兇猛野蠻會吃人。」

普里尼同樣引用克特西亞的說法，但略有不同，他說牠的眼睛如藍天般清澈，但顏色如血。他還強調牠能模仿人語。

順道一提，他在談曼提柯爾食人獸時還提到另一種類似的奇異動物：「將豺狼與衣索比亞獅子交配後就會生出酷玀苛塔❷，牠同樣有能力模仿人類與牛的聲音。牠的視線固定而無法轉動、上下顎都沒有牙齦，牙齒是一片無縫的器官接著骨頭。且牙齒闔上時就像個盒子，即使相互磨擦也不會變鈍。」

讓我們言歸正傳，也就是曼提柯爾食人獸。托普索談到這種野獸時，蓋括了所有克特西亞對這個主題的說法，並補充：「我覺得牠應該就是亞維森所說的蠻瑞昂以及蠻里可蒙瑞昂❸，無論獵人從牠的頭部或尾部的方向襲擊，牠都用尾部攻擊捕獵牠的人。尾部的刺一射出，新的就長出來把空缺補滿，直到獵人被打倒為止。儘管印度

充滿各種嗜血野獸，但除了曼提柯爾食人獸，仍沒有一種被稱為『食人獸』之類的說法。每當印度人捕獲這種動物的幼獸，就立刻重挫其尾部，好讓牠再也生不出尖刺，接著便安全地馴服牠。這跟名叫流克洛庫塔是同一種動物，大小與野驢相近，其腿與蹄則與鹿相似，嘴部兩端開至耳際，而頭部與臉部則像雌獾。牠也叫做瑪堤奧拉，在波斯語裡意思是吃人獸。」

杜・巴爾塔斯❹在他那篇〈在祂的第一個禮拜裡，即世界的誕生〉提到我們這個朋友是如何被創造的：

「接著是獨角獸，那豺狼拆破陵墓，
驕捷的蠻尼克爾，以及奴比恩的賽弗來了。❺
其中最後三隻，每隻都有（牠們立於此），
人的聲音、人的容貌、人一般的手腳。」

這個其他作者也有提到，但是我有自己的看法，也就是說，他們只是把裂口而笑的豺狼講得繪聲繪影罷了。

注釋

❶ 即 manticora，在古波斯文中，意思就是「食人獸」。許多古代畫像，牠有人的頭部，頸以下為獅。

❷ 即 Corocotta，在印度及衣索比亞認為把狗和豺狼交配會生出的怪物，亦叫此名。

❸ 即 Marion、Maricomorion，實則應與曼提柯爾為同一字之不同說法。

❹ 即 Du Bartas（1544-1590AD），詩人，以其宗教詩聞名歐洲，曾侍奉法王亨利四世。

❺ 即 Manichor 以及 Cephus。而奴比恩為埃及南部與蘇丹北部，尼羅河貫穿地區之名。

拉蜜亞 [1]
The Lamia

　　拉蜜亞是非洲的神話動物，有女人的臉與胸部，身體其他部份則是蛇。牠們會色誘外地人以將他們吞噬。雖然沒有說話的能力，但嘶鳴聲聽來十分悅耳。有人相信牠們是邪靈，以美女的外貌誘惑幼童並吞噬他們。根據某些寓言，拉蜜亞出自多情的宙斯與一位名叫拉蜜亞的凡間美女的故事。在拉蜜亞生產後，天后朱諾改變她的外形並把私生子女殺死，拉蜜亞因極度哀慟而發瘋，想子成狂，便將凡是能到手的兒童都吞下肚。

拉蜜亞。

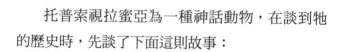
　　托普索視拉蜜亞為一種神話動物，在談到牠的歷史時，先談了下面這則故事：

　　「據說萊西亞❷人曼尼帕斯愛上一名外地女子。起初她看似美麗溫柔而富有，但事實上根本不是這樣，一切都是法術變出來的幻相。據說那名外地女子就是用幻術把自己變得又美又富有而讓曼尼帕斯喜歡上她。有一天曼尼帕斯獨自從柯林斯前往桑克里亞時，遇到一名巫師以美女的形象現身，她牽住他的手，告訴他自己是名腓尼基女子且已愛戀他多年，找了許多機會要向他表白，直到那天才機緣湊巧才得以遇見，美女求他到她位在柯林斯郊外的住處拜訪，還以手指示方位，並表達愛意。曼尼帕斯看到自己被這名美麗女子所追求，一下子就被她的誘惑征服，便常常與她同行。」

　　「當時有位智者暨哲學家看到了這一切，便對曼尼帕斯說：『你為了一名美女所癡心，難道你當自己也是條蛇並照顧另一條蛇？』他這一席話算第一次警告，提醒其中的陷阱，但是曼尼帕斯不但不聽，還向這個女妖求婚，因為她有豪宅，裡頭金碧輝煌，一派富貴氣象。於是智者又跟曼

尼帕斯說：『這些金銀財寶與華廈豪宅就像坦特勒斯❸的蘋果，如荷馬所開示，只是虛華表相實為虛空無物。任何你看到的富麗堂皇與那些金銀珠寶全非實體，因為它們只是幻相與虛影，用來讓你相信。你這位嬌妻實際上是個女妖❹，她名叫拉蜜亞或魔莫里凱，最喜歡愚弄男人嗜其鮮肉勝過一切。她們以男人為食物，那些她們誘惑的對象，得手後都不存有任何愛意或憐憫地加以吞噬。』智者講完這一席話，那些金銀杯盤、傢俱、廚子及奴僕全都消失不見。接著這個妖精落淚求情，希望智者不要折磨她，也不要逼她對他坦白自己的真實身分。但是智者心意已決，逼她說出全部實情，也就是說出她是個妖精，而她刻意接近曼尼帕斯並以各種華酒美食將他養胖，好等時機成熟便將他完全吞噬下肚，牠們這種動物最愛的就是享用年輕美男子。」

　　暫且放下這則傳說，看看手上所有的對拉蜜亞的描述。在〈以撒亞書第三十四章〉，找到以希伯來文稱呼的野獸叫做麗麗絲❺，是古代的拉蜜亞之譯，牠揚言要占據巴別塔。同樣的，在《耶利米哀歌》的第四章有段話，譯為英文如下：「那些惡龍袒露胸部，在希伯來文裡稱做『耶哈農』，好的譯者坦誠這並不指惡龍，而是海牛！也就是任何奇異野獸的統稱。」

　　這裡恐怕還須細究，因為提到女性巨大的胸部，應該無疑是拉蜜亞，但指拉蜜亞的說法與上述指惡龍與海牛的觀點都不符合。那麼以神聖的經文為根據，我們勢必只能接受，必有一種如

克里斯多丁尼厄斯野獸的說法。迪昂 **⑥** 也寫道：「在利比亞有些地區有這種野獸。牠有極美麗的女人臉龐，胸部巨大誘人，實在不是任何畫家的畫筆能假造得來。牠們沒有翅膀，也無法言語，只能像龍發出嘶叫聲，行動比任何動物都快，並以快速的身手來捕獵動物，因此人類再怎麼跑也逃不掉。而當男人落入陷阱時則用色誘的方式。每當牠們看到男人時便展露雙峰，如此美麗的樣子自然讓會男人靠近探看，等走進牠們的攻擊範圍時，便加以吞殺。」

同樣的事情，可以再加上凱里厄斯和吉拉杜斯的說法。在利比亞有個接近海岸的崎嶇地區，那裡像一片沙海，只有沙漠且臨近地區也是沙漠。看到船難後的倖存者時，這些怪物會在旁邊觀察伺機行動，等這些人上岸後就會被怪物加以吞噬，或者再被拖下水回到海裡。話雖如此，怪物看到男人時會像石頭站在岸上一動也不動，接著等男人走向這些怪物，低頭看牠們的胸部或地上時再伺機行動。因為這點，有人認為男人就是受到了怪物某種天生的妖術，使男人看到牠們第一眼就有想靠近的慾望，而被誘入牠們的攻擊範圍內。

有些人堅稱他們仔細觀察過怪物的身體，牠的下半身像山羊、前腳像熊、上半身像女人，身軀則像龍覆滿鱗片。普洛布斯皇帝❼曾將怪物遊街示眾；還有另一傳聞說，牠們會吞噬自己的幼獸，因此牠們得到拉蜜亞這個名稱，從拉密安度❽而來；這種野獸就說到這裡。

注釋

❶ 即 Lamia。英國文學的浪漫時期大詩人濟慈，便此此神話人物創一首同名敘事詩，是個人妖相戀的悲劇，情節與主要角色可與白蛇傳呼應。某一蛇精心儀一名凡人男性，後來經赫米斯點化為美人後，尋得男子並委身同居，原本幸福快樂，但男子後來希望能結婚並大宴賓客，但在其婚禮上，蛇女被被當時著名的智者阿波羅尼厄斯投以目光而現出本相，並當眾點破而消失不見，但男子亦同時殞命。

❷ 萊西亞位於土耳其東南方濱臨地中海之一個區域。該地名，原義為「狼」。

❸ 即 Tantalus Apples，坦特勒斯為宙斯與仙女私生之半神半凡人，但他的事蹟包括屠子烹之以饗眾神，最後因為在一次到奧林匹亞峰做客，竟偷仙糧欲帶回凡間，而被打入韃靼深淵，立於黑池，上有果樹但他永遠吃不到，下雖有水，但他永遠喝不到。

❹ 即 Empusæ，希臘神話中能變換形體的妖怪。

❺ 即 Lilith，為猶太神話裡的迷惑男性的女蛇妖，應源自美索不達米亞文化。

❻ 即 Dion，可能為古希臘南端之拉孔尼亞國國王。

❼ 即 Probus，the Emperor，約西元 276 至 282 年在位的羅馬皇帝。

❽ 即 Lamiando，男性版本的拉蜜亞。

半人馬
The Centaur

半人馬（一）。

　　這個不凡的人獸合體的傳說年代十分久遠，我能找得到的最早例子是亞述人的 ❶。W. 聖查德・鮑斯考溫 ❷ 在他大英博物館的講座裡（事後有出版成書籍《藏在歷史塵土之下》❸），談到季節與黃道星象 ❹。

　　有一場主題是吉茲杜巴的傳奇，他在那場裡說：「吉茲杜巴做了個夢，夢見天上的星辰落在他身上，也像尼布甲尼撒 ❺ 一樣。他找不到有能力解夢的人，不過他的獵人載杜告訴他，有個智

慧高深的生物住在沼澤地帶，從耶列屈❻要走三天才能到。於是吉茲杜巴便派遣他的夥伴將牠帶到朝廷，這個奇特的生物是這篇史詩最有趣的部分。牠名叫赫巴尼，意思是『希亞所創造的人』。這個神秘生物常在珠寶上以半人半牛形象呈現。牠有人類的身軀、臉龐與雙臂，但有牛的雙角、四腿、蹄以及尾巴。雖然形體較接近半人羊，親和度及關連性則接近牛，就像粗糙版的酒神潘，然而根據牠與吉茲杜巴的義結金蘭，和牠奇特的死法判斷，牠比較像是半人馬凱隆❼，凱隆是海克力斯的手帕交。」

　　他名字的意思是赫巴尼之子。貝洛蘇斯❽指出赫巴尼即為克洛諾斯❾，因為凱隆就是克洛諾斯的兒子。如同凱隆，他也以智慧著稱，常是主角的諮商師，幫他解夢，讓他有辦法擊退來襲的敵人。凱隆死於海克力斯之手，海克力斯的一支毒箭射中他，即使他本來有神的不死之身，但他卻不願多活，且把自己的永生能力給了普羅米修斯。宙斯把凱隆升到天上成為射手座，在這點上又酷似查爾戴恩傳奇裡耶列屈那段故事。根據排好次序後的陶版書❿，赫巴尼之死就發生在射手座下方，而且是在吉茲杜巴與孔巴巴⓫的戰鬥中意外死亡。就像半人馬在受召成為吉茲杜巴的宮廷重臣之前，赫巴尼也過著狂野不羈的生活。陶版上寫道：「他與野獸同住，夜間他從羚羊群中獵取食物，白天則與牛群同住，並與水域裡爬行的生物玩樂。」

　　赫巴尼對吉茲杜巴真心而忠誠，當伊斯塔（亞述人的維納

斯）對吉茲杜巴求愛受挫，她的父親亞努（亞述人的宙斯），為了使她的受辱討回公道，便創造一頭有翅膀的公牛，稱為「蒼穹之牛」送至人間。赫巴尼於是協助其君主將蒼穹之牛殺死，這對戰友凱旋進到了耶列屈。之後赫巴尼在吉茲杜巴與孔巴巴戰鬥時喪命，「吉茲杜巴便為了其摯友赫巴尼慟哭倒地。」

在羅馬人脫離蠻族階段之前的時期，我們就已經找到古典作品裡半人馬的原型。故事中的半

母半人馬。

人馬是一個佘塞雷的族群，一半人類與一半馬的結合。其實牠的相貌疑議頗多。但儘管如此，牠們還是常受到描繪。龐貝城就出土了兩幅各為一男一女的半人馬像壁畫，畫得俊秀可人。畫中可見到兩者都有酒神女祭司群持花杖簇擁，畫中也細緻地描繪出他們好酒的習性；但也是因為這個弱點，造成那場與拉毗斯人[12]衝突的著名戰鬥。

半人馬族受邀參加希波旦米亞與皮呂托斯的婚禮，酒過數巡之後，他們全喝醉了，變得非常粗野甚至騷擾在場女性。海克力斯與鐵修斯兩位君子騎士無法坐視不管，便與拉毗斯人聯手對抗，逼他們離開阿卡迪亞[13]。他們為了酒又打了一場，因為弗勒斯這個半人馬向海克力斯敬酒但對方不喝，因為對方不想半人馬濫飲肇事，如此受拘束的半人馬便憤怒地攻擊海克力斯。抵抗半人馬的人傷亡慘重，但仍有少數得以逃離。

普里尼認為半人馬的神秘起源是胡說，並說他們根本是居住在沛里昂峰[14]的佘塞雷人，不過是第一個騎馬作戰的民族。亞卓凡迪期寫道，根據李考斯尼斯[15]在札木兒帝國[16]勢力內的各處，先前就有這個模樣的半人馬出沒，他們上半部是人類，包括狀似蟾蜍前肢的雙手，他還提供了該作者給的圖像，於是讀者便能深思這個模樣的動物在自然狀態下是否可能產生，不過畫家似乎忘了畫人馬的前腳。

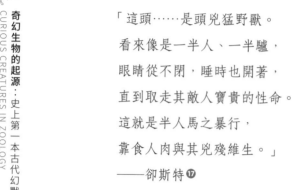

「這頭⋯⋯是頭兇猛野獸。

看來像是一半人、一半驢，

眼睛從不閉，睡時也開著，

直到取走其敵人寶貴的性命。

這就是半人馬之暴行，

靠食人肉與其兇殘維生。」

——卻斯特❶

半人馬（二）。

注釋

❶ 亞述帝國約在西元前兩前年中葉，成為美索不達米亞平原之主要勢力，為兩河流域迭替之帝國中，最長而穩定的一者。

❷ 即 W. St. Chad Boscawen（1855-1913AD），曾任大英博物館亞述文化專家，並任教倫敦國王學院，中東埃及古文明之專家。

❸ 即 *From under the Dust of Ages*。內容為六大冊亞述帝國與巴比倫帝國的文化歷史。

❹ 即黃道十二宮。

❺ 即 Nebuchadnezzar（634-562 BC），巴比倫帝國之明主，兩度攻陷耶路撒冷並流放希伯來人，但其水利建設及著名的巴比倫城空中花園則堪稱上古的建設偉績。在聖經中數度與先知但以理對談解夢。

❻ 即 Erech，位於幼發拉底河下流之蘇美古城，在今日伊拉克之薩瑪沃城附近。

❼ 即 Chiron，這位半人馬，是該族群菁英中的菁英，曾是阿基里斯的導師，後來為了拯救為人類盜火而得罪宙斯的普羅米修斯，願意代其受死，方法是把自己永生的特質，送給普羅米修斯。後來凱隆在某場衝突中誤中海克力斯的毒箭而死。

❽ 即 Berosus，活躍於西元前三世紀前葉，為希臘化時代的巴比倫專家。

❾ 即 Cronos，古希臘神話人，祂是第二代神的主神，在閹割其父天神優瑞涅斯（Uranus即天空），救出被父親吞下腹中的兄姊後，獨攬大權統治天地，最後又被其么子宙斯推翻。

❿ 該故事刻在許多塊陶版上，出土時因年代久遠已散亂無序，經學者將其遠古文字解碼，再細讀內容，才明白各版的先後。

⓫ 即 Khumbaba，或今英語化之 Humbaba（渾巴巴），是美索不達米亞的古老傳說中，太陽神烏塗所養之怪物，用以守護眾神居任的雪松聖林。在吉茲杜巴史詩中，後來為吉茲杜巴與其摯手恩底庫擊敗，原本怪物求饒，吉茲杜巴也不傷其性命，但在恩底連聳擁下卻斬其首級；此舉後來亦帶來悲劇，造成恩底庫之死。

⓬ 即 the Lapithæ，古希臘神話中與半人馬有血緣之部族。

⑬　即 Arcadia，希臘神話中，波羅奔尼撒半島中之王國，因其建國國王阿卡斯（Arcas）曾教人民如何編織及烘焙，此地亦為牧神之故鄉，故此地名也成為世外桃源的代名詞。

⑭　即 Mount Pelion，位於南佘塞雷。

⑮　即 Conrad Licosthenes（1518-1561AD），日耳曼博物學家。

⑯　即 Great Tamberlane，札木兒帝國（1370-1507AD）為蒙古西征後，由幾個重要將領在各處建立之可汗帝國之一，其國勢強大，幅員廣闊，西起今日土耳其中部，西至印度西北，自十四世紀末起歷時一個多世紀。

⑰　即 Robert Chester，其生平不詳，但其《愛情烈士》（Love's Martyr）在西元 1601 年出版時，書上署名有略顯露一些資訊，應為十六世紀後期至十七世紀前期之詩人。

PART 1
人類神話

Part 2

奇幻生物的起源
史上第一本古代幻獸檔案大解密

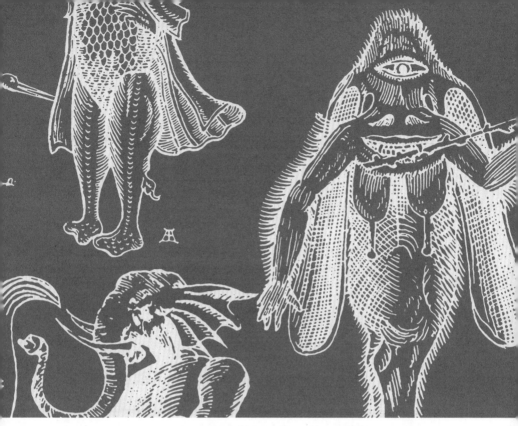

戈爾貢 The Gorgon 獨角獸 The Unicorn 犀牛 The Rhinoceros 牯玀 The Gulo 熊 The Bear 狐狸 The Fox 狼 The Wolf 狼人 Were–Wolves 羚羊 The Antelope 馬 The Horse 模仿狗 The Mimick Dog 貓 The Cat 獅子 The Lion 殺獅獸、天馬、克羅柯塔犬 The Leontophonus、Pegasus、Crocotta 盧克羅科塔獸、耶爾羚、倒退進食的牛 The Leucrocotta、Eale、Cattle Feeding Backwards 動物醫學 Animal Medicine 蘇獸 The Su 綿羊樹 The Lamb–Tree 凱米拉 The Chimaera 赫匹與賽倫 The Harpy and Siren

戈爾貢 [1]
The Gorgon

托普索在某一版的《四足動物史》（西元一六〇七年）提供了戈爾貢的畫像。他說有關這種耐人尋味的動物如下：「在各式各樣的非洲動物裡，大家說戈爾貢是產自那個國度。牠產於赫斯佩立亞 [2] 及利比亞。那種動物令人望之生畏。牠有高聳而厚的眼瞼，眼睛倒不太大，但像是公牛或野牛一樣都鮮紅如火。牠不直視也不抬頭，只是一直低頭看著地上，因此在希臘也稱做望地獸 [3]。牠的鬃毛從頭頂垂到鼻尖，這讓牠看起來比較可怕。牠吃致命的毒草，每當看到野牛或其

戈爾貢。

他害怕的動物，就會立刻豎其鬃毛，激動時還會張大嘴巴，從喉嚨裡發出某種嗆辣的可怕氣息，這會讓頭上附近的空氣受到污染而有毒，吸到那個氣體的生物都要吃盡苦頭，不但會失去聲音、視力，還會陷入嚴重致命的抽搐。」

詩人們虛構牠的故事：戈爾貢三姊妹是梅杜莎與弗西尼的女兒，荷茲奧❹稱之為史丹格、史塞娜與艾瑞葉。牠們居住在衣索比亞海裡的戈嘎迪恩島，緊臨赫斯佩立亞花園之外。據說梅杜莎的頭髮是活生生的蛇，曾與柏修斯打鬥遭他斬首，為此他被放到天上，御夫座上方，黃道的北邊，並在左手上提著戈爾貢的頭顱。

事實上，非洲各式各樣的族群中有某些來自賽錫亞的亞馬遜女人，而那群女人的頭目就叫梅杜莎，是遭到柏修斯所推翻並斬首，接著詩人才附會前面提到的頭髮如活蛇的說法。這些戈爾貢產於那個國度，頭上有活蛇的頭髮，不但比所有動物長，站立起來時還有毒。普里尼稱這種野獸為望地獸，因為牠頭從不抬看著地上，而且還說牠身上各部分都小，就是頭部巨大十分沈重，與身體不成比例，因此從不抬頭，任何活著的生物看了牠的眼睛都會死。

這裡有個疑點產生了，牠所施放的毒素是來牠的呼吸或來自眼睛。可能性較大的是牠像雞蛇怪，能以目光殺人大於以口中噴出的氣，那空氣不跟世上任何動物起作用。再說當年馬里厄斯的

士兵跟踪伊古爾沙，他們看到其中一隻戈爾貢，以為是一隻綿羊，頭也不抬地吃草，而且移動緩慢，他們便以劍攻擊牠，但那隻野獸並不放在眼裡，立刻看向士兵並豎起鬃毛，那些士兵跟牠對看一眼後就倒地死了。

馬里厄斯聽聞此事，便派其他士兵去殺牠，而那些士兵就像先前的一樣也喪命。最後那個國度的居民跟領頭的說明那頭野獸有毒，還說假如不是在星期日殺牠，牠能光靠目光就殺死要捕獵牠的獵人。於是領頭的人便埋伏一隊士兵等著，以突襲用茅殺死牠並帶到皇帝面前，還把獸皮送到羅馬，掛在海克力斯的神殿裡，在那裡人們為戰勝舉行慶宴。這件事足以證明牠們是以目光殺敵，而非呼吸。

就算不管這些傳說，劇毒的目光的確被稱為「戈爾貢」，因此我們還是採信普里尼與阿特納奧斯的說法。這種動物與龍一樣全身覆滿鱗片，只有頭部長了毛髮、牙齒大如豬類、有翅膀可飛、有手可握，體形在野牛與家牛之間。

有一些名為戈爾貢尼的島嶼是這些怪物戈爾貢生長的地方，而直到普里尼的時代，那個國度的

人還保留牠們這個超能力。贊諾風❺曾說，迦太基❻國王漢諾❼帶兵到那個地區，在那裡看到一群腳程不可思議地快速的女人。他只抓到其中的兩名，其身軀粗糙而稜角崢嶸前所未見。後來她們死了，皮便被掛在天后朱諾的神殿裡，做為奇異物品展示直到迦太基滅亡為止。想到這種獸類，似乎可以凸顯造物主真是充滿智慧與深慮，祂讓這種動物的目光朝向地面，好讓其毒力埋入地下以免傷人，並用長而粗硬的毛髮遮掩，擋住從地上反射的有毒目光，其頭部重如巨石，讓牠無法隨意放毒，除非受到恐懼或危險的刺激才會發動目光攻擊。這種野獸是善是惡恐怕只有上帝知道為何祂准牠存在於世上，除非我們有辦法更了解上帝的心思，否則這個證據昭然若揭，是要懲罰或報復人類，顯示祂憤怒的力量能帶來永恆的毀滅，這大概也是這種野獸能代表的意義了。

注釋

❶ 即 Gorgon，字面原意即「恐怖、陰森」；古希臘神話人之女妖三姊妹，皆以毒蛇為髮、有翅膀以及如野豬之獠牙，兩個較長者有不死之身，但最幼者，梅杜莎，因柏修斯斬其首而最有名，她能以目光使遭視者化為石像，連頂天巨獸克拉肯也不敵（請見柏修斯救安朵蜜妲的故事）。

❷ 即 Hesperia，古希臘人給今日義大利半島的說法。

❸ 原文為希臘文 Catobleponta，原文本意是「目光朝下望」。

❹ 即 Hesiodus，或拼為 Hesiod。古希臘詩人，應與荷馬同時期，但是他是第一位以書寫方式留傳後世者，著有眾神錄與諸多神話故事；他的作品與荷馬史詩，被視為希臘神話的主要來源，但異於荷馬之處是，他的生平有較可靠之記載，為貧農出身，但真實細節，依究是史學家爭相考據的對象。

❺ 即 Xenophon（431-354 BC），古希臘史學家、軍事家，為蘇格拉底的學生，曾掌上萬大軍對抗波斯入侵。

❻ 即 Carthage，位於今日突尼西亞之古國，羅馬帝國興起時，是它在地中海上的最大敵人，數百年的鬥爭，互有消長，迦太基之漢尼拔大帝曾於西元前 220 年前後，帶領象軍，越過阿爾卑斯山行至義大利攻下羅馬，成為人類戰爭史重要一篇。但最後終於屈於下風，遭羅馬攻滅。

❼ 即 Hanno，但不知是否為漢尼拔之另說。

獨角獸
The Unicorn

獨角獸。

　　怎麼會有人相信獨角獸存在！然而還有哪個想像的動物比牠更為英國人❶熟悉？牠今天的模樣並非古人所知道的，連普里尼都不知道。他對獨角獸的模樣有獨到的想法，他形容這種動物：「在前額中央冒出一支兩腕尺長的黑角、四腳如象、尾巴如豬，身體其他部分則像馬，牠的聲音低沈而輕，據說這種動物無法生擒。」

　　今日繪製於王室紋章上的獨角獸圖像，在蘇格蘭的詹姆斯六

世登上英國王座成為詹姆斯一世之前，幾乎無人知曉（牠用在蘇格蘭詹姆斯四世支持者的徽盾上）。請看莎劇《暴風雨》第三幕第三場第二十行：

「阿隆索。我的好老天爺！天啊：這些是什麼？
賽巴斯欽。活生生的怪物。我現在可相信那是
獨角獸了。」

史賓賽❷在詹姆斯一世在登基前就過世了，因此筆下並未寫過王室徽盾，他曾在他的長詩《仙后》中描寫獅子與獨角獸的對抗。

「其帝王氣勢，有如獅子，
高傲不馴的獨角獸嚴陣對抗。
為化解此猛攻，以及火爆的死敵，
那烈火般的盛怒，牠逼敵上樹，
並全程監視其行動。
他閃至一旁，同時那頭盛怒的野獸，
其珍貴的角，對準其敵人，
出手一擊，全無退路，
只能成功，以得盛宴。」

普里尼從未談到我們放在徽盾上的那種獨角獸，卻談到印度驢，他說牠只是一種長有獨角的動物。其他除了伊里昂納厄斯❸以外的博物學家，也並未稱牠為「我們」徽盾上的那種獨角獸，就算是伊里昂納厄斯的描述也幾乎不符。他說巴拉敏人❹曾提到一些奇妙的野獸，住在印度內部難以抵達的區域，其中包括獨角獸。「他們稱之為卡塔宗儂，還說牠能長至成年馬的大小，頸上有鬃毛，毛色黃中帶紅，其四肢與全身結構優異，故擅於疾速奔跑。」

　　就像大象一樣，牠的腳沒有關節、尾巴如野豬、兩眉間長著一根黑角但不突兀，還有自然的螺旋紋路，以頂端收成銳角。

　　奎倫❺西元一六一〇年在繪製插圖時，則認為這種動物加的尾巴是馬或驢子的，並如同我們能從他的技巧可預料到的，他大大加強了獨角的部份，他在其紋章學裡寫道：

　　「獨角獸因其額頭上長了獨角而得名。另外，有一種強壯碩大的動物也長有獨角，不過角長在鼻頭，因此牠名為角鼻獸❻（犀牛），兩者都稱為獨角動物，也就是長只長了一根角。博物學家之間早有爭論，哪一個才應得『獨角獸』之名號：而有的則質疑這種動物可能根本不存在。但是牠的角氣宇非凡，且在許多地方都可以見到，這讓這種質疑顯得多餘了。」

　　約伯談到這種野獸強悍的天性時說：「難道你會因牠力氣大

而把勞動工作交付給牠？會相信牠會把穀穗載回並在穀倉屯集？」❼

牠的美德與其力氣齊名，牠的角據說是功效強大的解毒劑。這個美名普遍到，野生動物害怕毒蛇在裡頭遺下毒血而不敢喝沼澤裡的水，除非有獨角獸以角攪動過水後才敢喝。這個名聲代表的不只是力量或勇氣，還是行善的美好性情與能力，因為空有身體上的力氣而沒有心靈的天賦與美好特質，那也就跟公牛一般而已，但兩者兼備才配得上陽剛之美名。而兩者必須互相存在於動物的內外，因此古人造字時便點出美德包含了身體的強健與心靈的良善。

有個情況似乎由法內席厄斯所提出，獨角獸好像無法生擒。而有人問他原因，答案是：「牠的心靈如此強大，寧死也不願遭生擒。跟英勇的士兵一樣，兩者都願為理想而死亡，寧死也不願被迫為奴或失去自由。」

獨角獸天生無法馴服，從〈約伯記第三十九章〉的內容便可讀出這點。「獨角獸會服侍你、為你拖車嗎？你難道能用繩索套綑便讓牠困於田地之間，讓牠或為你耕犁山谷？」

托普索為獨角獸發表長篇大論。他同意史賓賽和奎倫的說法，並說：「這些野獸行動快速，牠們的腿沒有節（指關節）。大半住在沙漠，獨居在群山頂上。天底下沒有比牠們的聲音，也就是嘶鳴更可怕的了，因為其聲音生硬難測。牠會用嘴及蹄打鬥，嘴會像獅子啃咬，而蹄會像馬那樣踢躂，且不怕鐵或任何鐵器（伊索多勒斯❽所寫）。而最奇怪的是，除了發情期外，雄性獨角獸甚至是雌性皆會與同類相鬥至死。但是對於完全不同品種的陌生動物，牠們反而更能交流熟悉，只要對方保持友善且從不違背牠的意思，牠也樂與其為伴。牠們對自己的依賴感與跟隨感到自豪，與各物種都保持聯盟與和平；不過跟同類雌性，一旦其肉慾挑起，牠會變得溫馴、樂群、與體貼，並待到雌獸懷孕且腹部脹大，便又回到原先的敵意。」

　　關於獨角獸有則耐人尋味的傳說，牠們透過敏銳的嗅覺能聞到少女，然後跑到她身邊把頭靠入她的懷中。人們常用這個形象來呈現處女聖母以點出其純潔的形象。下面這段文字，出自《菲利普‧得‧端恩的動物誌》❾，其古法文還不算難懂，在此就以原文呈現：

「獨角獸是種動物，頭上有一根角，

　因此得此名，其體形若似山羊，

　牠被以處女誘捕，現在來聽聽是怎麼辦到的。

你若想要獵捕牠，將牠逮住，

就去森林裡，牠的常棲息處，

將處女留在那裡，袒裸其酥胸，

飄散之體香，獨角獸會聞到。

牠會循香而至，吻她酥胸，

然後沈沈睡倒在她懷裡，不知死期將近。

獵人立即上前，將牠在睡夢中殺死，

或活捉牠，然後任他處置，

此故事涵有深理奧義。」

　　托普索當然說了這則故事：「據說獨角獸在百獸之中最傾慕處女與少女，只要看見她們，常常就變得溫馴，並走到她們面前躺下睡覺，因為有某種天性，能讓獨角獸受到吸引並感到愉悅。印度及衣索比亞人便利用這個特性設計陷阱加以捕捉。他們找個和善、體健並俊秀的年輕男子，讓他穿上女裝，並在身旁圍滿各種花卉與香料。」

　　「男子打扮妥當後，人們便讓他待在荒山深林之中，也就是獨角獸覓食處，好讓風能傳送香味到牠身邊，同時其他獵人則躲在一旁。獨角獸被女人的外貌與甜美的氣味所矇騙，沒有戒心地來

到男子身邊，頭部便被實為男子的女人以長袖掩蓋並包裹，牠動也不動地躺著睡著，這是牠最常用的睡姿。接著獵人們看到年輕男子的信號，表示他已把獨角獸抓牢了，他們便一擁而上先強行鋸掉其角，才放牠走。」

關於這點，我們沒其他可靠的說法可以佐證，只有策察斯❿的，他是距今八百多年前的人物，我就讓讀者自行判斷，看看這個說法大家是否相信。自托普索的時代以來，所有作家都相信這個說法，我實在沒辦法置之不提。

伊里昂納厄斯及亞伯塔斯⓫說：「獨角獸若不在兩歲以下被擒獲就不可能馴服。色雷斯人年年都會捕捉牠們的幼獸，獻給國王做鬥馬之用。讓牠們相互打鬥，因為等牠們長大後，就會成為最野蠻、嗜血與極其飢餓的野獸。而牠們的肉不宜食用，既苦澀又沒養分。」

讀遍所有寫有獨角獸的權威紀錄實在沒有必要。這樣說好了，自古以來真的有獨角獸已是眾所相信的事，難道牠的角還不足以證明牠的存在？難道牠們這樣的皇家等級的贈禮，不配做為強大君王最適合表達關愛的禮物？牠的角是功效強力的藥材，無毒不解的解藥，而且角價值連城。保羅・亨茲納⓬——伊麗莎白女王時的文人。他說在溫莎城堡，曾看過許多寶物，其中有一件是獨角獸的角，有八掌半寬的長度，也就是六十二吋，價值一萬鎊。想想這個價碼，在過去等於是此書撰寫時代的三倍，獨角獸

的角才是具有王室尊貴象徵的禮物。

　　我常引用說法的托普索，對於獨角獸的著墨尤其有豐富的著作且博學多聞。我所參考的作者裡，他能對這種只傳說未見蹤影的野獸提出這麼多事實。底下是他對於那些將在歐洲問世的角所提供的歷史：

　　這種角在威尼斯聖馬可大教堂的寶庫裡有兩根，這點巴拉撒弗拉⑬有寫到，在亞根土萊頓⑭有一根，這根有多種纏繞的螺旋紋。波蘭國國王的寶庫裡也有兩根，兩根都有人身高那麼長。西元一五二〇年，在亞魯拉河裡發現了獨角獸的角，靠近赫爾薇夏（即瑞士）⑮的布魯佳。其上半部也就是外側呈暗黃色；有兩腕尺（即三呎）長，不過上頭沒有辮子紋或螺旋紋。它還有特殊的香氣（尤其是以火烤後），聞起來有如麝香。那根角一被找到就送到名叫呂吉斯院的修道院，不過事後又被赫爾薇夏的總督索回，因為那是在他管轄區域所尋獲的。

　　我另一位值得信賴的朋友向我宣稱，在巴黎，他跟著普拉塔斯勳爵大人親眼見過一根獨角獸的斷角，有一腕尺長，在頂端及尖端有鑲上裝飾，其

粗度有如一般手杖（直徑約有六根手指寬），裡外顏色暗濁、質地堅硬，這根殘角曾以酒煮，不過從來沒有試過火烤，因為它幾乎沒有任何香味。

當彼耶蒙[16]的約尼斯‧費瑞里厄斯讀到這些事情時，他寫信給我說，在巴黎附近的丹尼斯聖殿，有一根六呎長的獨角獸角。就長度方面勝過亞根土萊頓的那一根，這是因為跟額頭相接的那一端，有接近一呎是空心的，這是他在丹尼斯聖殿親眼所見，而且親手把玩了該角多時。我聽說，在之前某一年（以西元紀年來說），即西元一五五三年，當時維切拉被法國人推翻，有件寶貝從寶連被送到法國國王的面前，是根價值八萬金幣[17]的巨大獨角獸角。

皮埃爾‧貝隆[18]這樣描述獨角獸：「牠是頭動物，外形有如一匹年輕的馬。毛髮色澤柔和、頸部長且有長鬃毛、嘴有長鬍鬚、額頭冒出一根兩腕尺長的尖角。角有兩段，尖端呈螺旋錐狀，顏色較淡，據說光滑，為象牙色澤，且具有強大的解毒功能，一切蛇毒及毒素都能迅速化解。」

「把那根角放進水中，水中毒素即可化解適合人飲，不必擔心是否有有毒動物沾過水而遺留毒素在水中。此角無法從活獨角獸上取得，因為任何圈套陷阱都捉不到牠。然而我們看到有人在沙漠裡撿到牠們的角，就像鹿角一樣，那是因為牠們的舊角會因衰老而脫落，落下任人們拾取，這會讓牠長出新的角取代。」

「這種獸角被放置在國王桌上的美食之間以防中毒，每有萬一時，就有角能做為解毒的保證。關於這種角曾有兩根為世人所見過，皆為兩腕尺長，像人的手臂般粗。第一根在威尼斯，後來長老院將它當成禮物送給土耳其皇帝蘇里曼；另一根大小相仿，放在一具銀匣之中，製成著名越洋快速帆艦的造型。克里蒙教宗或羅馬主教在到馬賽時，將它做為一件絕佳禮物送給國王法蘭西斯。有人則製贗品來出售。」

彼耶・貝隆寫道，他知道過去曾有人以別種獸角假冒獨角獸角來出售（這段話裡指的假角是什麼動物的我不知道，現在也沒有任何法國人知道），用小小一段獸角製成贗品，有時可以三百金幣成交。但是假如是真品而非贗品，就古人所述，特別是伊里昂納厄斯的獨角獸，只有牠的角才有解毒與去惡疾之神奇功效，但古人所述的獨角獸角，並非如我們所見的那些白色，而是外紅內白，在其角心即最神秘處則是黑色。

花了這麼長的篇幅談獨角獸，若不提供一些此角的醫療功效也是可惜。但總之只能假設，我們很難拿得到真品，因為海外早已滿天疑雲，覺

得：「那根角一定是用什麼動物的角烤一烤後假冒的、那股香氣一定是浸泡過什麼香甜、芬芳的香精後人工添加的。或許有人是這樣做的，先燒它，然後把火熄滅，或許是澆上什麼氣味香甜的酒水。」

要發揮正常功效，一定要是嶄新的獨角獸角，不過其功效在驗毒上最明顯，尤其是冒出水氣時，就好像一種名為「蛇之舌」的石頭。要檢測是否為真品，要讓兩隻鴿子服用砒霜或雌黃❶，然後讓牠們各別喝下兩劑。假如是真角，那麼兩鳥無事，假如是仿製品，鴿子便會喪命。

以前人也曾認為角能治癲癇及瘟疫、恐水症、小腸裡的寄生蟲、酒醉等等，還能潔牙、漂白牙齒。事實上角的好處太多「應該家家必備。」這些談的全是獨角獸的角！

❶ 此處作者用 Egnlishmen，嚴格說是指「英格蘭人」，因為蘇格蘭地區的「英國人」恐怕寧可被稱為蘇格蘭人，威爾斯及北愛爾蘭亦同理。我們一般說的英國人，其實該是 British。不過這裡為免麻煩，姑且以我們的說法統稱。

❷ 即 Edmund Spenser（1552-1599AD），英國詩人，其《仙后》長詩為獻給伊麗莎白女王一世，以讚頌女王英明及都鐸王朝昌隆，雖不無求取賞識及贊助之意，但因此格律獨創，精緻華美，亦被視為英國文學史之鉅作，其成就堪登英國文學史之大詩人行列。

❸ 即 Claudius Aelianus（170-235 AD），羅馬帝國時期在羅馬教書之希臘修辭家及博物學家。

❹ 即 Brahmins，此為印度教所定之四個社會階級中，最高的一個，通常為祭司、聖教傳遞者、教師等。

❺ 即 John Guillim（1565-1621AD），英格蘭葛羅斯特郡人，為古物及徽盾紋章專家，並任相關官職，其著作 *A Display of Heraldry*，西元 1610 年出版，被視為這個領域的里程碑。

❻ 即 rhinoceros 源自古希臘文，由「鼻子」（rhis）與「角」（keras）兩個字根組成，經過拉丁文化後成為現在的拼法。

❼ 此語出自舊約聖經約伯記三十九章十一節。

❽ 即 Isodorus，埃及人。二世紀時，在羅馬帝國統治時之祭司。

❾ 即 *Bestiary of Philip de Thaun*，菲利普·得·端恩。是首位留名之諾曼系英國詩人，從現存作品來看，他應該是西元十一世紀前後之人，從其姓氏應為英屬諾曼地之貴族端恩一族人，並隨在英王亨利一世朝廷任官之長輩來到英格蘭。

❿ 即 John Tzetzes（1110-1180AD），居住君士坦丁堡之詩人暨古希臘學專家。

⓫ 即 Albertus Magnus（1200-1280AD），德國天主教道明會修士，後任主教，最終得以封聖，為該時期德國重要史學及哲學家。

⓬ 即 Paul Hentzner（1558-1623AD），德國律師，因為成為貴族之私塾，隨他們週遊歐洲，曾在伊麗莎白一世後期來到英格蘭旅遊，後來他將經歷出版遊記。

⓭ 即 Antonio Musa Brassavola（1500-1555AD），義大利法拉拉人，為當時名滿歐洲的名醫，曾任亨利八世、法蘭西斯一世、查爾斯五世、教宗保羅三世等三任教宗等無數歐洲王公權貴之醫生或諮詢。甚至有種蘭花以其名命名。

⓮ 即 Argentoratum，今德法交界處之史特拉斯堡之古名。

⑮　即 Helvetia，羅馬帝國統治瑞士前定居此地之族群名稱，故瑞士以它為自身之國名，並以一女神形象現身（故音譯中用有女性意思的字眼「薇」），用於錢幣及其他地方以代表瑞士。德法亦常以此字衍生的字 Helvetian 來指瑞士人等。

⑯　即 Piemont，為義大利與法、瑞交界之一省。

⑰　約值三萬七千英鎊，不過若以最保守估計古今幣值通膨波動而乘以三，則今日必然超過十萬英鎊。

⑱　即 Paulus Poæius 或 Pierre Belon（1517-1564AD），法國旅行家、外交官暨博物學家。

⑲　即三硫化二砷。

犀牛
The Rhinoceros

犀牛。

　　真正的獨角獸非犀牛莫屬，這張犀牛的圖像是我能找到最古老的一幅，引用自亞卓凡德斯・德・夸德，西元一五二一年。年代較晚的葛斯納與托普索都加以複製，但方向相反。托普索說葛斯納是在里斯本對活的犀牛寫生得來，但是把亞卓凡德斯的與其他作品全攤在我眼前，我不得不認定前者是本尊而承認其他人都是盜版。有一事倒可確定，無論那張畫是誰畫的，畫家一定看過犀牛，因為無論是活牛或是標本都還不算太天馬行空。

托普索以驚嘆與崇敬之心看待這種動物，他從未這樣對待其他動物。說真的，他也嚴肅過頭了。他的《犀論》是這樣開場的：「至我部份，是英國的故事，就不勞大家在我筆下所寫的內容中找到任何我個人的創見。我不願憑空捏造或者自行發想而沒有十全把握，我珍視每一行一字都屬實，我不會為了讓人們喜愛並讚嘆神以及其創造物而說謊，神不需要人類為祂說謊。因此，總結本篇序言，這種奇異動物在我們國內從未見過，因此我雙眼所見的無法增添任何描述；因此我完全聽從其他作者中所讀到的內容。」

在早期幾位羅馬皇帝的年代，牠們是十分稀有的野獸，但是到了帝國較後期，牠們被引進到馬戲團表演裡，但是還要再經過好幾百年我們英國人才有幸能一睹這種巨獸。托普索就一頭都沒見到，因此就算《犀論》錯誤百出，我們也就不予苛究了。托普索在西元一六〇七年寫道：「歐皮安諾斯❶曾說這些犀牛從不曾有性別的區分；因為我們看到的從來只有公牛沒有母牛，但也別因此大家就推論母牛不存在，因為這個物種不可能沒有母牛而繁衍後代。」

「牠們打架之前，會先在石頭上磨角，這種野獸與大象不只在食物上有衝突，彼此天生都容不下另一種巨獸。牠自信地站定自己的地位，在里斯本，只要有犀牛到場大象便會跑開。牠如何且在何處勝過大象，我們已在他的故事裡看過，也就是牠如何用

牠的角頂住大象柔軟的腹部。要捕捉牠們就用捕捉獨角獸的方法。亞伯塔斯、伊索多勒斯及阿朗納斯都提到過，世上眾多物種裡，就屬牠們最愛處女，牠們會走向她們並絕不會再兇惡起來，接便在她們身邊睡下，因此容易制服然後被運走。所有後世的醫生，把獨角獸的好處都歸到犀牛角上頭。」

馬可波羅大人曾提到蘇門答臘，也就是他口中的小爪哇。他說：「島上有許多獨角獸。牠們長了像水牛的毛髮，摸起來像大象，在額頭中間長了單獨一根角，顏色黑而粗大。不過牠們不會用角進攻，只會用舌頭，而每當要攻擊誰，就用膝部把對方壓下，接著用粗舌磨舔對方。其頭部貌似野豬，而且總是垂向地面。牠們常居住在泥沼或泥地。『牠真是奇醜無比，怎麼也無法把牠跟我們故事裡說的事連在一起，什麼睡處女的懷裡。老實說，牠跟我們的想像天差地遠。』」

注釋

❶ 即 Oppianus，西元二世紀希臘羅馬詩人。

牯貛
The Gulo

　　麥格納斯如此描述牯貛（即牯隆）：「在挪威的北方各區，所有被認為嗜食無度的生物裡，牯貛有最貪食者的名號。在粗話裡人們稱牠戒夫、在德語中是威耶夫拉，在史克拉弗尼許語則是羅撒馬卡，這都來自牠的大食量，在拉丁文裡牠的名字即牯貛（gulo），這是來自拉丁文的暴食（gluttony）一詞。牠的體型與一條大狗相當，但耳朵及面貌卻像貓、腳與爪子都非常尖銳、身體多毛，毛髮長而呈現棕色、尾巴像狐狸，但是略短些且毛髮更濃密。人們用牠來做禦寒的冬帽。這種動物為何被稱為最貪食者？因為每當牠發現死屍就會拼命大吃，吃到身體因吞進太多屍肉而脹得像一個鼓後，牠就會找個兩樹間的窄縫從中間硬擠而過，把吃下去的東西逼出來。等肚子又空了，便再回去死屍那兒吃個撐飽，直到死屍吃光了，接著牠又飢餓地尋找下一具死屍。人們認為，造物主創造了牠是要讓人類感到羞愧。人類也會吃喝到吐然後又回去繼續吃，日以繼夜，就如麥科維塔❶在撒瑪夏❷所表達的想法。這種動物的肉根本不能做為人的食物，但是牠的皮卻非常好用而珍貴。因為牠的毛皮是白棕黑三色混雜，有如圖樣複雜的織綿，當時裝界再以其他材質相似的服裝搭配，看起來更是華美。王公貴族在冬天以外套的形式穿此皮草，因為此皮草容易變

暖又能長久保溫，不但在雖綏斯蘭以及高斯蘭❸，就連在德國的各種海貨品中，此毛皮在估價時也因稀有而昂貴。」

「本地人不喜歡這種皮草被出口到其他國家，因為在冬季他們可以穿著這種皮草接待身份高貴的客人。這個論點足以用來說明此皮草是最高雅的，任何時候穿都好看且不會失禮於客人，且在嚴冬的各種怯寒方法中，有一項便是以這種毛皮鋪床。」

獵人正在射殺牯玀。

有一事我覺得不能略過不提，每當人們蓋這種毛皮睡覺時，他們會做一些符合這種動物天性的夢。肚子會饑餓不止並設陷阱捕捉其他動物，但不捉牠們（即牯玀）。這就好像吃辛香料、薑或胡椒會上火，而吃糖則喝水易嗆。如同上述擁有某種物質會帶來某種結果般，這裡似乎還隱藏著一個隱喻世人的意義，穿著這種皮草的人永遠不會滿足。

這種動物的腸子可以讓樂師製成琴絃，音色強烈受到原住民喜愛，不過這些若能調合成音色柔美的絃，則能奏出相當美好的樂聲。牠們的蹄像圓圈，將蹄放在暈眩及耳鳴的人頭上能立即治癒。獵人把牠的血混熱水當飲料，在婚禮上則用蜂蜜調出絕佳風味。牠的肥肉即獸脂，當做藥膏塗抹在爛瘡上更是藥到瘡癒。而法師也會運用牠們的牙齒。牠們剛斬下的蹄子能把貓狗趕走，只要對貓狗亮出蹄子就有用，除了禿鷹或鴇鳥外，其他鳥類也有相同功用。

獵人只為了毛皮而捕獵牯玀，狩獵方法如下：獵人特別在寒冬時節（因為在盛夏牠們的皮毛不值錢）把剛死的獸屍帶到森林裡，那是牯玀常出沒的地方，牠們聞到味道就會撲上來，吃到必須擠在兩樹間窄縫腹催吐，那很痛苦，獵人這時便射箭獵殺。

捕捉這種動物還有另一種方法，就是以樹為陷阱，以細繩繞樹，等牠們撲上來吃獸屍時，就能加以絞斃。還有一種方法可以捕抓，就是挖個坑將獸屍放到裡面等牯玀掉進坑中，因為牠受饑

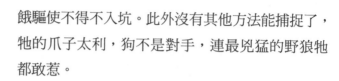
餓驅使不得不入坑。此外沒有其他方法能捕捉了，牠的爪子太利，狗不是對手，連最兇猛的野狼牠都敢惹。

　　關於這種動物托普索說道：「古人並不知道這種野獸，但牠自從在北方的國度被發現後就聞名各地，也由於其兇殘被名為牯獵，意思是『吞噬獸』。人們跟著德國人也稱這種大口吞噬的動物為維斯洛弗；而在瑞典、立陶宛及莫斯科一帶，牠被稱作獵索摩卡。據說牠們是豺狼與獅子交配而生的，因為其性情近似豺狼，同樣的也可稱為斑鬣狗。那種動物一樣貪食卻沒有經濟價值，牙齒比其他動物都尖銳。也有人說牠是狼與狗交配生出，因為牠大小如犬。牠有貓的臉、身軀與尾巴如狐狸、毛色為黑、足與爪尖細、其皮硬而毛髮扎手，以食死屍維生。」

　　接著托普索描述牠們獵食的方式，明顯幾乎一字不漏地抄襲麥格納斯，他接著說：「這種野獸有兩種以顏色區分，一種黑色，另一種像狼。牠們極少殺人或活的動物，而是食用腐屍或死屍，這如同前述，然而當真的饑餓時牠們也會獵食如馬等動物。牠們會爬到樹上躲著，看見有動物來

到樹下時，就躍下偷襲將對方殺死。因為牠們牙齒尖銳，熊不是牠的對手，所以熊也不敢惹牠。」

這種動物有的在王公貴族的宮廷內被馴服、豢養，只為一個目的──展示其無比的兇殘。每當牠吃飽後，在附近找不到靠近生長的樹木好讓牠能擠進縫隙中時，牠會先把腹中的糞便排出，再找棵赤楊樹，用牠的前腳將樹撕開然後從中間擠過，理由如前所述。

在野外，人們以弓箭、火槍獵殺牠們，純粹為了取得其價值不菲的毛皮。牠的毛色白而有斑紋，深淺交錯如百花盛開，正因如此，王公貴族的冬裝都少不了它。像波蘭、瑞典、歌德蘭❹等國國王，以及德國諸王公貴族。且沒有其他皮草能像這樣好染色又能持久。這種野獸僅有毛皮如織綿華袍，但是除此之外沒有其他任何值得觀賞之處，因此在德國人們稱牠為四腳禿鷹。

事實上，饕餮獸即狼獾，就像頭小型熊，即使豢養在籠中，一天也能吃掉十三磅的肉。在野外，假如牠獵殺的動物一次吃不完，牠會把沒吃完的帶走，找個隱蔽處藏起來，以後再吃。

注釋

❶ 即 Mechovita，波蘭史學家。

❷ 即 Sarmatia。撒瑪夏人活動的地帶，約今日伊朗。

❸ 即 Swethland 以及 Gothland，後者為瑞典最南一帶地區。

❹ 即 Goat-land，位於今日瑞典境內，在古代原有數個語言文化
相近的王國，此國即為其中一。

PART 2
草原森林

熊
The Bear

　　由於普里尼不但把亞里斯多德談熊的一切照章全用，而且還依序編排使之更易閱讀，所以此處便轉錄普里尼的版本而非亞里斯多德的。

　　熊在初冬交配後，母熊便獨自搬到另一個洞穴住，然後三十天後產下四隻、最多五隻幼熊。當第一隻誕生時，牠只是一塊比老鼠還大一點，沒有形狀的白肉，只有爪子明顯可見。母熊便將牠舔成該有的形體❶。公熊會留在牠的窩四十天，母熊則是四個月。假如碰巧沒有洞穴，牠們會用樹枝灌叢製造一個可以遮風避雨的藏身所，並以軟葉為墊。在頭十四天熊會陷入沈睡，甚至受了傷都不醒。在昏睡期間牠們也會變得豐滿肥胖。這個脂肪在醫學上常被運用，用來防止掉頭髮十分有效❷。

　　第十四天結束時，牠們會坐起來，吸吮前掌以攝取養分。為了讓幼熊暖和，冷的時候成熊會擁緊幼熊要牠們吃奶，與母鳥壓緊蛋以保暖有異曲同工之妙。有件席奧弗拉特斯❸堅信的事聽來令人吃驚，就是假如熊冬眠時遭屠殺而人們將其肉保存下來，則肉還會繼續成長，即使煮過的也一樣。這期間動物腹中沒有食物的痕跡可尋，只有少量液體，在靠近心臟的地方有幾滴血，全身其他部份則什麼都沒有。

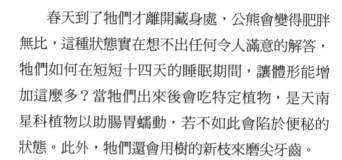

春天到了牠們才離開藏身處，公熊會變得肥胖無比，這種狀態實在想不出任何令人滿意的解答，牠們如何在短短十四天的睡眠期間，讓體形能增加這麼多？當牠們出來後會吃特定植物，是天南星科植物以助腸胃蠕動，若不如此會陷於便秘的狀態。此外，牠們還會用樹的新枝來磨尖牙齒。

由於視力不佳，牠們特別為此找蜂窩搗毀，好讓蜜蜂蟄其喉嚨而出血以減除腦中的壓力。熊的頭部極其脆弱，相對來說，獅子的頭部便十分堅固。正因如此，當熊感受到任何風吹草動時，會怕害有岩石砸來而用掌部護頭。在馬戲團的表演裡，常常演出人們以拳頭重擊熊頭斃熊的戲碼。西班牙人相信一件事，就是熊腦有種神奇的毒性，因此要把那些在表演裡遭到殺害的熊的頭部焚燬。因為據說將熊腦混在酒裡讓人喝下，會讓飲者暴怒如熊。

這種動物以兩足行走，以倒退方式爬樹。牠們制服野牛的方式，是先四足全撲在野牛身上，抓住牛的嘴部及雙角直到以自己的體重把對方力氣耗盡。沒有別的動物能像牠這麼擅長以蠢方法來對待獵物。

談到在麥格納斯筆下關於熊的內容，首先提及的是白熊，即北極熊。一探北歐人的宗教生活實情，他們在改信基督教時，覺得自己最寶貴的文化資產一點也配不上基督教的教會。一想到冒險獵取一張白熊皮得承受的艱苦與寒冷，我們就得視它為北歐的文人寶藏。「我們沒有金與銀，但我有這個，僅以此相贈。」麥格納斯留下一段簡短但真實的文字，描述其風俗，並以下文草草結束這段過於簡短的敘述：「這些白熊皮是獵人自願奉獻的。因為每到嚴冬，偏鄉教會教堂的聖壇上，神父主持彌撒站立時會覺得雙腳寒冷。在挪威王國的大城尼洛森姆的教堂裡都可以看到這種白色皮草，由虔誠的獵人誠心奉獻，每當人們得到皮草時，便和狼皮去換取燈蠟，好做向聖者致敬所點的燭火。」

麥格納斯談論白熊時實事求是，但是他在觸及黑熊及棕熊時，口德便有所不及了。他在這段提供的插圖不忌血腥暴力。談到在屠熊使用的技術他說：「在北歐諸國，殘忍殺死黑熊的方法如下。每到秋季，牠們會攝取樹上如葡萄成串的特定紅色熟果（即夸里蔓越莓），有時牠們爬樹摘取，有時則把樹拉倒讓果實落地。當狡猾的獵人以寬箭十字弓射出時，熊會立刻把吃下的果實都往身後如下冰雹般傾倒，並立即撲向事先為誘導牠而放置的木頭人像加以攻擊，那時獵人便躲在樹木或大石頭後，發射另一箭給予致命一擊。而受了傷的熊看到自己流血，會暴怒狂奔，任何擋路的都會攻擊，特別是有幼熊要哺乳的母熊。」

「在熊類中，尤其是帶了小熊的母熊，會耐心等候路過的鹿。與其說是饑餓，不如說是怕幼熊餓死，因此會更加兇殘對待上門獵物。」

「母熊一旦被激怒，牠會以比公熊更強大的力氣與更敏捷的身手，來報復幼熊受到的傷害。牠會藏身於濃密粗幹與細枝之間，若鹿仗著自己有角、敏銳的嗅覺或迅捷的腳步，而不知道自己跑得太接近熊的藏身處，熊會猝然跳下加以撲殺。假如鹿以角自衛，繁重的角常會讓鹿在抵禦暴怒的熊時撐不了多久就累垮，被熊一掌就擊倒在地而喪命，變成熊口裡的大餐。」

覓食的黑熊與身後的獵人。

「熊也會抓住野牛的角，運用同樣的技巧撲到牛背上，等野牛以角攻擊熊來保衛自己並逼熊跳下時，熊則以雙掌緊抓著牛的雙角及肩部，直到把牛壓垮累死。接著牠把牛仰攤在地，有如一只包袱，然後以兩腳行走拖進隱密的叢林中享用。」

在冬季被獵殺的熊。

「熊在冬季成為獵物時，獵犬會找出牠的所在地，而牠的足跡也會漏露牠的行踪，因此幾乎逃不出四面包圍上來的獵人。」

麥格納斯接著說那個常聽到的故事，說母熊如何以舌頭舔舐塑造出幼熊的體形，如何搭建熊窩等等，說完他接著談「熊與刺蝟」的故事。

「刺蝟渾身尖刺，牠用刺來蒐集蘋果為食並先儲藏在樹洞裡，因此騷擾了獸洞中的熊。刺蝟可以說是受盡了熊的狡獪及體重的

熊與刺蝟。

迫害，每當刺蝟將身體蜷成球狀時，牠只有尖刺
可以依賴。然而這層保護抵擋不了熊，熊會將刺
蝟扒開報復牠侵擾熊窩。但熊無法吃刺蝟，那真
是肉少刺多的一餐。因此會回到自己的洞中，繼
續睡繼續增肥，靠舔掌維生。」

　「熊也會跟野豬打鬥，但難以取勝，因為野豬
的利牙在自我防衛上比野牛或鹿角更勝一籌，且
野豬跑的速度也快。強壯的馬以啃咬及腳踢來擊
退熊，讓熊不能接近哺育幼馬的母馬。年輕公馬
則以快跑自救，但這些馬會因此永遠心存恐懼而
不利於做為戰馬，因為牠們學會以逃跑為上策。

有些士兵會披上熊皮來對付馬匹，因為馬兒曾受到熊的襲擊。」

　　「北方的熊是個美好的生物，牠們吃完毒茄蔘就會發瘋，接著會吃一頓螞蟻大餐以讓自己清醒過來。牠們自古至今都以喜愛蜂蜜出名，有兩幅插畫描繪牠們如何鑽出地面並搜尋蜜蜂與蜂蜜。不止於此，牠們還會入侵掛在樹上當蜂窩的木桶。不過人類比熊的智慧勝一籌，在寒冷的地區一張好熊皮比蜂蜜要值更多錢。」

正在吃一頓螞蟻大餐的熊。

　　「在北方諸國，尤其是波蘭、俄羅斯以及鄰近地帶有大量的蜜蜂，農家的蜂窩容納不了那麼多，人民樂於讓些蜜蜂遷出到樹洞去另建蜂群，無論是自然遷出到樹洞或是人為建立，都能以此增加蜂群。」

在蜂窩後方的熊。

「於是捕殺熊這種好吃蜂蜜動物的策略便產生了，而且牠們的頭部比獅子還脆弱，有時在耳後重擊就足以殺死牠。方法是將一根末端裝有整圈鐵刺的木棒掛在蜂窩樹洞上較高的枝幹，用以砸在想偷蜜的貪吃熊頭上並將牠擊斃。因此人們只需花一點蜂蜜便奪走熊的性命、肉及毛皮。牠的肉會像豬肉、野鹿肉、麋鹿肉或圈養的鹿肉等用鹽醃起來，野營時可食用，而其脂肪則能治療傷口。」

親愛的讀者，只要你不是蘇格蘭人，就能欣

賞熊對音樂的細膩品味，我是指對風笛。（判斷此處是指，就廣義來說蘇格蘭人都知道熊不喜歡風笛聲，而只要你不是蘇格蘭人，就會以為熊喜歡這種音樂而欣賞牠的品味。）熊無法忍受尖銳的聲響，在插圖中，熊似乎在抱怨風笛手製造噪音。

「眾所皆知，熊、海豚、野鹿、山羊、牛以及綿羊都喜愛音樂。但若有像是風笛或號角尖銳的聲響，就能把獸群驅散，聽到這種聲音時，牠們會奔入森林直到深處。如今放牛的人十分清楚這點，他們會不停吹奏兩根角笛以驅趕熊，有時樂器被熊奪取，有時熊只得忍受著饑餓離開另覓食物。因此人們常以山羊角為樂器，有時以牛角來吹出可怕的噪音，嚇走野獸以讓他們安然回到自己的牛群和羊群。這種雙角笛在他們的語言裡叫賽克笛，人們到田野都隨身攜帶，因為只要會吹奏，他們的牛群和羊群會吃得更飽、靠得更近一些。」

熊抗議風笛手。

「在東邊的俄羅斯人與立陶宛人更接近瑞典人與歌德人，這些人們有個獨特的娛樂。有一些最野蠻的動物在上述人們的馴養下長大，聽從人類命令並做各種動作。為了能早點順利馴養，他們主要針對剛在森林裡捕獲的熊，把牠們養在洞穴裡或以鍊條栓住，將牠餓個半死，然後請一至二位馴獸師，穿著一樣的衣服帶食物給牠們，好讓熊習慣與馴獸師玩耍，並在鬆綁時管控牠們。人們還吹奏甜美的笛聲讓熊入迷，以此教熊運動或跳舞，然後以比較尖銳的聲音教牠們站立，不再跳舞，指示牠們以後腳站立，前腳托著小帽遞給婦人或大家閨秀。其他人看到熊跳舞，便賞錢請牠們再跳；假如賞金給得不夠爽快，主人就會唸唸有詞，熊聽到主人指示，便朝群眾點頭希望他們能給得更多一點，因此這些熊主人即使不會其他國家的語言，一樣能靠這些笨熊撈上一筆。」

「若說只為討生活，這點薄利倒也難養活他們，因為這些手中有數頭熊的馴熊團，至少包括十至十二名勇猛大漢❹。有時在團裡會有貴族子弟加入，他們經由這種餘興節目，學習氣魄、時尚以建立世界觀，見識各種武藝以及培養君王的

風範。不過由於在德國有洗劫旅者的案例，並把旅者餵給熊吃，因此當地訂了最嚴格的法律，嚴禁馴熊團再回該地區。」

「還有一種船上的娛樂活動跟馴熊有關，人們讓熊上下攀爬繩索，有時會因意料之外的情況而對人們有利。《偏鄉誌異》曾提到，有人因此免於被可能劫持他的海盜所害，因為海盜逼近時，從遠看到熊處便吃了一驚。熊在繩索上下攀爬時登上樟桿頂，就有如捍衛船隻的樣子。事實上只是幾隻在繩索上玩耍的幼熊。」

探頭看海的熊與探頭看熊的海豹。

「但最賞心悅目的是，當熊探頭望向海時，就會有一大群海豹聚集探頭出水來凝視牠，你會以為有無數野豬把船團團圍住。牠們會遭水手用長茅、勾子、繩索捕捉，其他來幫助海豹的動物也會跟著被捉並像野豬一樣嚎叫。同時人們也讓熊下水游泳，讓

熊捕捉這些到船邊的海豹，或等到雷聲響起，氣候變惡劣時，水手才會把熊牠們拉回船上。」

　　「但人們不會馴養熊卻讓牠不勞動而導致賠錢飼養，通常要熊表演或到權貴家中當苦力，牠們可以從深井取水，在大船上便有人因此養熊。熊能協助的地方不止於此，因為腿、爪子及腰間強壯有力，牠們也被用來拉大車。熊適合直立行走，因此能把木頭扛到該去的地方，或者替權貴當警衛防止有害動物靠近。熊還小時，可以跟男孩玩在一起且不會傷人。」

　　托普索說了熊的常見故事，例如把幼熊舔舐成形，靠舔掌維生等等，他也提供了許多有關熊的資訊，是當時博物史裡找不到的。資訊如下：「牠們何時出洞？約在五月，也就是春季的第三個月。老的熊幾乎被長期黑暗弄得昏昏沈沈初次重回光明時，前後搖晃蹣跚而行，接著因為長期斷食，牠便順著直覺吃起疆南星科的植物❺，英文稱為『喚醒知更鳥』或者『牛腳』。其氣味強烈而味道酸，有助開胃通腸。熊在恢復精力後整天與幼熊待在一起，此時是牠們最凶猛兇殘的時候。有關疆南星科的植物，它也叫得拉昆庫拉斯

海芋及劍羚草，這裡有則有意思的故事：『有人以為熊冬眠前會先吃這種植物，因此牠們整個冬天才能暈睡不醒（不吃肉也不怕冷）。』」

「赫爾薇夏山脈曾經有個牧牛人背著大鍋下山，看到一頭熊正在吃牠用腳挖出的草根，牧牛人於是靜靜站著等熊走開，事後到熊吃東西的地方發現更多那種草根，於是也跟著吃了。他才嚐一口就感受到濃濃地睡意，忍不住就地躺下睡著了，並把鍋蓋在頭部以禦風寒，於是他安然睡了一個冬天，一動也不動直到春天來臨才醒過來。」假如這個故事可信，那麼是那種植物讓熊能睡不只兩週，而是連續八十天。

「水熊平常吃的是魚，其他的熊則吃水果、蘋果、葡萄、葉子以及豆子，並且會挖蜂窩吸取蜂蜜，也吃蜜蜂、蝸牛、螞蟻，還有瘦肉或即將腐敗的肉。不過假如是熊捕殺到的豬、牛或羊，牠也樂於享用。熊不像其他吃肉的野獸不吃植物，牠們喝水也不像其他野獸，既不用嘴吸也不用舌頭，而是用牠一慣的方式，甚至像是用咬的來飲用。」

「牠們全身都是肥肉或肥脂，有些人迷信熊的油有奇特的功效，他們去整理葡萄園時用那種油抹在葡萄和鐮刀上，說服自己只要不讓別人知道，葡萄的嫩芽就絕不會被毛蟲蛀食。」

有人把這點歸功於熊的血。席奧弗拉特斯堅稱：「把熊油存放於容器裡，時間與牠冬眠等長，容器裡的油就會更滿或甚至溢

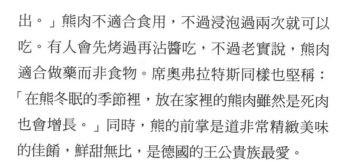
出。」熊肉不適合食用，不過浸泡過兩次就可以吃。有人會先烤過再沾醬吃，不過老實說，熊肉適合做藥而非食物。席奧弗拉特斯同樣也堅稱：「在熊冬眠的季節裡，放在家裡的熊肉雖然是死肉也會增長。」同時，熊的前掌是道非常精緻美味的佳餚，鮮甜無比，是德國的王公貴族最愛。

因為熊的天性兇殘，除非還是幼獸不然牠們難以生擒，因此在山區人們常用毒餌殺熊，那裡地形崎嶇多岩，獵人難以追踪牠們。有些在地面挖陷阱，有些則以槍攻擊。歐皮安諾斯曾說：「在泰格里斯 Tygris 及亞美尼亞 Armenia 一帶的人民使用這種策略捕熊。」

人們常帶著獵犬到森林裡尋找熊的洞穴，獵犬的天性讓牠一嗅到熊的味道就會吠叫，好讓帶隊的人找到獵物。人們先把狗拉開，接著以眾多的人數優勢帶著網子包圍牠，讓四面八方都有人。接著他們在一邊繫上一條長繩並高高提起，有如人類鼓起的下腹部，在上頭繫上不同羽毛的翎管，有禿鷹、天鵝、以及其他色彩繽紛的鳥類，風一吹來會產生嘶嘶聲，翻動時還會閃閃發光；在網的另一側，他們堆了四小堆帶葉樹枝，裡頭各有

一個人全身蓋滿綠葉。等這一切準備妥當，他們便奏起喇叭吹動號角，噪音一起，熊便出洞，一看到火光，便會在驚恐憤怒中來回狂奔。當武裝的年輕人逼近牠時，熊會四下張望找最明顯的出路逃跑，直接攀上掛滿樹葉的繩索，才一碰到，拿繩的眾人就拉扯該條繩子發出陣陣嘶沙聲，讓熊更加害怕而往另一個方向狂奔，於是撞進設好的網陣裡，拿網的人以狡獪的技巧將牠緊緊綑綁，至此難以有逃脫得了的熊。

當熊被武裝的人們攻擊時，牠會站直身體用兩隻前腳抓他，但此時人類全身覆蓋鐵片，毫髮無傷，就可以輕易地用尖刀或匕首刺穿熊的心臟。

假如獵物是頭帶著幼熊的母熊，牠會把幼獸護在身前直到牠們都沒力氣了。接著假如沒有防止熊逃跑，牠會一口叼一頭幼熊，背上揹另一隻爬到樹上。除非人類傷害牠，否則熊並不願意與人類打鬥。牠會齜齒裂嘴並舔其前腳。

據某位波蘭使節說，每當撒瑪夏人❻發現一頭熊，他們會以大量人力包圍樹林，讓兩個人之間距不到一腕尺。接著他們把最外圍的樹砍掉，好築一道木牆把熊圍在裡頭。完成後，他們便用手中特製的叉具抬起熊。此叉具是一個專為捕熊所作的工具。也就是說，當熊逼近時，他們會持叉具衝上前，一人制住頭部，另一人則制住腿，此外還有制住身軀等等，接著強行為熊戴上口罩，並綁住四肢後帶走。瑞遜人用以下方式獵捕狼及熊：他們豎

起巨大的柱子,以一根長樑相接在上面,再壓以重物,在樑上用一條繩子吊肉等野獸上勾,牠一咬肉,橫樑便會拉下把牠壓住。

赫爾薇夏(今瑞士)的居民以牧犬捕獵熊,因為牧犬不會傷害牛羊,白天可以讓牠們自由活動於牧群裡頭。而居民也會用槍射殺熊,若有誰能殺死一頭熊,便可帶熊屍來領取不錯的賞金。

撒瑪夏人常用下列方法捕熊:在蜜蜂築巢的樹下,他們會插上大量削尖的木樁,並將一根牢牢插在有蜜蜂進出的樹洞中,等熊爬上來想拔掉木樁,好得到木樁另一頭的蜂蜜。但木樁太牢固拔不動會讓熊惱怒,熊便用兩隻前腳掌猛拔木樁,於是牠便攀不住而掉了下來,戳死在下面的尖樁上頭,除非獵人把牠拉出來,否則是無法逃脫的。莫斯科國王派駐羅馬的大使戴米崔斯曾提到:「我有個鄰居出外尋找蜂蜜時,不慎掉進一棵中空的大樹,裡頭的蜜淹到他胸口,他困在那裡兩天,沒有人聽得到他的呼救,最後有頭大熊尋蜜而來探頭到洞裡看,那位可憐的傢伙抓住熊的頭部,把熊嚇了一跳,連忙退後,人便跟熊著一起拉出那死亡險境,而熊還以為他是什麼更可怕的東西,

落荒而逃。」

不過，若熊的棲息一帶沒有蜜蜂築巢，人們常會把蜂蜜塗抹於樹洞內部，讓蜂蜜進駐築巢，等熊來尋蜜後，便以前述方法捕殺。在挪威，人們將樹先鋸到幾乎散開，如此一來，熊一爬上去，樹一垮，熊就會插死在樹下預先安插好的尖椿上。有人則在樹上挖個洞，裡頭放一大壺水並塗上蜂蜜，並在裡面安裝特製的鉤子，讓鉤尖朝下，而洞口要寬大到讓熊可以輕易把頭探入卻又不可能退出，因為鉤子會勾住牠的皮。同時，那一大壺水已綁死在樹上，而熊則被生擒並蒙住眼睛，也許牠的力氣大得足以拉斷綁住壺的綑繩或鍊子，然而牠還是跑不掉或者傷害任何人，因為那個壺還牢牢鉤在牠身上。最後還有一招，有人在蘋果樹下挖渠或坑，在開口處架上腐朽的木條，再鋪上泥土撒上鮮草，等熊靠近那棵樹時就會掉進陷阱遭到捕獲。

狼班草也就是厲百汀草，阿爾卑斯山的瑞遜人堅稱，這種植物對狐狸、狼、狗以及熊有毒，以及一切出生看不見的動物。其中有一種名為仙客來的植物，華多爾教派信徒❼則稱之托拉草，他們以它的汁液在箭簇上塗抹毒液。我相信下面這個故事應該是真的：「有個華多爾教派信徒看見一頭野熊，身上有塗抹好毒液的箭便射向熊，因為距離相當遠只是傷得很淺，可是才一射中，熊便發狂似地在林子裡來回亂跑，後來跑上一座尖聳的岩壁，那個人看到牠死在那裡，解剖後斷定是因為毒素已經抵達心臟。」

據說，另一種植物——毒茄，也有同樣的功效。此外，談到毒，美洲有一種黑色的魚充滿毒素，人們將牠製成粉末用在無花果上下毒，然後丟在野生動物最常出沒的地方，動物要是吃了就會死。

　　說到熊的資質或者天性，牠們顯然極難馴服，就算有難得馴服的一頭也絕不可加以信任。這是萊西亞❽的戴安娜故事給我們的教訓：曾經有頭熊被馴養得乖巧。牠跟人類打成一片，與人類一起進食，吃他們用手餵牠的肉，完全沒有人見過牠兇殘的一面。有一天一位年輕少女跟熊嬉戲，一時玩得忘形而把熊觸怒，結果熊將她咬得肢離破碎，少女的兄弟見狀立刻用刀劍將熊殺死。之後該地區竟流行起瘟疫。人們便求神問卜，異教的神下了指示，若要瘟疫停止必須以數名處女獻祭給月神黛安娜，以償屠熊之罪。有人解釋說要生祭活人，恩巴魯斯以將祭司身份保留給他家族為條件，將自己的獨生女殺死活祭結束瘟疫。也是因為這件事，流傳了處女出嫁前都要為黛女娜進行奉獻儀式的習俗，而這要在十到十五歲間完成並在一月執行，否則會嫁不出去。

　　許多人馴熊是為了利用牠的勞力，好讓熊推

輪子以從深井中取水；而洛桑拉尼人以及利比亞人則是為了玩樂，再來有的人則是利用熊在築城牆工地拖石材。

立陶宛的君主養了一頭非常溫柔的母熊，人們會直接從餐桌上拿食物餵牠，該名君主還讓牠熟悉他的宮殿，把牠帶進自己的寢宮。每當他上朝外出時，母熊便能到外頭森林裡去，也能自己隨時回來。牠餓的時候假如宮門上鎖了，就會以熊掌或腳磨蹭國王的門。有一次有個年輕貴族意圖謀反弒君，便來到寢宮門口學熊磨門，國王以為是熊回來了便開門，因此當場被殺害。

熊還有許多天生的行為。普里尼曾說：「假如有女人生產不順，將殺過人、熊或野豬的石頭或箭簇，拋過那個女人所在的屋子，就可以解除生產的痛苦。有種名叫弗爾弗克斯的小蠕蟲，專挑葡萄藤新生時蛀壞它們，不過只要在藤蔓彎處抹上熊血，那麼蟲害就永遠不會上樹。把熊血或油塗在床下，床裡的臭蟲跳蚤都會被吸引過去，便可趁機全部加以撲殺。」

其藥用的功效真是不勝枚舉。首先，熊血可以治癒一切肌肉裡的腫脹及膿包，並幫助眉毛生長，只要在禿處塗上即可。

獅子的脂肪即熱則燥、豹的脂肪次之、然後是熊的，再來則是牛的。後世的醫生都用它來解除鼠蹊部疼痛，只需在患部塗抹即可，一切大腿、脛上的潰瘍，加入煮過甲蟲膏敷上就能立即痊癒。腳上的潰瘍，則以蘆薈混入使用。若調入野玫瑰，能用於治療落髮且功效神奇。西班牙人認為熊腦有毒，便把死於圍獵活動

中的熊，取其腦部焚燒，因為若喝了它，人會變得跟熊一樣狂暴。而且據說獅子的心臟與貓的腦部，也有同樣的功效。熊的右眼，若烘乾研製成粉末，裝成小袋給兒童掛在脖子上，可以防止作惡夢；以熊兩眼製成的粉末，若綁於男人左臂則可減輕瘧疾症狀。

將母豬、綿羊與熊的肝混合後以鞋踩踏個粉碎，可用來防治發炎造成的痲腿。將熊膽保留下來以水保溫，有任何無藥醫治的風寒，用熊膽就可以將病除去。有人用熊膽攪和水後給被瘋狗咬的人服用，若三天內服則一帖見效。熊膽也可用於麻痺、瘰癧❾、癲癇、久咳、眼瘡、耳朵流膿、痔瘡、背酸以及助產之治療或作用。而女性為了讓懷胎足月，會以熊的爪子製成護身符在孕後佩戴，且絕不離身。

注釋

❶ 那則有關「未舔過的幼熊」的諺語，就是來自個傳說。亞里斯多德說熊初生時無毛而眼睛未開，是說對了，但他接下來說的就錯得離譜了，「牠的腿，或該說全身上下，都沒有關節。」就這樣，幼熊的身體結構，是由母熊一口口用舌頭舔塑成形的說法，到非常近代都有人深信不疑，依然所引的諺語裡流傳下來。莎士比亞在他的《亨利六世》第三幕裡說道：
「就像渾沌太初，或初生未舔過的幼熊，完全沒有牠母親的樣子。」而卻斯特（Chester）在他的《愛情烈士》（*Love's Martyr*）這麼談熊：「起先產下一團未消化之物質，沒有任形狀的一塊肉，牠常常舔它定形，有個熊的形狀，像樣而穩固，這個我們常在這座島上看到。」

❷ 熊油的這個用法已有一千八百年的歷史了。

❸ 即 Theophrastus（371-287BC），古希臘 Lebos 勒博斯島人，哲學家，接管亞里斯多德建立之學府。

❹ 指 lusty men，西元 1952 年好萊塢有部西部片即以此為片名。

❺ 類似天南星科之植物，似海芋。

❻ 即 Sarmatians，古代四、五世紀時活動於今日伊朗之部族，為賽錫亞民族之一支。

❼ 即 Valdensians，十二世紀由法國人 Peter Waldo 所創立的教派，主張簡約守貧，並嚴格信奉聖經之文字。

❽ 即 Lysias（445-380 BC），古希臘演說家及史學家。

❾ 即 King's evil，台語稱為「豬頭皮」，為頸側淋巴受感染腫大之疾病。

狐狸
The Fox

狐狸。

　　英國人已將狐狸的地位提到半神之高了，他們對狐狸的崇拜成了風氣，有繁複的儀式規矩。英國人與狐狸無法共存，但卻為對方而活。人類捕獵狐狸，狐狸為被獵而存。

　　任何地方只要有狐狸，即使是羅馬郊外，也湊得出夠多的英國人募足夠大一群獵犬，「大膽的雷納❶」十之八九，必須讓狐狸承受恐懼與折磨的罪，得到慘死的結局。在半島戰爭時，軍隊配有一群獵狐犬；印度沒有狐狸，他們就以最相

似的東西取代──豺狼；澳洲沒有狐狸可獵，他們便追殺丁哥犬──當地原生的犬類❷。受正統英式教養的英國人，除了獵殺外，無法用其他方法來籌劃可憐的狐狸該怎麼死。無論是以任何形式，只要是殺狐狸的人，在英國的地方上就會像社會麻瘋病患一樣人見人厭。若與鄰居的老婆私奔也許地方上的居民會原諒（至少男性會），但是拿槍射殺狐狸的人會受人蔑視，最好不曾存在過。

　　而其他民族，甚至從遠古時期，狐狸在一般人的看法裡就是野性難馴。牠的肉難以下嚥，若殺了牠也只是為了牠的毛皮。若是銀狐或黑狐，則其毛皮成色尊貴堪配王公貴族，價值不菲。

　　無論在哪裡，人們都已注意到狐狸的狡猾。遠早在雷納克·福卻的史詩成形前，牠就以此聞名。老實說，狡猾稱得上是牠的主要特質。田野營火旁有無數狐狸善於用計的故事流傳，說牠如何詐騙或逃離敵人。事實上，沒有任何國家的狐狸傳說比得上英國的。其睿智或狡猾，無論你怎麼形容都有悠久歷史。普里尼告訴我們：「在色雷斯❸，當一切都覆蓋在冰雪之下時，人們會觀察狐狸這種狡猾又有害的動物在做什麼。有人發現這種動物會以耳朵貼在冰上測量厚度。因此在結冰的河流或湖泊，居民在沒看到狐狸能來回走過之前，就絕對不走上去。」

　　狐狸在歐洲北方最多，因此在麥格納斯、葛斯納及托普索的著作中就讀到更多。麥格納斯說：「每當天寒地凍，狐狸饑餓難

耐時，便跑到人類家附近模仿狗叫，家裡的動物就會對牠降低戒心而靠近牠。牠還會仰臥在地、摒住呼吸並將舌頭垂掛嘴邊裝死。等不知情的鳥兒飛下想從死屍上啄點食物，牠便突然咬住鳥兒。當牠饑餓又找不到東西吃時，就會在紅色的泥土上打滾，使身體看似渾身是血，然後撲倒在地，摒住呼吸，等鳥兒看到牠沒有氣息，舌頭又掛在嘴外，以為狐狸死了接近後，牠就一口吞噬。」

「此外，當牠發現因為那些尖刺自己征服不了刺蝟時，就會把刺蝟翻過來，讓後者柔軟的部分露出。有時狐狸害怕成群的黃蜂，便把尾巴垂下喬裝並隱藏自己，等牠看到黃蜂疾飛過來纏在牠毛髮濃密的尾巴上時，牠便出去找石頭或樹幹將尾巴往上磨蹭，殺死裡頭的黃蜂然後吃掉。而幾乎同樣的技倆，牠也用來對付螃蟹與小魚，牠先在岸上跑來跑去，然後把尾巴垂到水裡，魚蟹都覺得尾巴好美，游的游、爬的爬，都靠上來，於是纏在尾毛上，此時狐狸便拉出尾巴。此外，當狐狸長跳蚤時，牠就用毛髮綑住一束乾軟的草用嘴叼著，接著牠由淺至深走進水中，先淹到尾巴，跳蚤怕水便往牠身上跑，最後集中到頭部，然後

牠把頭部也沈入水中，跳蚤便全跳到乾草上，此時狐狸就放開那綑草游開，讓跳蚤與草漂在水上無處可逃。」

「每當狐狸餓了，牠便假裝與野兔玩耍，一有機會便逮住吃掉，除非野兔飛快地逃跑，大半也是如此。有時牠也會學犬吠，假裝自己是狗好逃離狗的追捕，但更保險的方法是爬上樹枝，讓狗找不到牠的足跡。牠也慣於欺騙獵人與他的獵犬群，當狐狸跑進羊群時，會盯上其中一隻跳到羊背上，利用快跑的羊讓自己能逃離得更快，羊也因背上有個該死的騎士而跑得更快。同時，其他的羊也會跟上，而獵人怕傷及無辜，便只好喚回獵犬群。」

「假如狐狸被繩索纏住，有時就會咬斷腳部好逃脫。不過若沒有任何出路，牠也會裝死，等獵人把牠從捕籠中取出再閃電飛逃。此外，當狗從身後追上並抓到並要咬牠時，牠會把蓬鬆的尾巴拉過狗的嘴巴，讓狗搞不清楚狀況，而自己則伺機逃進牠在森林裡的藏身處。我在挪威之岩見過一隻有大尾巴的狐狸，牠從水裡拖出許多螃蟹，然後通通吃掉。那種事也不罕見，由於魚不會像螃蟹咬著垂下的毛尾巴不放，所以拖出後要把魚放在石頭上曬乾。」

「受痛風之苦的人，只需把這種動物溫暖的皮貼在患處並綁好，即可治療。將狐狸油塗在痛風患者的耳朵或四肢，就能藥到病除。狐狸油也可治療任何腸胃痛以及任何疼痛。若將狐狸的腦部讓孩童服用，則可保證該名孩童絕不患癲癇。這類簡單的醫療

方法，是北歐國家的人民所觀察到的。」

部分前述內容，在 P. 羅賓生的書中《詩人的野獸》得到耐人尋味的確切證據。談到猞猁時他說：「牠並非如大家以為的『不能馴服』。印度的巴羅達邦邦主蓋克華爾❹便設有一群馴服的猞猁，供人們追踪捕獵孔雀以及其他禽鳥。我本人親眼見過一頭猞猁學會捕抓烏鴉，這一點也不容易。牠的策略是運用聲東聲西，再配上目不暇給的靈活身手。牠先趴在地上，口中叨著繩索的一端，另一頭繫在木樁上，假裝睡著了、睡死了、醉倒、被迷昏了，總之任何看起來像沈睡不醒的樣子。而離牠一呎遠的地方，有塊肉或骨頭。」

「烏鴉不久便發現那塊骨頭，圍成一圈並討論猞猁是否只是在裝昏以等待偷走晚餐的機會。猞猁都當沒看見，毫無生氣地躺在那裡，最後總會有隻烏鴉鼓足勇氣上前。其他烏鴉也讓這隻單獨行動，因為其他隻事後可以用打架來搶奪食物，而用偷的則未必吃得到。於是這隻代表便以烏鴉天生仔細謹慎的性情靠近猞猁，不會冒更多險走進奪取食物的範圍。鳥兒會先停一下，緊張地拍拍雙翅，低下頭，好好凝視猞猁，確定牠在沈睡

中，接著閃電一般衝向骨頭。假如烏鴉快如閃電，那麼猞猁則會用更快的速度擊中目標！下一刻便只會看到一頭坐起來的野獸，口中叼著一隻鳥！」

「下一次猞猁就得用另一種手段。因為同一群烏鴉可不會被同一種詐死的技倆給耍了。於是猞猁等夠大的鳥群聚集，便叼一根繩索繞著一根木樁一圈圈跑，將那繩索拉得緊直彷彿綁在上頭。鴉群以牠們慣有的無賴嘴臉圍了上來。牠們以為自己算準了猞猁圈子的大小，盡量逼進那險危界線而不會踩進險境，同時逗弄被綁住的野獸。但是冷不防，打轉的猞猁會以切線角度衝出，直擊其黑色烏鴉群最密集的一處，如往常一樣，總是大有斬獲，一舉數得。」

托普索也提到一些狐狸的奇聞趣事，在談到牠們的棲息地時，他說：「這些狐狸洞裡有好幾個窩，有通道連通進出，每當特拉爾人要捕捉地下的狐狸時，牠總是另有出路。狼也是狐狸的天敵，狼會留守在狐狸窩的洞口旁等待時機。而有種植物又稱海蔥，天性剋狼，狼最怕這種植物，絕不接近有它成長的地方。烏龜被證實有保護幼龜的習性，但我沒讀過資料說狼會獵龜的，因此我們反對將狼獵烏龜故事歸類為寓言。」

假如狐狸吃了混入苦味杏仁的肉而不立刻喝水，牠就會死掉；蘆薈加到牠們吃的肉也有同效，這是史加利傑❺根據自己所見或所知而持抱持的說法。香莢蘭乙酮❻，俗稱熊足，若給狗、

狼、狐狸或任何出生時眼睛未開的動物吃，無論是混入脂肪或肉裡都會毒死牠們，且催吐沒有用，因為很難吐得出來，而提煉此物質的植物的種子亦可產生同樣功效。據迪莫克特斯❼的說法，假如把野生的芸香暗藏在雞翅下，狐狸就不敢靠近。這位作家同樣宣稱他已證實，假如把狐狸或貓的膽汁與牠們平常吃的食物混在一起，吃的動物將永遠不受狐狸或貓的侵害。

　　這種動物的醫療用途如下：首先，如普里尼與馬切勒斯堅稱，將狐狸泡在水裡直到剩下骨骼，然後在凡是腿或身上任何有痛風的部位以此水沖洗或日日浸泡，將可消除一切病痛與不適，並讓患部及虛弱部位再強健起來，它同樣可治療筋肉萎縮及疼痛。蓋倫認為同樣的方法對泡過豺狼的油也有同樣的功效，將瘸腿的人浸泡其中，由於那種液體有能洗淨並去除體內任何有毒體液的功效，因此患者出浴後將不再有任何腿痛。然而這些人不久又會重回原來的不良飲食習慣，讓故疾重患。

　　狐狸可以用清水或鹽水加八角及百里香來滾煮，而且要皮毛完整不要切開或把頭斬下，在這

熬煮過程加入兩品脫的油。若遭海兔咬傷，用狐狸肉貼上可以治癒。狐狸皮能大大地祛除全身濕寒，還能治療痛風及筋骨寒氣。若將狐狸肉燒成灰和酒喝了，則可治療氣喘以及肝病。

　　將狐狸傷口流下的血與活狐狸的尿，以同樣方法服下可化解膽結石，或者如瑪瑞普色斯所說的宰殺了狐狸，取其血喝下一杯，事後再服以同樣的配方，一小時內結石就會消失。而乾血若調入加糖的酒，也會有同樣功效。

　　將奧西克雷頓與狐狸血噴入昏睡的馬的鼻孔裡，會讓牠立刻精神振奮。狐狸的脂肪僅次於牛與豬的脂肪，因此在醫學裡，豬的脂肪或豬油能取代狐狸的，而狐狸的可以取代豬的。有些人會拿狐狸脂肪來塗在抽筋的四肢以及任何顫抖的部位。而有些人們會把狐狸及鴨子的脂肪塞在鵝的腹中再拿去烤，以那滴下的油來塗抹麻痺的部位。

　　同樣的東西若加上葡萄藤枝磨成的粉，以鹼液軟化並浸泡，可以減緩並消除肌肉裡任何腫脹的瘤。光使用狐狸脂肪，便能治療落髮以及髮根鬆動。在治療頭上的一切瘡口及潰爛，也頗受好評，但是更獲好評的是用膽汁、百里香加芥茉子。用狐狸脂肪來治耳痛也頗受推薦。假如馬尾巴因潰瀾而脫毛，則用狐狸尿液及白葡萄酒清洗，再以狐狸油塗抹便能治癒使毛髮回生。若頭部因爛瘡讓頭髮脫落，取一幼狐的頭部跟著黑海膽與軟珊瑚的枝葉一起燒成灰，撒在痛處便能讓頭髮重生。

常讓嬰兒及哺乳的幼兒服用狐狸腦部，可以永遠不受病痛侵害。普里尼曾描述有一位男子眼球抽搐不停無法直視，就用鍊子掛了一隻狐狸的舌頭來治療。馬切勒斯命人割了一隻活狐狸的舌頭然後放走，並把舌頭以紫線掛起來風乾，然後繫在眼球濁白人的脖子上，這樣就可以把眼疾治癒。

有件事千真萬確，就是狐狸的舌頭不管是風乾或者新鮮的，貼於飛鏢或刺物插傷處，異物就能立刻可逼出卻又不傷及肌肉，只影響插入處。風乾的狐狸肝以酒服下可消除呼吸不順暢。以此藥方或狐狸肺配以黑酒，則能通其氣管。同樣的部位以酒沖洗，並放入陶器置於烤爐中烘乾後再以糖調味，是世上最佳治療久咳的良藥，此效已經過證實，即使是二十年的舊疾，只要每天以兩匙酒配合服下即可痊癒。

將狐狸的肺風乾後研磨成粉再以配水服下，有助於治癒化膿。瑪瑞普色斯證實，把同一種粉末讓幾乎因胸膜炎窒息的人服用，則可藥到病除。亞其基尼開了風乾的狐狸肝為處方，配以醋蜜同時服用來治療脾臟病變。馬切里勒斯則以同樣方法服用，拿來治療呼吸不順暢。賽克斯特斯❸則

建議純粹服用它，不必搭配醋蜜。狐狸的膽汁和油滴入耳中可治耳中病痛，若混入蜂蜜塗在眼上，可讓目光明亮且功效驚人。將融化的狐狸脂肪塗在瘤上以及乳房上的腫大處，可治療人身上的化膿。狐狸血風乾後與蜂蜜混和並塗在腫瘤上，可立即消除。若有人因龜裂而嘴腫，則將狐狸的血塗於口內即可治療。將狐狸屎與薑搗和，做為藥膏可迅速治癒瘋癲。狐狸的上述療效與其他藥效，在過去與後世的醫生都有發現。關於狐狸，就說到這裡了。

注釋

❶ 此處原文為 "bold Reynard"。「bold」有膽大之意，「Reynard」判斷出自《雷納德狐狸》（*Reynard the Fox*），唯一個中世紀的荷蘭、法國、英語、德國的寓言作品。內容主要描述一隻擬人的紅色狐狸和一位名叫雷納德的騙子的種種，包含雷納德欺騙其他擬人化動物的故事等。

❷ 其實丁哥犬（Dingo）極晚近才出現在澳洲，算不上是原作者所稱的 native。牠是跟著歐洲移民來到澳洲，後來在野地自生而沒有自滅，還因沒有天敵，適應過良，成為澳洲頂級掠食動物，是真正澳洲小型原生動物的浩劫。

❸ 希臘東北角上的區域。

❹ 即 Gaekwar of Baroda（1863-1939AD），巴羅達邦為印度半島西岸中之邦國，面積約兩萬平方公里，蓋克華爾為一革新國政之邦主。

❺ 即 Julius Caesar Scaliger（1484-1558AD），義大利醫生暨學者，主張亞里斯多德主義。

❻ 此物質在香草蘭的種子莢中亦有。

❼ 即 Democritus（460-370 BC），蘇格拉底之前的古希臘重要哲學家，以其原子理論之宇宙觀留名。

❽ 即 Sextus Papinius，西元一世紀前羅馬之長老院院士，曾自非洲引進甜棗及山楂到義大利。

狼
The Wolf

　　狼是掠食動物，有獨特的恐怖之處。當牠獨行時人們比較不怕，只是躲開而已，但當牠們因饑餓而成群結隊，人們才真的恐懼起來，因為牠們可不會放過任何人類或動物。自遠古時期以來，狼常遭誣陷會使用魔法。牠們的狡猾、本能或思辨的能力幾乎與狐狸一樣進步，而且在我所參詢的所有權威中，最適合談論狼以及其癖性的，就是托普索，這裡有一段談論牠們的怪癖：

　　據說狼會食用某種名為阿爾吉拉的黏土，並非為了充饑而是讓肚子更重。這樣牠們撲上馬、牛、鹿、麋鹿或其他強壯的動物，才更能壓制得住並能牢牢咬住其喉嚨，直到將獵物壓垮。有了那種頑強土壤的功效，牠們的牙齒磨尖了、體重也增加了，不過等牠們殺死獵物後，就會碰觸身上有點像催吐穴道的特定部位，牠們會把土吐出以清空腹中的黏土，就像吐出吃錯的東西一樣。

　　狼會吞噬山羊及各類除了野豬外的豬種，因為野豬不會輕易讓狼得手。據說曾經有頭母豬抵抗入侵的狼，當狼對付豬時，被迫以自己最高超的身手使出渾身解數，跳前躍後以免被豬咬到。有一次豬騙過狼讓牠輕敵，結果使狼命喪豬牙。據說有人在森林裡看到狼叼著一塊足足有三、四十磅的重木，牠就這樣躍過

地上的樹幹以鍛練自己；最後牠明白了自己叼著重物能訓練跳躍的能耐與身手，便在樹幹後挖自己的窩。過了一陣子，終於有頭母野豬到樹邊找肉吃，後面還跟了一群年紀不一的小豬，有一歲大、半歲大甚至更幼小。狼等牠們走近，冷不防撲上其中一隻，選的是牠猜測跟牠叼著木頭差不多重的那隻，就在狼咬住小豬那一刻，小豬尖叫而母豬立刻回身來營救，狼叼豬躍過樹幹，可憐的母豬就這樣被奪走一隻幼豬，誰教牠沒辦法跟著跳過去。有時母豬會呆在原地，看著狼吃掉從牠身邊抓走的那隻小豬。也有人說狼也會欺騙山羊，狼會叼著柳樹的綠葉與細枝，牠們知道山羊喜歡這種植物，故以此當做誘餌吸引羊靠近然後吞噬牠們。

狼的習性如下，當狼遇到山羊或野豬或這類體型小的動物，牠不會殺死而是咬住獵物的耳朵，拖著獵物以牠們的最快速度跟自己走回狼群，假如獵物頑強抗拒不肯跟著牠跑，牠會用尾巴打獵物的屁股，同時嘴上還是緊咬著獵物不放，好讓可憐的獵物與牠一起快跑或甚至跑得比牠快，直奔自己的刑場，在那裡有一群饑餓難耐的狼等著

牠，只等牠一到，像餓鬼的狼群便立刻一擁而上，不一會兒就把獵物撕咬成碎片。狼群什麼都吞噬下肚，但腸子不吃。

　　儘管狼跟牛之間在力氣與體型上相差甚大，但狼並不怕冒險與牛相鬥，狼自信策略勝過血氣之勇。當狼攻擊牛時不會從正面下手，因為怕被牛角戳傷，也不會從後方，因為怕被牛蹄踢中，而是一開始便站在高處，兩眼冒火向牛挑釁並激怒牠。狼總是虛張聲勢要上前，卻又聰明地留在原地不動，先尋找對方的破綻，然後冷不防躍下蹬到牛背上的一側攻上牛身，緊咬不放。在狼確認殺死牛後，才會放開利牙。另一件事也值得觀察，看狼如何把離開群體的小牛引向自己。狼用獨特的詭計咬住牛鼻，一開始先把牛往前拉，可憐的獵物自然掙扎著往後退，於是雙方開始一場拉鋸戰，一個往這邊拉，另一個往反方向退，直到狼察覺到佔了優勢，覺得小牛以最大的力氣後退時，狼會故意放開，可憐的牛先一屁股重坐地上，然後翻個四腳朝天，此時狼便以閃電的速度般衝向朝天的牛肚，咬個肚破腸流，解除饑餓以滿足貪婪的食慾。

　　假如狼追捕的獵物在水或沼澤中，獵物被泥沼包圍時，牠們會將獵物團團圍住，堵住所有能逃出泥沼的出路並威嚇獵物，讓可憐又緊張的牛數度將頭耳都栽到泥水中。狼群把獵物堵在泥沼中激怒牠，絕不讓牠活著離開，直到牠們看出對方一動不動，窒息死了。牠們如何用獨到的方法與技巧將獵物拖出沼澤並加以吃

掉，也實在值得一看。對狼來說，殺牛真是不費什麼力氣，但把死牛拉出泥濘就要費盡九牛二虎之力。獵物死亡後其中一頭狼會上前咬住其尾巴並盡全力拉出，且回頭看向同夥呼叫求助，接著另一頭狼立刻上前咬住第一頭狼的尾巴，又有另一頭咬住第二頭狼的尾巴，然後另一頭、又一頭、再一頭，如此頭尾相連成一條狼鍊，將所有拉力累積起來，最後大夥合力把獵物拖上岸。賽克斯特斯曾說：「每當狼看到身上佩有一條狼尾巴的人類，那位人類就不必害怕會受到狼的傷害。而所有家畜一看到人類的手中拿著狼眼，就會立刻嚇得跑開。」

假如把狼尾掛在牛的傷痕上，狼就吃不下牠的肉；假如背上有騎士或騎者的馬踏過狼的腳印，牠會崩潰或嚇得一動也不動；假如狼踏到拖曳篷車的馬的足跡，牠會就地立定有如冰凍。

假如帶著幼馬的母馬踏到狼的腳印，牠會立刻丟下幼馬，因此埃及人用踏到狼腳的母馬圖像來表達墮胎。這一切零零總總的故事繞著狼打轉，被視為狼的超自然現象，不過我也說不準有幾分真、幾分假。狼也會逐地尾隨花工夫征服豹。雖

然牠們固然膽子不小，但若無同伴倒也不敢冒然動手或對打。牠們也會聚集成群，把獵物吞噬。當狼攻擊野豬時，僅管野豬彼此各有差異，但在當下野豬們會放下彼此的搏鬥，聯合對付狼那共同的敵人。

這就是這種野獸的天性，狼除了石頭不怕任何武器，只要對牠丟一塊石頭，便會立刻趴地以躲開以免遭石頭擊中。傳說，牠身上只要遭石頭擊中的地方，就會生出特定能要牠命、重創牠的蛆。如同獅子害怕白公雞與老鼠，狼害怕海蟹或蝦子。據說，皮索卡里斯人的管樂在捕狼時能壓制暴力的狼，因為狼的聲音像它卻不完美，樂聲一奏起，憤怒的狼便本能似地逃跑；大家也相信男人或女人的歌聲也能產生同樣的功效。

有關狼的天敵，無庸置疑，這樣饑餓的物種沒有什麼朋友，就因如此，牠們對劣於自己的動物所懷的恨意直到對方死後都還有，這點有許多作家都觀察到了。假如羊皮跟狼皮掛在一起，羊毛便會脫落；假如羊腸絃與狼腸絃裝在同一把樂器上，羊腸弦會發不出聲音。

在此我們以各種鮮活的色彩描述了狼的一切特質，不過身為忠實的史學家，我必須呈現牠最良善的一面。在兩個例子裡可見：其一是哺育羅莫勒斯及雷米斯的母狼，另一個則是溫柔地守護著撒克遜國王暨烈士艾德蒙頭顱的那頭狼。

丹麥人將艾德蒙斬首後，頭部被鄙視地丟棄樹叢裡。為他哀

悼的人群找到屍身，儘管森林中迴響著他們的呼喊：「艾德蒙，你在哪兒？」的聲音，但花了好一段時間還是一無所獲。尋找了幾天之後，有個聲音回應他們的呼喊。「這裡！這裡！這裡！」他們順著這個空靈的聲音找到了國王的頭顱，而四周有光輝圍繞且守護著頭顱，讓其免於侵害的，竟然是一頭狼！頭部又能好好安放回原處，且竟自然與身體又相連一片，一點不假，此手法如此高明，接痕僅僅是條細紅或紫線。

關於這頭狼還得再補充一些，狼不因守護完聖王頭顱而滿足，牠還溫馴地跟隨遺體至聖艾德蒙喪葬直到下葬，當牠踩著安靜的腳步離開時沒有人加以阻攔，於是牠便消失在森林裡。

狼人
Were–Wolves

　　在一切與狼相關的不尋常故事中，有個物種人們已深信了幾個世紀。在法國大有些地方今日依然如此，即為以狼與人合體。有許多位古希臘羅馬作家也有提到此物種，如：席黛城的馬切勒斯❶、魏吉爾、希羅多德，彭邦尼厄·美拉、奧維德❷、普里尼、派脫尼厄斯等。有些人能將自己變成狼，這種人被稱作Lycanthropy，也就是把希獵文的「狼 Lycan」與「人 thropy」兩個字連結。而擁有種天賦的人則被尊稱為變皮人❸，意思是能改變外皮的人。然而有一點必須為普里尼提一提，在諸多古希臘羅馬作家中，他談狼人時特別訴求於大眾迷信，並從其他例子引用例證，他寫道：

　　「希臘人的好騙，還真是沒有底限了！天底下沒有哪個騙局如此粗糙，其中有的一看就知道是假的，沒半個經得起驗證。」

　　這種耐人尋味的想法出現在東方的著作，在斯堪地維尼亞民族及條頓民族間尤為根深柢固。牠在北歐英雄傳奇中常被提及，但因本書篇幅有限，僅只能提到有關這些多貌人❹（不只一層皮）的描述，出現在古德牧師❺所著的《狼人之書》。

　　根據古德先生的說法，Were Wolf 也就是 Wehr Wolf（即狼人）一詞是這樣發展成的：「Vargr 就是 u-argr，即騷動不安；argr 就

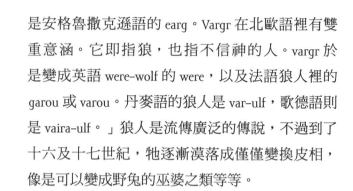

是安格魯撒克遜語的 earg。Vargr 在北歐語裡有雙重意涵。它即指狼，也指不信神的人。vargr 於是變成英語 were-wolf 的 were，以及法語狼人裡的 garou 或 varou。丹麥語的狼人是 var-ulf，歌德語則是 vaira-ulf。」狼人是流傳廣泛的傳說，不過到了十六及十七世紀，牠逐漸漠落成僅僅變換皮相，像是可以變成野兔的巫婆之類等等。

麥格納斯談到那些遭下咒而變成狼的兇狠人類：「在基督誕生的盛宴、在夜晚、在特定地點，牠們彼此有了個感應，大群由人變成的狼聚集。原來居住在各種不同的地方的人類，都會在同一個晚上變身，對無論是人類以及對其他不兇猛的生物展現出無比兇猛的樣子。本國的人民受到牠們殘害，遠超過受到真正狼的殘害。因為事實已顯示，牠們無比兇猛地攻擊森林中的人家，打破門窗，殺害裡頭的人與任何留在裡頭的生物。」

「牠們會到啤酒窖把一桶桶的啤酒喝光，並把空桶一個個疊在窖中然後離去，這方面與真正的狼有所不同。不過某些國家的人認為，牠們在那晚碰巧所在的地方，有警示預言的作用。因為假如任何不幸的事發生在住那裡的人身上，例如推

車翻覆倒在雪中，他們就相信那個人在那一年必然會死，這已經有長年累積的經驗可以證實。在立陶宛、薩摩吉亞及克羅尼亞之間有座城堡，城堡本身已遭毀壞，但有道城牆當時尚存，而就在這面城上，曾經一度有幾千頭狼人想攻進，每一頭都使出跳躍的工夫。凡是跳不過去的（通常是肥胖的那些），就會被狼人的頭目鞭打。」

有一件事經常得到證實，在狼人之中有大人物，即國內的王公貴族。這種變形的狀態，大大地與自然背道而馳，此情況是由一個精通巫術的人造成的，方法是喝下某一杯麥酒，同時喃喃唸著咒語，於是這位想加入這個非法組織的人就能入會。接著只要他想要，便能把自己人類的形體與外貌完全變成狼，好進入私人酒窖或秘密森林。當然，過一些時間，他喜歡的話還可以隨時把狼形完全褪去，再變成原來的人形。

舉例來說：有一次，有個貴族進行一趟穿過森林的漫長旅程，身邊還有從自己國度帶來的大群隨扈，他們都遇過這種法術（因為在那一帶，這種事也常見）。那一天也快過完，因為附近沒有旅社，所以必須在森林中過夜。同時，他們又餓又累。最重要是，隨從中有一人適時地說：「請大家保持安靜，看到什麼東西都不要有騷動。」他說他看到遠處有群羊吃草，而他會把事情搞定，這樣大家就有羊肉當晚餐了。他立刻走進濃密的森林裡不讓其他人看，然後便從人形變換成狼形。全力撲向羊群，叼一隻往

樹林跑，以狼形來到馬車旁把羊帶給人們。他的同夥察覺到他是怎麼偷到這隻羊，於是感激地收下並嚴密藏地在車上，而變成狼形的人會回森林裡再變回人形。

同時，幾年前在立弗尼亞傳出一件事，有位貴族的妻子與僕人發生爭論（這種事在他們國家，比起其他基督教國家發生得更多），就是人不可能變成狼。在那當下，僕人打斷爭論，說只要她准許，自己可以立刻提出這種變化的證據。於是他獨自進入一座地窖，不久後便以狼的形貌現身。狗群追逐牠，經過田野、進入森林，儘管牠也全力自衛，狗群還是咬掉牠一隻眼睛。第二天，獨眼的僕人便來到女主人面前。最後還有一件記憶猶新的事，普魯士公爵不太相信有什麼巫術，驅逐了一位擅用巫術的人。公爵把他銬上鐵鍊叫他變成狼，而那人真的變了。然而，此罪可免，崇拜偶像的罪卻難逃，公爵事後還是以火刑侍候，因為這種邪魔妖術神人不容。

贊恩這位崔奈莫斯❻的權威，在西元一三三五年寫道，有些人的脊椎會變長形成狼人尾巴。托普索對此事採較理性說法：「愛爾蘭的某個區域

（M. 坎頓曾寫過）居民平均年齡高於五十歲，曾有愚蠢的報導說他們會轉變成狼。他猜測，真正的原因在於那些居民大半患有一種名為狼人瘟的疾病，有點像是憂鬱的情緒，在二月左右影響人最深，甚至會讓人離開住所或房屋，奔向森林或墳場及墓窖，且在那裡像狗或狼一樣嚎叫。這種病的真正症狀如由馬切勒斯描述，他說那些受到感染的人臉色蒼白，眼睛乾澀而眼神空洞，看來昏沈欲睡且無法哭泣。舌頭表面好像結了痂異常粗糙，他們也無法吐口水而且非常口渴，身上到處長瘡特別是腿部。這種病有人稱之為狼人病（Lycaon），人們欺壓這種病患者。因為曾經有個萊坎人 ❼，被詩人這麼寫道：『他因生性歹毒，以孩童為獻祭，讓宙斯變成一頭狼，完全喪失人的理智。』詩人是這麼說他的，而最離奇的是，罹患這種病的人，竟愛去墳墓。」

注釋

❶ 即 Marcellus Sidetes 或 Marcellus of Side，他為二世紀中，席黛城出身之醫生，該城位於今耳土其南方濱地中海，為一座古城，相傳是埃及克麗佩脫拉與安東尼幽會之處。

❷ 即 Publius Ovidius Naso（43BC-18AD），西方以 Ovid 稱之，為羅馬大詩人，其史詩《變形記》以一連串包含變化形體的故事，從開天闢地述說至帝國建立。許多現今耳熟能詳的希臘神話故事，其實是他在《變形記》裡的版本。

❸ Versipellis 即由 vetro（改變）以及 pellis（皮膚、外皮）組成之字。

❹ 即 eigi einhamir，原意為「不只一外皮」。

❺ 即 Rev. S. Baring-Gould（1834-1924AD），英國戴芬郡人，福音教派牧師及聖徒傳記專家。

❻ 即 Johannes Trithemius（1462-1516AD），德國本篤會之修道院長，亦為一文藝復興時期典型之多才博學者，天文地理、人文科學皆有所通。

❼ 希臘神話的故事，變形記中有提到這個異想天開用親生骨肉做的菜餚來討好神，結果適得其反。

PART 2
草原森林

羚羊
The Antelope

　　古代畫家畫動物若沒有活物的或其皮毛可寫生，往往便就所知事實，再依想像力來建構其樣貌，就像是羚羊的例子。托普索筆下就產出下列描述：「牠們產於印度以及敘利亞靠近幼發拉底河那裡。愛喝那清涼的河水，身體像鹿、頭顱頂上還長出一對又長又尖的角。亞歷山大明確地說牠們刺穿了他士兵的盾並兇猛地與他們對抗。在他的軍團前往印度的日子中，他們屠殺了八千五百五十五頭這種生物。而這次大屠殺後，可以解釋為什麼這個物種這麼稀有，這個原因讓牠們繁殖所需的數量與方式都受到削弱破壞。牠們的角彷彿如鋸子般巨大，能鋸斷柳枝或小型樹木，這讓牠們走過掉落的樹枝或倒地的樹木時，亂伸的枝枒常劃過牠們的脖子，牠們有時會痛得叫出來，漏露行蹤就讓獵人捉到了。這種動物的用處還未知，於是蘇達斯說羚羊只有部分有用。」

羚羊。

馬
The Horse

　　亞卓凡迪斯提供了一個耐人尋味的馬樣本，畫家在馬體上畫了當時流行的刀劃長口。他說芬席勒斯引用李考斯尼斯的話，提到在西元一五五五年間可以見到，這種動物在一出生外皮就被如此劃開處理，牠的皮厚如鞋底，極可能就是想像中的斑馬。

　　托普索留給我們一些不錯的馬傳說，特別是牠們對主人的愛。荷馬似乎證實馬有神性，能了

被刀劃上長口的馬。

解未來之事。繫於馬槽時馬兒哀悼佩卓克勒斯❶之死，並告知阿基里斯將發生在他身上的事。對此故事，普里尼如此形容馬，牠們落淚哀悼主人，並能預知戰事。亞可席厄斯斷言，凱撒遇刺身亡前三天，看到自己的座騎納格在馬廄慢步哭泣，這是他死期將近的預兆。我本來不相信，但川魁勒斯於凱撒在世時，也提到同樣的事。他還補充，凱撒跨越盧比孔河以完成其政治大業所獻給戰神的馬，在國外時常任其四處奔跑，無人駕馭，因為凡人本不該碰眾神的馬，牠們也為凱撒落如雨的淚水，且不食一切肉類。

馬在戰場上懼怕大象也怕駱駝，因為這個原因，當賽勒斯與克洛夏斯交戰時，他能讓對方人仰馬翻，因為只要馬一看到駱駝出現就會失控。假如馬踩到狼的腳印，牠也會立刻驚嚇失足。同樣地，雙馬或多馬戰車要是駛經狼走過的地面，便會有如戰車立地凍住，立刻停下。伊里昂納厄斯及普里尼都有提過。伊斯庫拉匹厄斯還證實另一事，馬踩到熊的足跡也會有同樣的反應，其原因不明，兩種動物的腳部間似乎有什麼神秘的關聯。

所有種類的豬都是馬的敵人，鴕鳥也讓馬如此恐懼，只要牠在場馬必迴避。而馬與熊之間存在類似的差異。有種鳥名為安克羅斯，牠的叫聲像馬嘶鳴。這種鳥兒到處飛翔，馬時常會趕走牠們，但因為馬兒視力不佳無法看得清楚，所以馬往往咬到牠們並吞吃下肚。竟有動物如此討厭叫聲像牠，外貌卻與牠迴異的物種。

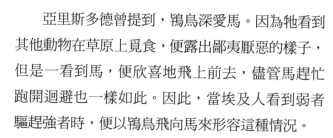

　　亞里斯多德曾提到，鴶鳥深愛馬。因為牠看到其他動物在草原上覓食，便露出鄙夷厭惡的樣子，但是一看到馬，便欣喜地飛上前去，儘管馬趕忙跑開迴避也一樣如此。因此，當埃及人看到弱者驅趕強者時，便以鴶鳥飛向馬來形容這種情況。

　　凱撒大帝曾經擁有一匹馬，牠的腳有多個蹄❷就像人的手指。此馬誕生時，預言家宣稱凱撒將統治世界，他便細心地加以豢養，而且除了自己不准任何人騎牠。後來他將此馬獻給維納斯的神殿。

　　假如砍斷馬口中繫轡的繩索讓它掉入馬肚之中，它可立刻消滅並清除肚中的寄生蟲與其他在牠體內的生物。馬的骨髓用來鬆解筋肉的功效極佳，但是要先在酒中煮過然後放涼，接著在用火或太陽的烘熱時塗上。將未絕育的公馬牙齒，放在馬兒因勞動而虛弱的頭下方，或放在牠恐懼或做惡夢的頭上方，能抵擋所所有不安，屆時便能得到安眠。馬齒用於治療凍瘡也十分有效，這種凍瘡會潰爛並在腫至最嚴重時脹滿惡膿。馬齒先從落馬嘴掉落後，要在小孩還在襁褓中時便繫在身上，如此能更容易且更快讓孩童長牙，如果不讓孩子腳碰到地面效果更好。

如果把馬的唾液塗在梳子上，用在年輕男子或男童頭部，會讓頭髮不會再增加也不會有白髮冒出。馬的唾液常被推薦用於治療兒童或者聽力不佳，也可以用無論剛烘或風乾，化成粉塵的馬糞混入玫瑰油使用。男人嘴內和喉嚨的不適或潰瘍，用餵燕麥或大麥的馬的唾液清洗或塗抹，可迅速消除潰瘍的疼痛，也可以用小隻的綠海蟹搗碎取汁清洗兩至三次。我還可以寫出好多頁與馬有關的藥方。

注釋

❶ 即 Patroclus，荷馬史詩《伊里亞德》之人物，為阿基里斯之愛徒，阿基里斯退出戰局後，佩卓克勒斯披掛阿基里斯之戰具上場，也因其戰技高超，被誤認為阿基里斯本尊，遭特洛伊第一戰將暨特城王子海克特，率部屬圍攻而死。阿基里斯因此重回戰場，與海克等決鬥並屠之復仇。

❷ 馬本為奇數蹄動物，腳部末端應該只有一蹄。

模仿狗
The Mimick Dog

　　模仿狗或稱葛杜里安狗，我猜是指貴賓犬，而牠常被稱為掌燈犬❶。這種狗天性為模仿任何牠所見之物，因此有人認為牠是猿類所生的。牠在智慧與性情都類似猿類，不過面貌、體形與顏色則像一頭刺蝟。身體短而可蜷縮起來，腿部修長，尾巴短小。

　　牠們幼時與猿猴一起養大，學會了不起卻怪異的技巧。埃及在托勒密王朝時有許多此種狗，

模仿狗。

人們教牠跳躍、玩耍、聞樂起舞，而在窮人家裡，則全當佣人做許多雜務。

普列爾人與偶戲人也用牠們表演奇異的技倆，那兩種人的演出可以得到大量賞錢，其中有一種便是模仿狗的表演。

普魯塔克❷曾寫道：「在維斯帕森皇帝❸御前看過模仿狗在羅馬的公開表演。他們教那條狗演一齣戲，裡頭包含許多人的角色（我是指還有好多條狗同台演出）。最後他們給牠一片麵包，依照劇情，麵包裡有毒可以讓人死去，牠吞下後，就立刻開始打轉、踉蹌，像個醉漢，然後倒地就好像死了一樣。躺了好一陣子，四肢一動也不動，由幾個人在場內到處拖行，演出劇中的各種情節，等牠得到要醒來的暗號時，就先張開眼睛，略微抬起頭然後伸個懶腰，就像某人從睡夢中醒來一般，最後爬起來跑向來看演出的人們，皇帝與其他眾觀看了，無不感到喜悅。」

關於這點不妨再講一下西元一四〇三年一位義大利人的故事，他叫安德烈，有條身懷絕技的修紅毛狗，然而牠是條盲犬。安德烈到廣場上，身邊圍了一大圈群眾，旁觀的人拿來許多戒指、首飾、手鐲及金銀幣等，這些物品都放在圈心以土覆蓋，而那條狗則必需把它們找出來，牠用鼻子與腳一下就找到了，而且接受指令後那條盲犬立刻照辦，完全沒有遲疑地把每一件戒指、首飾、手鐲及金銀幣物歸原主。接著，圍觀的人各自給牠硬幣，上頭印著各國的國王元首，有人喊道請牠找出英國錢幣，那條

狗便挑出來給他，然後一個接一個，聽到哪國皇帝被喊出，牠便將它找出並送回。於是一個接一個，人們將每位國王皇帝都喊遍，而狗也都幣歸原主。這則故事是阿巴斯‧烏斯柏吉西斯所記錄的。裡頭提到，一般人認為那條狗是魔鬼或者有蛇妖附身。

有些恐水症的療方，也耐人尋味，值得一提。在此僅從眾多故事中挑一部分來說。關於外用複合藥方，某種紅沒藥及瀝青調成的最受推薦。曼尼帕斯❹就是採用此方，取一磅的布魯夏瀝青，和四盎斯的紅沒藥混在一起，紅沒藥須先溶於醋裡，接著把瀝青與溶好的醋一起沸煮，等醋被吸收了再加入紅沒藥，讓兩者製成護帖樣子然後貼到有病痛的地方，要連續貼個幾天，同時喝海蟹煮醋的湯做成的解藥來治療，而醋在這道甜食中是項珍貴材料。其他人會使用羅勒、洋蔥、芸香、鹽、鐵、白麵包、苦薄荷以及糖蜜來製作藥方。不過世上各種藥方裡，前面那種藥膏做為外用功效最強。

治療這種潰爛的簡單或非複合藥材的藥方還算不少：像是鵝油、野玫瑰根泡酒；苦杏仁、繁

縷葉或紫縈蔞、蛻下的蛇皮與海蟹、草石蠶、包心菜葉或梗等混合搗成泥，加上防風草根、醋、萊姆與海藻，海蟹粉和蜂蜜；海蟹殼的粉末、狗傷口上的毛、咬人狗的頭，混入些許大戟屬植物的乳汁風乾物；以醋服用男人的頭髮、以酒服用羊屎、以蜜與鹽服下核桃仁，用乾布包裹無花果樹研磨成粉、黑茴香配酒、草石蠶、溫馬屎、以嘴嚼爛的生豆子、無花果樹葉、綠無花果配醋、甜茴香柄、龍膽草、雞屎、公羊的肝、乳燕烘乾磨粉加上牠們的鳥屎；男人的尿、一片豺狼皮、鳶尾花配蜂蜜、名叫卡奇的海菜、羅盤草❺加鹽、蝸牛肉及殼、蔥子加鹽、活斬的田鼠尾巴（然後把田鼠放生）、柏爾根、加醃過海岸車前草的鹽、以鹽醃過的公羊舌、海魚的肉、海牛的肥肉、醃馬鞭草。

此外，還有許多其他為民眾迷信而有效的護身符，昔日人們把以葉子包裹的犬牙佩戴在臀部、脖子、胸前，也綁在手臂上。將一條狗屎裡養的蠕蟲，掛在脖子上，或用龍膽草根加片豺狼皮、幼狼皮及類似的東西；至於用哪個好，全看人們的想法，我看不出有什麼真正的理由。

現在讓我們看看狗本身有什麼醫藥效用。在此，我同樣只能以對人類有益的部份截取一小段。將狗頭研磨成粉的好處真是多不勝數，也難以說明。它能治療瘋狗咬傷、斑痕及頭部腫瘤。將它和玫瑰油製成油膏，可治療頭上癩瘡。犬牙研磨成粉，能讓孩童發牙既快又順，若用犬牙按摩人們的牙齦，牙齒會更銳利；這

些犬牙粉若抹在牙齦上，不論老小，都能減輕牙痛，消除牙齦腫脹。狗舌對於狗自己的傷口最具療效，自舔即癒，其他動物也一樣。幼犬的凝乳酶❻配酒服下，一小時內便能化解腹絞痛。

注釋

❶ 即 Canis Lucernarius，兩字前者為犬之意，後者有持燈人的意思。

❷ 即 Plutarch（46-119AD），希臘哲學家、傳紀作家，後來成為羅馬公民。

❸ 即 Vespasian（9-79AD），羅馬帝國皇帝，69-79AD 在位。

❹ 即 Menippus，西元前三世紀古希臘諷刺劇作家。

❺ 即 silphum，今拼法為 silphium，繖形科植物，花似甜茴香等，為圓盤開展似羅盤。

❻ 即哺乳類動物幼時消化系統內幫助吸收母乳的酵素。

貓
The Cat

捲腳貓。

　　亞卓凡德斯留給我們一幅捲腳貓的圖像，只說牠一出生就被弄成（或被裝成）這個樣子，此外沒有解釋什麼。托普索也對貓這個特質隻字未提，不過卻提到了一些貓特有的趣事：「為了防止貓傷害雞，人們會在雞的翅膀下繫一小枝芸香。同樣的，在鴿樓❶窗口掛芸香也有防貓之效，貓會因為某種不明原因不敢靠近。」

　　「有人說貓能鬥蛇及蟾蜍，並殺死對方，貓被咬傷了，會立刻喝水並痊癒，但這點我實在無法同意。龐則特斯的經驗告訴他，貓與蛇相互親近。因為他說在某些修道院，僧侶們養了一隻貓，有一天，大部份逗弄貓玩的僧侶都病了，醫生束手無策，找不到病因，只覺得是中了什麼奇毒，而他們都說並沒有吃什麼奇

怪的食物。後來有個窮工人來告訴他們，他確定看見修道院的貓與蛇玩耍，醫生便明白，立刻斷定是蛇將毒素傳給了貓，而藉由貓再傳給僧侶們，因為他們撫弄貓而中毒，然而這裡有件事難解，也就是做為媒介的貓怎麼沒中毒，但後來謎團破解了。蛇毒固然傳遞，但是牠們是在玩耍，不是在打鬥，因此沒有惡意與憤怒。因此毒性在玩耍中消失，根本不會傷害貓，也沒真是要了僧侶們的命。麥斯也觀察到了玩蛇會有極類似的況。」

「若想讓在外捕抓鳥兒的貓咪留在家裡，就要把牠的耳朵割掉，這樣貓咪因為無法忍受雨水滴入耳中，就不會跑出去並藏匿在家裡了。而牠們受不了油膏的味道，會讓牠們抓狂，有時貓會患癲癇，不過可以用�魚醫治。」

注釋

❶ 歐洲古人常蓋專為採收鴿蛋之鴿樓，其樓常呈圓塔狀，內壁層層小格間讓牠們棲息築窩，鴿子排卵頻繁，故其蛋之產量豐富。

獅子
The Lion

　　關於獅子這種大貓，古人留下許多精采故事，有些完全無助於獅子英勇的威名。一條蛇便能輕易殺死一頭獅子，安柏洛修斯便曾以優美文字寫過這點。「美哉獅鬃，雄壯威武，遇蛇立衰，蛇信微渺，卻能懾獅。」獅子長而捲的鬃毛，氣派而美麗，但蛇才把頭抬到獅子的胸口，獅子就會頓時示弱。這就是上帝訂下的規範，蛇常是遇強則逃，卻是勇猛的獅子的剋星；聖瑪切勒斯一生傳記的作者：「獅子到底有多懼怕蛇，連舉起尾巴的力量都沒有？」而亞里斯多德寫過，獅子害怕豬，雷西斯❶則確定牠也怕老鼠。

　　公雞以其啼叫與羽冠，在視覺及聽覺上佔優勢，這可把獅子和巴西里斯克❷都嚇壞了。獅子一看到牠就逃開，特是白公雞，理由如下：因為牠們都高度具有太陽的特質，因此體形較大的自然怕體形較小的，因為公雞的太陽特質更明顯、更強大，獅子被比下去了。留克列修斯❸把這個恐懼描寫得十分清楚，他指出，在早晨公雞啼叫時，獅子便四處逃竄，因為公雞身上有某種種子射出，射進獅子的眼睛時會刺激牠們的瞳孔與喉結，讓牠們反轉本性，變得溫柔安靜。

注釋

❶ 即 Abū Bakr Muhammad ibn Zakariyyā al-Rāzī（854-925AD），波斯醫師、鍊金術士暨哲學家，在醫學史上佔有一席之地。

❷ 即 Basiliske，為古人想像出來的怪物，說法有幾種，其一為大蛇之體，但有雞首並可吐火噴毒，總之，可致人於死。請見本書 P.424。

❸ 即 Titus Lucretius Carus（99-55 BC），羅馬詩人暨哲學家。

PART 2
草原森林

殺獅獸、天馬、克羅柯塔犬

The Leontophonus、Pegasus、Crocotta

根據普里尼說，獅子有個可怕的天敵：「我們聽過一個傳聞，有種小形動物，人們叫牠『殺獅獸』❶，據聞牠們只分佈在有獅子的國家。只要獅子吃了一口牠的肉，那肉質裡毒素強烈到會使這位百獸之王立即喪命。因此獵獅人把殺獅獸的屍體焚化成灰，將灰撒在肉塊上，就連化成灰都可以殺死獅子，其毒性就是這麼強！因此，獅子恨殺獅獸也算有道理。殺獅獸會先把獅子弄瞎，再用不咬牠的方法將牠殺死，而這種動物也會以尿液噴獅子，牠十分清楚這個也能要獅子的命。」

我們在騎士浪漫傳奇裡讀到，蓋伊・華瑞克侯爵❷，看到一頭獅子與龍對抗，於是上前幫助前者，屠龍之後，獅子順從地跟在他身後，成為侯爵的終身伙伴，直到獅子壽終。在漢普頓的貝維斯爵士❸出外時，兩頭獅子殺死管家邦尼費斯以及他的馬，在遇到美麗的喬仙安時，兩頭獅卻把頭靠在她懷裡。古代的浪漫傳奇裡，獅子總是敬重處女，史賓賽更讓他筆下的烏娜永垂不朽。我們大半都記得奧勒斯・吉利厄斯❹及伊利安❺的安卓克利斯救獅記❻的版本，他因幫獅子拔掉掌中之刺，獲得獅子的感激，普里尼留下類似的故事：

「曼特是個西拉丘斯人，在敘利亞遇到一頭獅子，在他面前

滾地臥仰做出順從的體態；儘管曼特滿心恐懼，想拔腿就逃，但那頭獅子似乎故意擋住他的去路，並且討他歡心般地舔他的腳部。此時曼特注意到獅掌有一處腫起並有個傷口，他便從該處拔口一根刺，解除牠的痛苦。」

「艾爾佩斯，一個撒摩斯人也有相似遭遇，他在非洲下船登岸，察覺到沙灘附近有頭獅子張嘴示威，他立刻爬到樹上，希望能躲避一下，同時他也向酒神祈救，這個是向神求救的恰當時機，因為眼下實在沒有別的希望。那頭野獸並沒有隨後追趕逃離的他，獅子通常如此；牠反而在樹下躺下，張口企圖向他表達求助之情，而非獅子慣有的震懾人心的兇狠樣貌。原來有一根骨頭卡在牠的牙齒之間，顯然是牠吞食獵物時吃太快太猛不慎造成，牠無法再進食已近餓死，真是自作自受死在自己的利器上。牠時不時便抬頭可憐兮兮望著他，那是種不用語言的請求。艾爾佩斯不願冒死信賴這頭可怕的野獸，留在原處好一陣子，心中的訝異漸漸多於恐懼。最後他還是爬下樹，拔出獅子傷口裡的骨頭，獅子則伸長了脖子，把頭靠近，讓他方便拔刺。故事後文還說，船停泊

在該岸外海上時，獅子為了表達感激之心，總會送來牠碰巧捕獲的獵物。」

「同一位作者還提到兩種奇特的動物，盧克羅科塔獸以及耶爾羚，牠們也出現在其他神話故事裡。衣索比亞棲息了數量龐大的猞猁，還有斯芬克斯，牠有棕髮以及女人的胸部。此外還有許多性情相近的怪獸；長翅膀以及長角的馬，名叫佩加西（即天馬）；克羅柯塔犬這種動物，看來似乎是狼與狗交配而生的動物，因為牠能用牙齒咬碎任何東西，而且吞下腹中，胃能立即消化；另外有的猴子有黑色的頭部、髮毛似驢，聲音則不像任何動物。」

注釋

❶ 即 Leontophonus，希臘文的意思即為「殺獅子的人或動物」，此處以一較中式形容剋星的說法。在英文中，動詞加 -er 只是指做這個動作的主體，未必是人，往往是動物或甚至東西。例如 killer whale 就是條鯨魚而牠殺的也不是人，譯成「殺人鯨」是個笑話，而 cooker 也不是廚師，是 cooking 的工具。

❷ 即 Guy，Earl of Warwick，華瑞克郡位於倫敦東北方一百多公里處，英格蘭中央地區。在英國內戰，玫瑰戰爭晚期，其領主也在政治上曾具有舉足輕重的地位。

❸ 即 Sir Bevis of Hampton，十四世紀英國傳奇故事中的英雄。

❹ 即 Aulus Gellius（125-180AD），羅馬文法家及作家。

❺ 即 Ælian（170–235AD），羅馬修辭家及作家。

❻ 即 Androcles，他本為奴隸，因避虐主追殺而躲進山洞，恰有一獅上前示以腫掌，上有一刺，安替牠拔刺。後來，安被丟入競技場中演出人獅搏鬥的戲碼，命在旦夕，誰知放出的獅子恰是他洞中相救的那頭，獅子上前竟依偎身旁，後來兩者都獲釋得到自由。

盧克羅科塔獸、耶爾羚[1]、倒退進食的牛

The Leucrocotta、Eale、Cattle Feeding Backwards

　　世上有些長得像印度的牛，有些只有一隻角，有些三隻，盧克羅科塔獸就是種速度飛快的野獸。體型與野驢相近，腿部如鹿，頸部、尾巴與胸部則像獅子，頭部如獾，足部長著偶蹄，嘴巴打開幾乎可裂至雙耳，牙齒則是一長片骨骼。據說，這種動物也會摸仿人聲。

　　在同一群民族間，還可發現一種動物，名叫耶爾羚。牠大小如河馬、尾巴像大象，顏色在黑褐色之間。顎骨如野豬，雙角則可移動，超過一腕尺長，因此在打鬥中能交替運用，並依需要改變姿式決定由正面或斜角使用雙角來打鬥。

　　耶爾羚有可移動的雙角，因此被食蓮族[2]的牛群緊追。希羅多德描述：「從奧吉萊[3]走十天的路程後，是一座鹽與水的山崗，有許多能結果實的棕櫚樹。居住在那的名叫嘉凡曼迪斯人，是個非常強大的民族。他們把土地建在鹽上，然後加以耕種。從這一帶到食蓮族最近的路徑要走三十天。在那段路程中，你會遇到倒退進食的動物，牠們從反向進食原因如下。角向前彎曲，邊吃邊後退，這是因為牠們無法向前走，只要向前角就會插進地下。除了這點還有皮革更厚、更硬外，牠們和其他同類是一樣的。」

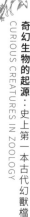

注釋

❶ 即 The Leucrocotta—The Eale，前者亦即 crocotta；後者亦拼為 yale，長相似羚羊，有長角但嘴上有似野豬之獠牙伸出，常運用在歐洲的紋章徽盾上。以其角之特殊形狀來看，可能為阿爾卑斯羱（ibex）。

❷ 即 Lotophagi，希臘文之原意即 lotus-eater，在荷馬史詩《奧迪賽》裡，這是奧迪修斯返家中所經歷的一站，該國國人食蓮忘憂，但也毫無求上進之意志，並忘記一切人生要務。

❸ 即 Augilæ，利比亞東北內陸之綠洲城。

動物醫學
Animal Medicine

在先前的章節，已經見識過動物製作出的藥材有什麼樣的神奇療效，現在來看看動物如何治療自己。就像普里尼說的：「河馬的行為教導了人類如何自我治療。每當河馬連續暴食過量，變得太臃腫時，牠就會到河濱去，找尋剛折斷的蘆葦。一旦看到夠尖銳的，便把身體壓上去，讓它割傷大腿上的靜脈。經由放血，牠的身體能避免因腫脹失控而變形，等放得差不多了，便以泥巴封住傷口，這樣就治療完成了。」

有種名為朱鷺❶的鳥類，原生於埃及，也展示了類似的治療行為。牠用彎曲喙嘴清理身體上特別需要注意健康的部位，也就是食物消化後排放處。事實上，我們觀察到動物發明有效的自我治療方法也絕不只這些。例如白蘚草用於拔箭的功效，就是從中箭的野鹿身上觀察到的。牠們一吃這種草，箭竟然就會自動脫落。同樣是野鹿，若遭盲蛛或類似有毒蟲類咬傷，則會吃螃蟹治療自己。

而治療蛇吻的絕佳藥方之一，正是使用蜥蜴互鬥受傷時會吃的一種植物。燕子讓我們知道白屈菜❷對眼疾有極佳的療效，因為每當乳燕的幼鳥眼睛感染時，牠們便餵食幼鶲鳥這種草。陸龜以吃名叫庫尼爾‧布布拉的植物獲得有效抵抗蛇的能力。黃鼠狼

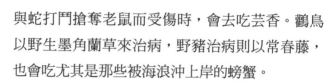

與蛇打鬥搶奪老鼠而受傷時，會去吃芸香。鸛鳥以野生墨角蘭草來治病，野豬治病則以常春藤，也會吃尤其是那些被海浪沖上岸的螃蟹。

若蛇在冬季，因為嚴寒導致表面體膜收縮而無法順利脫皮時，會等到春季，藉由甜茴香汁助其蛻皮，使體表再度光滑回春。首先，牠們從頭部破皮而出，然後花將近一天一夜的時間才能將裹住全身的舊皮蛻去完成；但若脫皮緩慢，蛇就會到杜松樹叢的刺上磨皮。冬季裡蛇在窩中發現視力減退時，會在甜茴香草或河苔草上磨蹭自己，以植物釋出的菁華汁液恢復視力。此外，蛇還會用萵苣的汁液解除春季的反胃。

蠻族人獵豹時，會使用抹過烏頭這種毒草的肉餌。豹吃了會喉嚨立刻收縮倒地，正是這點讓它得到這樣的稱號——豹的殺手（paradalianches）。然而，豹卻發現人類的排泄物可解此毒，因此急於找尋這種解藥。而牧羊人會故意排泄在容器中，放到很高的地方，好讓豹想盡辦法取得時，即使跳躍也搆不著。但豹仍會一直跳，直到終於累垮死亡。否則以牠的耐力，就算連腸子都被拉出體外很久後，都還是能繼續戰鬥。

當大象因變色龍變成草綠色而誤食時，會吃野橄欖來解毒。而每當大象誤食毒茄蔘時，會舔食許多螞蟻來解毒。

野鹿以食用朝鮮薊來解誤食毒草的毒。鳩鴿、寒鴉、烏鶇及鶹鴣，每年會吃一次月桂葉，清空肚子，使腸胃順暢以排出毒素；鴿子、斑鳩、家禽，則利用蕁麻家族的牆草或嬰兒淚；鴨、鵝以及其他水禽則吃香蒲來達到與上述相同的效果。烏鴉獵殺變色龍而中毒時，也會用月桂葉來解毒。

注釋

① 即 ibis，在埃及為面黑體白，狀如鷺鷥，但長喙下彎。

② 即 chelidonia，又稱地黃連、牛金花、斷腸草等。

蘇獸
The Su

　　托普索提到一種名叫蘇獸的可怕動物。「在新大陸有個名叫吉甘特斯的地區，那裡的居民叫做巴塔格尼人。由於他們的國度在極南之處故氣候寒冷，他們用蘇獸這種動物的皮毛做衣服。這麼叫牠是因為牠們大半棲息於近水之處，而蘇即指水。牠們的真實樣貌如我提供的下圖，原圖為佘尼塔斯所作。牠形狀怪異、有如妖魔、極度饑餓，而且無法馴服。」

蘇獸。

「當想取其毛皮的獵人追捕牠時，牠便揹著幼獸飛快奔逃，並以寬的毛尾巴把幼獸遮住。因為牠極為憤怒，追捕中任何靠近牠的都會一律殺死，所以人犬都不敢靠近牠。獵人會在地上挖幾個大洞，然後以枝葉蓋住，再鋪上一層鬆軟的泥土，只要那頭野獸碰巧踩上去，就會連同幼獸摔進坑裡，然後被捕獲。」

「這種野獸殘忍、無法馴服、沒耐性、兇暴，饑餓又嗜血。而牠也知道自己天生的力量無法勝過那些捕獵牠的人類，因為一旦被困住，牠絕逃不出去。獵人會看著牠掉入陷阱，並把牠翻倒。牠為了避免自己的孩子遭到捕捉而被馴服，便以利牙咬死幼獸。蘇獸從未被生擒，當牠看到獵人上前時，會大吼、哭嚎、咆哮、嘶鳴並發出令人害怕、噪雜及可怕的聲響。此時圍觀等著看牠被殺的人群沒有不大吃一驚的，但因為人們絕不容許牠不服從，所以人們打起精神圍了上去，然後用茅、箭等利器將牠亂砍殺死，然後才取其毛皮，把屍體留在坑裡。」這段是我所能找到一切對這種奇怪動物的記載。

綿羊樹
The Lamb–Tree

我們暫且別談可怕的動物，換個氣氛來看看韃靼綿羊樹（Planta Tartarica Borometz）。喬安尼斯·贊恩在西元一六九六年曾生動地描繪這種動植物。儘管張圖片絕非最早的作品，然而卻是我所見過最好的一張。

綿羊樹。

已故的仕紳亨利·李❶曾是布萊頓水族館的博物學家，著有一本極為有趣的書——《韃靼綿羊樹》。為了談論這個主題，我向這本書取經了好

多，有些資料也只有這本書可以找到。「Borometz」一字應源自
韃靼語裡綿羊的說法，這種植動物的存在，在好幾個世紀都令人
們深信不移。不過它們似乎可以被清楚區分成兩類植物，一種是
小綿羊藏在豆莢裡，另一種則是一頭活生生的綿羊，在肚臍上以
柄與植物相連。這根柄具有彈性，讓羊在它長度的範圍內吃草。
不過一旦吃完可觸及範圍內的草或者柄斷裂，羊就會死掉。據說
這頭綿羊擁有小羊真正的身體、血液及骨骼，讓狼十分喜歡，且
幸好狼是唯一會攻擊牠們的肉食動物。

　　克勞德・杜雷・德・慕朗❷在他的著作《植物輝煌史》❸寫
到綿羊樹，並說：「我不久前讀過一本古代希伯來的書，書名
為拉丁文《耶路撒冷的托瑪經》❹，作者是一位猶太教牧師猶坎
納，那本書於西元四三六年在別人協助下完成。有位名為摩西・
丘森西斯的衣索比亞人，他在猶太教牧師西蒙的授權下，確定地
球上有個國家養育『植動物』（zoophyte），也就是像植物的動物，
那種動植物稱為希伯來的傑達。牠外型是從肚臍長了一枝柄或根
的綿羊。柄或根使這隻植動物被固定連至地下的土壤，像顆瓜類
一樣。而且，根據這枝柄或根的長度，牠可以吃到以這個長度畫
出圓圈內的植物。獵人無法捕捉或移開這種生物，除非能精準地
一箭射中並切斷那枝柄，那麼羊便會立即趴倒在地死去。牠的骨
頭用於某種儀式與唸誦咒語，若從想預知未來的人口中唸出，那
人將立即被某種神靈附身，且有預言的能力。」

　　那位仕紳亨利・李接著說：「由於我無法找到《耶路撒冷的托瑪經》的拉丁文譯文中，關於克勞德・杜雷所提的那段。然而因急著想確定與托瑪經有關的典籍中，有沒有提到綿羊樹這個令人好奇的傳說，我便向猶太教區的博學之士求助。其中有位赫曼・艾德勤博士牧師，他是大英帝國聯合教區的主牧師。他很好心地寫給我下列這段話：『鄙人十分榮幸提供關於您需要的植物羊資訊。在口傳律法，第八章第五節（托瑪經的一部分），有這麼一個段落：「有種生物名叫 Adne Hasadeh（字面上的意思是田野之王），被視為野獸。」這名字還有另一個解釋為，田野上的石頭。』有位桑斯的註釋家，西蒙牧師（西元一二三五年過世），寫了下面這段話：『在耶路撒冷的《托瑪經》裡說，山脈裡有位人類，他透過肚臍維生，若肚臍受創他就活不下去。梅瑞牧師，是史百爾的卡隆尼莫斯之子，我曾聽他說過這種動物叫作猶杜瓦。這是聖經提到的猶杜伊（也就是巫師，〈利未記第十九章第三十一節〉）。牠的骨頭可以用來施法。從地下長出的一根大柄的柄端則有這頭動物，名為猶大，長法像瓜類一樣，只不過猶大各個方面

都有人的樣子。臉部、身體、雙手以及雙腳。在肚臍處以一根柄與地下的根相連。沒有生物能走進那根柄所及的圓周內，牠會將侵入者殺死。牠就吃柄長所及內的植物。人們想捕捉牠們但又不敢靠近，不過人們會扯那根柄直到斷裂，而動物則當下死亡。』另一位註解家歐巴加‧德‧貝比諾洛牧師提供同樣的解釋，僅另加一則說：『人們以箭射柄，直到它被射斷。』」

有位古希伯來作品的作者，瑪瑟‧托畢亞（威尼斯，西元一七○五年），為此動物提供一則有趣的形容，他在第四部第十章七八六頁上提到（原文未有書名），綿羊樹在大韃靼里出現。他重複了西蒙牧師的說法，並補充，他發現地理學有新研究：「在大韃靼里的非洲人，位於森布拉拉省，因外型稍短，像是瓜類的種子而富足。那裡有種動物，肚臍中央會長出柄來開花結果。這種動物以他們的語言叫作樹羊，其原意即綿羊。因為牠包括四肢，從頭到腳等都長得像綿羊。其蹄為偶蹄，皮革柔軟，毛可製成毛衣，但牠沒有角，頭上只有像角一般長而互相纏繞的毛髮，身高約半腕尺多。據說牠的肉味道像魚，血甜如蜂蜜，而壽命則視牠能觸及的圓周內還有沒有植物可吃為依據。牠靠那些植物維生，假如那植物被毀壞或死去，這個動物也跟著死亡。牠不受任何掠食動物或鳥類侵擾，只怕狼，狼會找出牠們吃掉。」這位作者在結論裡表達，這種動物的形狀像綿羊而不像人類比較可信。

如我說過的，綿羊樹有幾種描述。約翰‧巴金森❺所著，

於西元一六五六年出版的《個人天堂——人間天堂》❻中，伊甸園中除了有亞當夏娃，還有一株綿羊樹茂盛地長在裡頭。杜‧巴爾塔斯在他的著作《神聖之週與作》中有首伊甸園的詩（第二週的第一天）講到，神讓亞當在園中四處看看，亞當訴說他看到什麼都驚嘆不已，特別是「綿羊樹」。

「他好奇地漫步彎轉於步道，

環環廻路，蜿蜒複雜，

假巷側出，虛道旁引，

似對還錯的叉路，交織成無盡迷宮。

絕非單純隔一道迷迭香之圍籬，

皆修剪成耐人尋味的順序，

有半人羊、山陶爾人馬、鯨魚以及半人馬與千萬種其他擬物造形。

但真實的獸類，牢牢站著，

啃著草，嗅舔空中的濕氣，

就如那些在賽錫亞的綿羊樹，

吃新結種子，以及綠牧草維生。

儘管其身體、鼻子、嘴巴以及眼睛，

就像新生綿羊，全身上下都齊全。

那應該就是綿羊，只是多了另一隻腳，

牢牢插進地下，生了根，

從肚臍的地方長出，而且死期就是，

把吃得到的草都吃光了。

神奇啊！讚嘆上帝的一切！

這頭動物長根，或該說這棵樹有血與肉。

這敏捷的植物可以前翻後仰，

這瘖啞的獸卻哪裡也去不了，

這株植物沒有葉子、枝枒、不生果實，

這隻動物沒有慾望、性別、脾氣或叫聲，

這植物餓了就只吃植物解饑，

這令人讚嘆的動物是用一種小種子種出來的。」

另一種「綿羊樹」是羊長在豆莢裡的。在《約翰‧孟德維爾爵士遊記》裡有一則說法：「凡是從中國前往印度的人，經過高山深谷，一定會路過名叫卡迪森的王國，那是一片遼闊的國度，出產一種果實，像瓜類，熟時人們採收它，打開發現裡頭有隻動物。其肉、骨及血都像頭小綿羊，但沒有毛，人們連瓜帶獸吃掉，這真是奇事異聞一件啊。」

而在約翰‧孟德維爾爵士編入《騎士約翰‧孟德維勛爵遊記》的一篇作品，《奧杜瑞可斯教士札記》說：「有幾位誠實可

靠的先生告訴我另一件神奇的事。在傳說中的坎恩大王國，矗立一座高山，名為卡斯培（那裡的小王國名為卡勒爾），出產一種巨瓜或膨果（應該就是南瓜），成熟時頂部會打開，裡頭有隻小動物，形狀像頭小綿羊。」

注釋

❶ 即 Henry Lee，Esq.，為皇家賜於地方非皇親國戚之鄉紳的頭銜，地位次於騎士（knight）。

❷ 即 Claude Duret，of Moulins（1570-1611AD）法國植物學家暨法官。

❸ 即 *Histoire Admirable des Plantes*（1605AD），該書之創作主旨便是要證明，這種植物就是指棉花。

❹ 即 *the Talmud Ierosolimitanum*，Talmud 托瑪經為猶太教之教義、儀節及神學等之核心經典，應完成於巴比倫時期。「托瑪」即學習之意；此詞彙又譯「塔木德」。

❺ 即 John Parkinson（1567-1650AD），英國最偉大的草藥學家、植物學家暨園藝學家，他可謂集前人之草藥知識大全，而開啟後代之植物學先驅。曾為英王詹姆斯一世之御用藥劑師，其虔誠之天主教信仰，讓他把植物學及其栽培，與營造伊甸園做了有處的聯想。

❻ 即 *Paridisi in Sole* ── *Paradisus Terrestris*，該書主要談植物之種植，全書分三大部份，討論花卉、廚用、果樹等三種園圃的培養與管理。

凱米拉 [1]
The Chimaera

　　亞卓凡德斯為我們留下這幅壯觀的經典怪獸——凱米拉的圖像。據說牠有三個頭，獅子、山羊以及龍。古代往往如實畫出，但後來則比較像亞卓凡德斯呈現的樣子。那座凱米拉山，現今稱作亞納爾山，位於古代的利西亞，在小亞細亞是座燃燒的山脈。根據史布拉特的說法，這是因為山的縫隙會源源不絕噴出可燃的瓦斯。

凱米拉。

這頭怪獸很好形容。假如我們相信魏吉爾❷的註釋家佘維厄斯的話，他說火焰從山頭噴出，那一帶有頭獅群，中間那段有許多山羊，而低處有許多蛇。

注釋

❶ 其形體為獅身，背上生出一羊頭，尾巴則為毒蛇。為巨怪泰豐與蛇身女妖艾奇娜所生三怪獸之一，另二者為有三顆頭的冥府守門狗，以及九頭蛇怪海德拉。

❷ 即 Virgil，古羅馬大詩人。所著長詩《伊尼亞之歌》（*Aeneid*），述敘特洛伊城陷落後，唯一逃脫之貴族伊尼尹德，故事描述伊尼尹德如何漂流海上歷盡考驗，至今羅馬所在地重建城邦之故事，該詩其實為仿荷馬二部史詩之鉅作，但順序相反（《伊利亞德》與《奧德賽》二者則基本上是攻城與流浪），先是海上飄流，再是攻城建國。該作被視為承繼荷馬史詩一下的部鉅作。

赫匹與賽倫
The Harpy and Siren

人形與鳥類合體呈現再容易不過了，翅膀直接可以接上，就像天使一樣。至於運用在獸類身上的說法年代非常久遠。就像亞述帝國的有翅公牛，以及經典的有雙翅的天馬。在以鳥為主體的接法裡，最佳例子便是希臘神話裡的赫匹。這出自亞卓凡德斯，將一隻鳥與一個女人合體的完整圖像。莎士比亞在其希臘劇《佩立克里斯》❶第四幕第三場裡描述：

「克里昂，你就像那赫匹妖物，

　貌若天使，但內心奸詐，

　有鷹爪可豪取強奪。」

赫匹。

　　這裡顯示的是來自龐貝的賽倫畫像，外表為鳥與女人合體。這些海中仙女外表像赫匹，共有三頭。不過赫匹不同於賽倫她們聲音甜美，容貌姣好。賽倫誘惑船夫讓他們觸礁溺斃，船夫都無法抵抗賽倫的誘惑；赫匹則發出惡臭，所有東西都會因接觸了牠們的汙穢與糞便而腐爛毀壞。

賽倫。

　　萊瑟塔斯與贊恩各在西元一六三四與一六九六年的作品中，提供了一幅有怪物的插畫。牠在西元一五一一年及一五一二年出生於拉法那❷，樣子像猛禽類，頭頂上有一隻角，還有雙翅，沒有手臂只有獨腳。牠的膝蓋上還有一支眼睛，而且雌

萊瑟塔斯與贊恩分別提供的怪物插畫。

雄同體。臉部及身體像男人，用羽毛蓋住的下體卻不是。

　　馬切勒斯・波洛尼厄斯・羅馬納斯曾為此奇獸寫過拉丁文詩歌：

「寓言中奇怪的怪物，真相更加變態。

　翅膀以最快速度的飛行，牠能進行雙倍的殘殺，

　降下至活生生的摧毀對象，燃燒火焰。

　牠既男也女，不放過任何男女，

讓伊曼西昂平原，染滿鮮血，

被害者屍體遍棄於城市與海洋。

那蒼老的佘蒂斯❸與妮瑞姿❹，

顫慄地從波浪間游過，

四處漂浮的魚啃食著人屍。

就這樣，那個女妖預告了拉法那城，

帶給你此時刺心透骨的苦痛，你的敗亡，

牠還一副喜孜孜的樣子向你誇耀。」

注釋

❶ 即 Pericles。莎翁於西元一六○七年前後於詹姆斯一世在位之
雅伯各時期之劇作，為一傳奇悲喜劇，學者專家認為該劇為
合著之劇本，應僅後半為莎翁手筆。

故事講述主人翁泰爾國王子佩立克里斯，在安堤奧卡國公主
之猜謎招婿中雖猜中謎底，卻也猜中其國王與公主之亂倫的
祕密，於是避禍海外，途中將自己所有糧食送給塔斯瑟城邦
之主，解其城內饑荒；出發後卻遇海難而一無所有，在潘達坡
里斯國海岸上為人所救，巧逢該王國公主舉行比武招親，佩一
舉得勝，在抱得美人、財富回國的海路上，再遇海難。而妻亦
疑似因難產死於船上，眾人認為不祥要流放屍首，王子雖不忍
也只好將她裝木櫃棄海，殊不知公主未死，漂至以弗所為人
所救後，成為該城月神女祭司。佩帶著初生女嬰回國，路過塔

斯瑟時，為讓女嬰不受飄泊之苦，且城主主動願收留她，便交付之代為養育。過了數載，女嬰竟長成美女，更勝城主親生女兒，城主夫妻竟心生妒恨，把她賣至米提林城之娼寮。後來她一直靠口才勸恩客為善修德，竟讓她身在煙花卻能保其完璧之身，老鴇見無利可圖，便將她賣予貴族家中做仕女私塾伴讀。同時。佩經年來亦思女心切，回塔城尋女，城主謊稱她已病歿，佩心碎漫遊至米提林，在城主家中巧遇在那裡任伴讀的女兒，經交換彼此多災多難的經歷之後自然父女相認。是夜，月神黛安娜託夢佩，要他去她的神殿，於是也夫妻重逢，至此一家團聚，米城城主也取了佩女為妻。另外，那忘恩負義的塔城城主夫妻則因城民暴動被殺。

❷ 即 Ravenna，北義大利，鄰亞得里亞海之邦國，首府同名。羅馬帝國時期曾興盛一時。

❸ 即 Thetis，五十名妮瑞姿之一，為特洛伊戰爭中，希臘第一戰將阿基里斯之母。

❹ 即 Nereids，海中仙女，為大地之母蓋婭之長子涅羅斯之女兒，共五十名，故常以複數出現。

Part 3

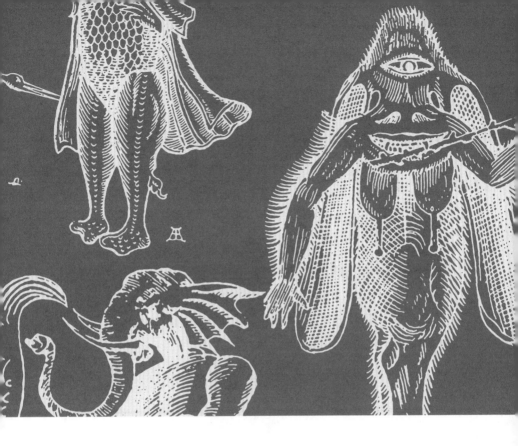

藤壺鵝 The Barnacle Goose 奇蛋 Remarkable Egg 月女 Moon Woman 葛瑞芬鷹頭獅身獸（獅鷲）The Griffin 鳳凰 The Phoenix 燕子 The Swallow 燕子與無腳鳥 The Martlet, and Foot–Less Birds 雪鳥 Snow Birds 天鵝 The Swan 小海雀 The Alle, Alle 戴勝鳥與小辮鴴 The Hoopoe and Lapwing 鴕鳥 The Ostrich 靖海之鳥 The Halcyon 鵜鶘 The Pelican 柳鶯 The Trochilus 雙頭野雁 The Two–Headed Wild Geese 毛絨母雞 Woolly Hens 四腳鴨 Four–Footed Duck

藤壺鵝
The Barnacle Goose

　　在被人們相信的一切奇幻生物中，藤壺鵝一點都不遜色，牠是十一至十七世紀間發展出來的傳說。當時大家當真相信，藤壺鵝會從樹上長出來，然後活生生落入水中。牠的起源可追溯至杰洛德・德・巴瑞（1146-1223 AD）的前一百年。除此之外，吉拉杜斯・坎布連西斯於西元一一八七年寫到此鳥：

藤壺鵝。

「這裡有許多鳥，名為柏納凱，牠們以與自然相反的方式生長，非常奇妙。外貌如沼雁，但小一點。牠們從海上漂流的無花果樹幹上誕生，就像樹上有鵝一樣。以鳥喙掛在樹上，彷彿咬著樹幹上長的海藻，並有保護作用的殼中自由成長。」

「牠們以堅實的羽毛覆蓋身體，時間一久，有的會落入水中，有的則飛向天空找尋自由。還在胎兒階段的藤壺鵝所需的養份來自攝取木頭或海洋的濕氣，這種奇妙的方法至今仍是個無法破解的奧秘。我親眼看過岸邊的流木上，掛了上千個這種鳥的小巧身體，牠們被包裹在殼中而且已經成形。這些蛋並不會其他鳥類那樣在交配時受孕，而藤壺鵝這種鳥也不會坐在蛋上孵蛋，且世上無論哪個角落也沒人看過牠們築巢。愛爾蘭某些地區的主教或神父，在饑荒的日子習慣毫不手軟地採集這些蛋。但這麼做就是造了罪孽。因為，假如有人要吃我們的最初的父母的腿，儘管他（亞當）非生於血肉之軀，也不能判定吃肉的人是無罪的。所以無論採集的蛋是否受孕，就算蛋像亞當一樣不是生於血肉之軀，也有罪。」

　　吉拉杜斯談到這些藤壺鵝從海上漂流木誕生，但沒有提到長在樹上，後者是較廣為相信的。關於綿羊樹我引用約翰·孟德維爾爵士以及奧杜瑞可斯的說法，兩人都不覺得神奇，約翰勳爵說：「我不認為那有什麼了不起的，因為在我的國家，樹會結果，果實會變成飛鳥，吃起來味道不賴，而那些落入水上的會繼

續存活，掉到土地上的則會死去，且牠們了帶來意想不到的害處。」而修道士繼續他那未完的樹羊故事，他說：「就連我，都聽過愛爾蘭海的海岸邊有某種樹，能結出像瓜類的果實，在每年某個時節會落入水中，並化成名叫藤壺的鳥類，這必然千真萬確。」

麥格納斯曾談到蘇格蘭的一種鴨類，他說：「有位蘇格蘭歷史學家勤於解開難解的奧秘。說在沃爾卡迪斯（奧克尼群島）❶，鴨子會從落入海中的果實生出，落水不久後便長出翅膀，然後飛向家鴨或野鴨。」談論鵝時，他確信「有些鳥類從樹木中誕生，就像我之前談到的蘇格蘭鴨。」我前面那幅插圖出自沙巴斯君・蒙斯特❷，他在《寰宇圖誌》一書中說道：「在蘇格蘭，有些會結果的樹，它們的葉子會結合成一體。果實成熟時，就會掉到樹下的水裡，獲得新的生命，變成一隻活生生的鳥，人們稱之為『樹鵝』。這種樹產於波莫尼亞島，距離蘇格蘭北方並不遠。有好幾位宇宙學家，特別是薩克索・格拉瑪提庫斯提到此樹，因此絕不可當此樹是有些新作家以為的虛構。」

在康頓❸的《大英史地》裡（由倫敦主教艾德

蒙‧吉普遜所譯），他談起巴遜區❹時說：「克雷克斯那個品種的鵝根本不值得一提。有些人不但相信還非常欣賞那種鳥。牠們從海岸及其他地方的樹上誕生，當成熟時就掉落到海裡，因為哪裡都找不到牠們的鳥巢或蛋。不過見過法蘭西斯‧德雷克爵士❺航行世界那艘船的人能做證。船駛進泰晤士河時，有小型鳥類在船身龍骨腐爛的部份繁殖。然而我認為，那種鳥因該不是來自那些木塊，而是來自大海──詩人所說那『萬物的起源』。」

在《普察斯之朝聖之旅》❻裡記載了傑拉特‧德‧維爾在西元一五六九年到中國及各地的旅程。他這麼描述藤壺鵝：「那些鵝是大紅色，有許多會來到荷蘭的威靈根。人們每年都能捕獲許多，但時至今仍沒有人知道牠們在哪裡孵蛋。因此有些人便加以研究，寫說牠們在蘇格蘭在水面的樹上築窩，於是蛋掉入水中變成幼鵝游出水面。不過那些掉到岸上的蛋，立刻就會砸碎毀壞。不過這個說法已被證明是不實的。因此沒有人能知道牠們在哪裡孵蛋，因為我們認識的人裡從沒有到過 80° 以下的地方；而 80° 以下的陸地也從未畫入地圖❼，更別說看到在那裡繁殖的紅鵝了。」他與他的船員聲稱，他們看到這種鳥類就在新贊布拉❽的海岸坐在蛋上孵育。杜‧巴爾塔斯描述這種鵝：

「因此，遲緩的鳥兒看向下方，

　　在冰冷的島上，那些孵出小鵝的樹。

它多實的葉子，掉落到水中，

才一會兒，就變成了（人們說的）活生生的禽鳥。

因此，破船的側邊真的會變成藤壺，

噢，好怪異的轉變！

先是一株綠樹，然後是雄偉船身，

接著像磨菇，現在是飛翔的海鷗。」

藤壺鵝（二）。

關於這個主題我還可以加以舉證。葛斯納以及其他每位博物學家相信藤壺鵝奇妙的出生方式，甚至連亞卓凡德斯也相信，在十七世紀末年筆下提到，我這幅插圖也是出自亞卓凡德斯。不過藤壺鵝的這個主題已經說得夠多了。

注釋

❶ 即 Orcades，(the Orkneys)，位於蘇格蘭正北方。

❷ 即 Sebastian Müenster （1488-1552AD），德國圖興學家、希伯來語學家，他所著的《寰宇圖誌》(*Cosmographia*) 為最早以德文著作以描述世界形態的作品。

❸ 即 William Camden （1551-1623AD），史學家、地貌家。所著《大不列顛》(*Britannia*) 為首部對英國及愛爾蘭做歷史與地貌的一體研究與描述，為今日百科全書之先驅。

❹ Buchan，在蘇格蘭東北角上，濱北海純五百平方公里的區域。

❺ 即 Sir FrancisDrake (1540-1596AD)，英國探險家，為繼麥哲倫後環航世界之第二人，最後巴拿馬過世。

❻ 即 *Purchas, his Pilgrimage*，為英國神職人員 Samuel Purchas (1577-1626AD) 蒐集許多遠遊異國的人遊記後，編輯出版之遊記匯編。

❼ 此處節錄部分原文 "for that no man that ever wee knew, had ever beene under 80°; nor that land under 80° was never set downe in any card, much lesse the red geese that breede therein"
若「80°」指的是「華氏」，則為「攝氏 26.67°」；若「80°」指的是「攝氏」，則為「華氏 176°」。

❽ 即 Nova Zembla，加拿大北方的小島。

奇蛋
Remarkable Egg

　　將藤壺鵝視為尋常物種的年代，簡直什麼都可以相信，也難怪人們對下面要談的這種蛋也照單全收。萊瑟塔斯是第一位，亞卓凡德斯緊隨在後，帶來了這幅貨真價實的畫像。亞卓凡德斯說法國有人找到一枚鵝蛋（他在地點上留下不少討論空間），把蛋敲開時，那樣子就與下圖一模一樣。因此，無須多做解釋。

奇蛋。

月女
Moon Woman

相信這枚蛋的存在以足以顯示大部份的人耳根子有多麼軟，說什麼都信。亞卓凡德斯也差不了多少，他寫了這則「月女」。描述她會下蛋，坐在蛋上並孵出巨人。他說其真實性有萊柯西尼斯❶以及赫維修斯·泰克斯托❷的擔保。

月女。

注釋

❶ 即 Conrad Lycosthenes（1518-1561AD），阿爾薩斯人文學者與百科全書專家。

❷ 即 Ravisius Textor（1470-1542AD），法國文藝復興時期之人文學家。

葛瑞芬鷹頭獅身獸❶（獅鷲）
The Griffin

有個悠久的傳說：「世上存在巨鳥，遠大於常見的鳥類。」毛利人堅稱他們有時會聽見樹叢裡傳來巨大的恐鳥發出的聲音。而且，即使恐鳥已絕種，我們從所發現的骨骼保存狀態看來，絕種的時間對本書撰寫的時代來說並不久。沒有人相信恐鳥能飛，但千萬別把葛瑞芬鷹頭獅身獸（獅鷲），跟嗜金的亞瑞麥斯匹族的葛雷風鷹頭獅身獸混為一談，葛瑞芬鷹頭獅身獸可是性情高尚的鳥類。

孟德維爾知道這個物種：「在巴克崔亞❷這個國度裡有許多葛瑞芬鷹頭獅身獸，且多於其他地方。有人說牠們身體前半段像老鷹，後半段像獅子，一點都沒錯。牠們生來如此，不過體積比八隻獅子的總合還大，比一百隻老鷹還要更有價值（更強壯勇敢）。牠能把任何東西帶到牠的巢裡，例如一個騎著馬的人，或者耕田中共負一軛的雙牛。由於牠的腳上有如牛角那麼大的長爪，長度可製成酒杯，而牠的肋骨則常被製成射箭用

葛瑞芬鷹頭獅身獸（獅鷲）抓者騎著馬的人。

的弓。」

　　麥格納斯說牠們棲息於極北的山區，以掠捕人類及馬為食。牠們指上的爪子有如鴕鳥蛋那麼大，可以製成酒杯。這種巨大的鳥類在許多部分呼應東方的魯克或魯哈巨鷹，即阿拉伯一千零一夜裡的洛克巨鷹，牠強大的飛行力為辛巴達帶來許多方便。

　　馬可波羅談到馬達加斯加時說：「據說在南方其他島上，因強大的海流使船隻無法返航，導致無人造訪之處，有種名叫葛萊風的鳥，會於某些季節在那裡出現。人們對牠的描述，跟我們的故事與插圖的描繪截然不同。去過那裡而見過牠的人們告訴馬可波羅，牠基本上像老鷹，但是體形非常巨大，大到雙翼展開可達三十步之寬，其翎羽有二十步長，也厚實多了。牠力氣很大又強

壯，爪子可以抓起一頭大象。先到高空中然後把大象丟到地上砸碎，巨鳥再飛下從容地享受大餐。那些島上的居民稱這種鳥為魯克，而且沒有其他名號。不過我可以肯定對各位說，牠們不是半獅半鳥，如先前故事所提到的，牠們外表像老鷹且十分龐大。」

「大可汗派使者到葛瑞芬鷹頭獅身獸的所在地詢問這種珍奇異獸，並下令釋放一位受派到該地但被拘留的另一位使者。因此這兩位使者有許多奇聞異事可以告訴大可汗，例如那些奇怪的島嶼以及我剛才提及的鳥類。我聽說他們帶回一根傳說中魯哈巨鷹的羽毛給大可汗，據說有好幾個手掌寬，而羽桿有兩個手掌合握那麼粗，是奇寶一件！大可汗龍心大悅，便賜給帶來的人許多禮物。」

雖然那根羽毛似乎太大了些，但除了馬可波羅外，那些說話未必如他實在的旅行者，也提到那根巨大的羽毛。紐西蘭的恐鳥應該是生物出現以來最大的鳥類，僅次於牠的是象鳥❸，其骨骼與蛋曾在馬達加斯加出土。有一顆放在大英博物館，可容二點三五加侖的水，不過談到羽毛，那種鳥沒有翅膀。

禿鷹應該就是現實世界裡被指為魯克的鳥類，但是現存的禿鷹沒有一隻比得上作家描寫的那種，尤其像在連恩的《阿拉伯之夜》所附插圖的那隻。牠能同時抓起了三隻大象，一隻用喙叼著，然後兩腳各抓一隻。

　　日本人也有巨鳥把人拎起飛走的傳說，而且當時大英博物館的白樓正展著一幅生動奇異的圖畫，畫中有隻這種巨鳥抓走一個人，這也難怪把整村的人嚇壞了。

注釋

❶ 即 Griffin。其出現時代甚早、地點甚廣，從西元前三千年左右，東自兩河流域諸古文明至西方的古埃文明，都有類似鷹頭獅身而有翼之怪物或神獸形象，有時前肢亦為鷹爪等，其名稱、本質之善惡、意涵等，則因時地不同會有差異。

❷ 即 Bactria，古代稱呼今日約阿富汗及哈薩克一帶之中亞地區的說法。

❸ 即 Aepyornis maximus，曾生長於馬達加斯加島，已絕種。

鳳凰
The Phoenix

　　普里尼談到鳳凰：「特別在衣索比亞與印度，有各種無法以言語形容的，羽色五彩斑爛的鳥類。其中出眾的就是鳳凰，那著名的阿拉伯之鳥。不過我不確定牠存在是否只是傳說而已。」

　　據說這種鳥全世界僅有一隻，且那隻也很少現身。傳說牠的大小約如老鷹，頸部有一圈閃耀的金羽毛，身體其他部位除了尾巴外則為紫色，尾巴為天藍色，且有泛著玫瑰紅的長尾毛。喉頭有半月紋裝飾，頭上長著一頂著羽冠。

　　第一位巨細靡遺描述牠的羅馬人是曼尼流斯元老❶，他以博學聞名，而且全靠自學獲得成功。他告訴我們，從來沒有人看過這種鳥類吃東西。在阿拉伯，人們視之如太陽般神聖。牠壽命可達五百四十年。年老時，牠會以桂樹及焚香枝搭建一座巢，並在中間盛滿香料，接著牠躺進其中死去。從其骨骸及骨髓，起先會冒出一條像是小蠕蟲的東西，過了一些時間則變成雛鳥。牠所做的第一件事便是執行前人的喪禮，把整座巢帶往潘

凱亞島附近的太陽之城，然後放置在那裡的神祇的祭壇。

曼尼流斯也描述了同樣的事，一年的輪迴是與這種鳥的壽命一起進行的，然後跟上一個輪迴一樣重新開始新的循環，有同樣的季節與同樣的物換星移；他說這約在當太陽行走到牡羊座位置那天的中午開始。他還告訴我們，他撰寫這些現象時，正值 P. 李奇尼厄斯與克涅厄斯‧庫涅流斯共同統治的時期（西元前九十六年），正好是上面所述的輪迴的第二百五十年。庫涅流斯‧華勒阿那斯說，鳳凰在普勞夏斯與賽克斯特斯共同統治時（西元三十六年）從阿拉伯飛入埃及。此鳥由克勞迪厄斯一世帶回羅馬以供御覽，那時恰巧為該城建城八百週年（西元四十七年）。此鳥被放在民眾集會廣場供人觀賞。這件事有國事年表記載可以作證，因此沒有人懷疑鳳凰是虛構的。

居維耶❷似乎認為上述鳥類其實是隻來自亞洲中部的金雉雞，當時，這種鳥類在已開化的歐洲未曾見聞。

杜‧巴爾塔斯在他充滿韻律的創作中，提到這種有翼的神物：

「仙氣洋溢的鳳凰，先是點燃了那凡鳳，

並同樣用這種翎羽裝飾。

那鳳凰開始盤旋，

從費茲到開羅，看不到更美的事物。

如此身形、如此翎羽、如此命運，

上天未曾生出更勇敢的生物。

一雙閃爍眼睛，頭上列著羽冠，

如星光燦爛的玉樹（更璀璨於一切）。

優雅頸部鋪著金絨，

胸部紫色，背部亮紅，

她的雙翅與長尾的羽毛（繽紛有緻），

是東方藍與嫣紅。

他指出她的命運令人驚懼，

死亡的冷吻才能恢復她再起的生命，從此不滅，

除非世界也焚燬於火焰。

經歷無數各種風霜雪雨，

一千個冬天與一千個春天，

隨年消磨，期待不完之結局。

從閃亮火焰，她再重獲新生，

死亡到復活，走近她的墳墓，

再升起時更為美麗而精神。

用焚香、肉桂、甘松、沒藥與香脂，

在破曉之前，她在窄室內建起，

她的甕、她的巢、她的搖籃和她的墳墓。

在那裡，她悲中帶喜靜坐期待，

一些火焰（映照她那滿堆的芬芳），

焚燒她神聖的骨頭，成為種子之灰，

（從其中，她放棄她的年齡，而非她的生命。）

……。

於是！他以金眼一瞥，

把她所躺著的那芬芳火堆，

點燃那香馥，然後漸漸焚銷那不死的鳳凰，她的肉身與翎羽。

剎那間，從她的灰燼中躍出。

一丸軟肉、一枚蛋，接著化為展翅之鳥，

就像那第一次（的確似曾相識），

在那次（從自己的種子再重生）。

經由崇高的死亡，新時代得以開始，

她在失去生命之處，就地贏回生命。

以結束來開始，從墳墓通往永生；

同時，她是自己的繼承人、養育者、受育者、母親及父親。」

注釋

❶ 即 Senator Manilius，古羅馬政治家。

❷ 即 Jean Léopold Nicolas Frédéric， Baron Cuvier（1796–1832AD），又以 Georges Cuvier 之名廣聞於世，法國博物及動物學家，也有人尊他為古生物學之父。

燕子
The Swallow

「燕子飛走了嗎？

有誰看見？

牠飛向何方？

從不說再見？」

—— W. 史密斯，《鄉間之書》

　　麥格納斯在談燕子的遷徙時，回答了這個問題，他說：「儘管許多博物學作者寫過燕子的遷徙，也就是寒冷的冬天來時，牠們便飛向溫暖的地帶。然而在北方的國度，燕子往往會意外被漁夫捕獲，結成一個大球團。牠們於秋初集體飛入葦叢，緊緊糾纏在一起，喙勾喙、翅抱翅、腳抓腳。人們觀察到，春季開始之後，牠們在那時結束了甜美的鳴唱，平靜地飛回舊巢，或者以牠們天生的本領再築新窩。要是那燕子球團被無知的年輕人（因為年長的漁夫熟悉這個情況，會把牠

放回去）帶走並攤在海灘上，以太陽來曝曬，那燕團便會瓦解，使燕子飛走。但是牠們活不了多久，因為牠們一時不知道怎麼自由自在飛翔，會覺得自己是俘虜。」

「春天當牠們自由自在飛返時，也會發生這樣的事。牠們有的飛回舊巢、有的構築新窩。假如冬天特別寒冷，降雪太多，牠們便會死絕。於是那一整個夏天，屋簷、岸邊、河上將沒有牠們的身影。不過會有極少數從四海歸來，或從其他地方出現，依著本性飛回以修補牠們與大自然的課題。」

「北方國度的冬天要到五月才算完全結束，務農蓄的牧人會觀察牠巢築的高低，來預測農牧之事，究竟要在山谷、山區或崗上耕種，雨水豐沛或短缺等等。而假如燕子不在自家築巢，居民會認為是壞兆頭，因為牠們怕屋頂會隨時塌陷。」

那段敘述算合理而可信，這是我們可以預期麥格納斯會說的事情。不過下面這段就有些奇怪了，在西元一八六四年十月二十二日的《註解與釋疑》❶，有這段內容：

「R公爵跟我提起，幾天前在瑞典，才一入冬燕子便開始逼近，衝入湖中入睡，藏身於冰下直到夏天來臨。等到溫暖的天氣喚醒牠們，便出水而飛各奔東西。湖面結冰時，假如有人把牠們所在位置上的冰打破（那些冰的顏色看起來比別處要深），他會發現一大群燕子。冷冰冰的沈睡，有如假死的狀態。假如把牠們從藏身處取出並加溫，燕子就會逐漸醒來並飛走。」

被捕捉的燕子。

「在其他國家，牠們往往會躲進在岩層之下的洞穴。在坎恩城❷與海洋之間，沃尼河❸河畔便有許多這類洞穴，有時候有人在冬季發現成群的燕子高掛在這些岩石上，有如成串的葡萄。我本人就在義大利目睹過同樣的景象。在那裡以及在法國，若有燕子在住家上築巢，住戶視之為鴻運來臨。」

儘管不可否認，這些教人嗤之以鼻的冬眠方式的故事全是漫天胡扯，但燕子水下冬眠之說，還是能在歌德史密斯的《自然寫真》以及許多年代早於他的其他博物史籍中提到。

燕子入穴過冬的故事還有另一位目擊者——艾

德華‧威廉斯❹（即優魯‧摩格諾格❺）。他在西元一七九四年出版作品中說：「約在西元一七六八年，連同其他二、三人，發現一大群處於冬眠中的燕子，彼此以鳥喙相叩成團狀，地點就在葛拉摩根郡❻，頓拉凡城堡附近海畔峭壁上的洞穴裡。牠們在溫暖的房間中數小時後便甦醒過來，不過一、兩天後就死亡，用盡方法照顧都沒有用。」

注釋

❶ 即 *Notes and Queries*，老字號文學語言文化歷史暨古文物等主題之學術季刊，西元一八四九年創刊，至今不綴；內容主要在事實之考證，而非發表理論或臆測。

❷ 即 Caen，在法國西北濱英倫海峽。

❸ 即 River Orne，法國西北向西北流入之河，經坎恩後入英倫海峽。

❹ 即 Edward Williams（1747-1862AD），威爾斯文人，雖也是頗有聲名之古物愛好者、詩人，但亦有善寫偽作詩篇之癖。

❺ 即 Iolo Morganwg，為艾德華‧威廉斯之詩筆名，此名為威爾斯語。

❻ 即 County of Glamorgan，位於威爾斯南端。

燕子與無腳鳥
The Martlet, and Foot-Less Birds

關於家燕、燕子，或如在紋章上的寫法，貴延寫道：「貝肯霍說，Martlet 也就是燕子，其腿異常短小，牠們無法行動和走動，似乎就因這點，希臘人稱之為『無腳鳥』❶，quasi sine pedibus（此拉丁文的意思是『有關沒有腳』）。不是因為牠們不要腳，而是因為腳對牠們沒有用。這種鳥不像其他鳥類會用到腳。萬一牠們降下觸地，就無法像別的鳥用腳站起來以便飛走。因此，牠們會把巢築在岩石上以及其他高處，從那裡就能用空氣的浮力輕易起飛。於是這種鳥出現在徽盾上時，不會畫出其腳部，也因為這個原因，牠成為初級兄弟會的特有標幟。要他們牢記保有信任的美德及才能來豐厚雙翅，要提升自己而不要依賴腳，因為沒有什麼土地是可以立足的。」

幼鷹是老鷹一族裡嬌小的一種，在紋章製作上，不會為牠畫上鳥喙或腳。巴特勒❷在《胡迪不拉》❸寫道：

「有如天堂鳥，

　或是紋章上的燕子，沒有腿，

　即不生養鶵鳥，也不下蛋。」

　　古人並不知道有天堂鳥，而此鳥最早在西元一五二一年瑪加翰的航程中被發現：「摩路加群島❹中有位巴阡恩國王送來兩隻鳥標本。樣子異常美麗、大小與畫眉鳥相近、其頭部小巧、有長喙、腿與常見的鵪鶉一般粗細、身長為一個手掌寬、尾巴也類似畫眉鳥。牠們沒有翅膀，不過在該有翅膀的地方長滿顏色繽紛的長羽毛，其他部位的羽毛則都是黑色。在摩路加居民的傳統想法中，這種鳥來自天堂，並稱之為『波隆迪那塔』，意思就是『上帝的鳥』。」

　　「漸漸地，貿易活動日增，這種鳥的羽毛也有了市場行情，原住民把鳥帶來買賣時，都已把腳砍掉。儘管在上段所提的早期說法已明確點出牠們有腳，但還是因上述原因產生這種鳥沒有腳的謠傳。」

　　黎納厄斯❺稱這種翠綠色的鳥為無足鳥或天堂鳥；塔凡尼爾則說這種鳥因為在肉豆蔻樹上醉了，跌落地上無法動彈，導致螞蟻把牠們的腳吃掉。

　「但是我們現在知道了，往豐饒的莫魯克島，

那些飛過的奇特而美妙的曼努克鳥兒，

（真是美呆了，在海裡、陸上、空中，

游泳、行走、飛翔也不曾見過如此）

無人知道牠們的巢在何處，無人知道牠們在哪裡繁殖。

牠們生來無足，因為牠們只靠空氣維生，

無翅也能飛，牠們會一直飛翔，

飛到牠們未知的生命結束。」

注釋

❶ 即 Apodes，希臘文即由 a-（沒有 -）與 pod（腳）合成。

❷ 即 Samuel Butler（1613-1680 AD），英國諷刺文學家。

❸ 即 Hudibras。為 Samuel Butler 最為傳誦之諧擬英雄體之作，內容為嘲諷加入英國內戰之各宗教政治團體，故事以一騎士及其隨從為核心，明顯靈感來自《唐吉訶德》。

❹ 即 Molucca Islands，印尼諸群島系裡，近巴布紐幾內亞之中的一群。

❺ 即 Carl Linnaeus（1707-1778AD），瑞典動植物學家。

PART 3
飛鳥禽類

雪鳥
Snow Birds

雪鳥。

　　我們得離開溫暖地帶以及天堂鳥，並談談「封藏雪下的鳥」。在北方國度裡有山鷸，大小如雉雞但是尾部短多了，且除了尾部及翅旁的末端有些許白色外，全身皆為黑色。雄鳥有頂豎立的紅羽冠，雌鳥的灰羽冠則低而大。這些林中鳥兒就像水中的鴨子，有了不起的耐寒能力。當瑞雪覆蓋大地，包括群山及一切好長一段時日時，枝枒因承受重雪而壓低，牠們便能吃到樺樹的某類果實。那種果實在義大利稱為嘎土洛，類似長形的梨子。牠們一口吞一個，貪心地吃很多，因此喉嚨被塞得腫脹，且似乎比全身體積還大。

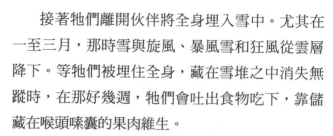
接著牠們離開伙伴將全身埋入雪中。尤其在一至三月，那時雪與旋風、暴風雪和狂風從雲層降下。等牠們被埋住全身，藏在雪堆之中消失無蹤時，在那好幾週，牠們會吐出食物吃下，靠儲藏在喉頭嗉囊的果肉維生。

雖然獵犬無法用嗅覺找到牠們，但手段高明的獵人會靠視覺活捉許多鳥兒，引牠們現身。不過得迅速出手，因為每當雪鳥聽到犬吠，就會立刻如蜂群起，展翅高飛。

不過要是牠們察覺雪下得更大，會再去吞食先前提到的果實，找一個新的藏身處，然後在那裡躲到三月。當太陽離開牡羊座而讓雪早些融化時，牠們會發揮如同許多鳥兒一樣的天生本能，離開藏身處築巢產卵，養育下一代。而這些現象會出現在山上及茂密的樹林中。雄鳥及雌鳥會輪流孵蛋，也會共同養育雛鳥而且以雄鳥為主，讓老鷹及狐狸無法逮到牠們。

這些鳥兒成群飛翔，且高高留在主要是樺樹的樹頂上，除非為了繁殖，否則牠們不會飛下來，因為樹頂就有充足的食物。那些野地的地主，有的是獵戶，有的是農夫，看到牠們在天空現身，

飛翔於覆蓋著雪的田野上，便會豎起木板與地面呈一個斜角，使木板立在雪地上八到十呎高，頂端掛個捕鳥器，稍微一碰就會啟動，於是就能捉到這種鳥。因為牠們在求偶時有種奇特的跳躍方式，就像鷓鴣會落入這些陷阱中然後被吊在那裡。每當有一隻被捕時，看起來有如被杜松子樹枝勾住，其他伙伴便會來搭救，於是都中了這些陷阱。要捕捉牠們還有另一個方法，也就是悄悄躲在掩護的物體後方以箭獵捕，如此牠們不會起疑心。

還有一種鳥類名叫波諾莎，肉外表黝黑，內則雪白。牠們跟鷓鴣一樣都是上等肉品，且跟雉雞肉一樣好吃。在繁殖季節，雄鳥會張著嘴奔跑直到吐沫，雌鳥則跑來接下雄鳥吐出的口沫；牠們似乎藉此受孕，下蛋並生育雛鳥。

天鵝
The Swan

有則古老的傳說受到人們的喜愛，甚至當時的詩人也如此，那就是天鵝在死前會高歌；然而這連古希臘羅馬時期的作者也未必全然相信。普里尼就說了：「有人說天鵝在臨死前會唱一首哀歌，但在我看來，這裡一定有誤。因為我至少在好幾事件裡，檢驗過這個故事的真假了。」但若說有些天鵝會發個聲音，包括幾個音調的轉折，這點遇見過一兩群野生天鵝的人，大概也不會反駁。

麥格納斯引用柏拉圖，談到這則故事，就是天鵝臨死會高歌，但不是因為悲傷而是因為喜悅，喜悅自己的生命旅程完成了。他還提供生動的插圖，描繪天鵝因為受柳特琴或絃樂器的聲音吸引前來而被捕捉，還有牠們如何被躲在牛或馬形掩護物體後彈琴的人捕捉。另外，他說離英格蘭首府倫敦不遠處的泰晤士河上，可以看到成千上萬的馴養的天鵝。

小海雀
The Alle, Alle

小海雀。

　　在白湖裡還有在其他波羅的海及瑞典海的岸邊，有種鳥類十分常見。那鳥叫響徹夏季「啊咧！啊咧！」因此牠們在所到之處，都被當地居民稱為啊咧、啊咧。在那片湖裡可以看到如我以前說過各式各樣的大鳥，那是因為淡水會從溫泉冒出。在所有海岸及河流彷彿都佈滿了牠們，特別是海鴉，即鸕鷀，及水秧雞、紅冠水雞、兩種鴨類、天鵝以及無數體形較小的水鳥。這些海鴉以及其他貪吃的鳥類很容易被人捕獲，因為飛得慢，離水面不出二到四腕尺。因此人們會在像是島嶼大門的狹窄岩岸下手。在那裡的岩岸插上茅，茅上掛起黑網，或染成海藍色。這些網子連

同滑輪會快速地上下滑動，在岸上的人們便落下網子罩住，捕捉飛到那裡的鳥。這點是必要的，因為那些鳥飛得緩慢而且只走直線，因此極少能逃脫。有時鴨類以及其他鳥類也會落入網中。總之這些黑色而緩慢移動的鳥類，無論在游水或飛翔，總是叫著「啊咧！啊咧！」，語音像拉丁文的「全部、全部」（Omnes），就算落網被捉，還是會在網中鳴叫。狡猾的捕鳥人說，他還沒有把全部的鳥都補進網中呢！就算他有六百張網也永遠捕不完。

戴勝鳥與小辮鴴
The Hoopoe and Lapwing

小辮鴴。

接下來要談的鳥是否指戴勝鳥或小辮鴴，我不知道。拉丁文的說法是 De Upupis，顯然指的就是戴勝鳥，而翻譯則是「屬戴勝鳥或小辮鴴」，我傾向後者的說法。小辮鴴在某個時節，會從其他地區來到北方國度，預告春天已近。這種鳥類充滿著哭泣與哀傷，好保住牠的蛋與雛鳥。經由哀叫呼告草叢中有狐狸。牠到哪裡都大聲呼喊，好趕走犬類或其他野獸。牠們也會與燕子、喜鵲及烏鴉戰鬥。

牠們在山岩間與湖區產卵，並孵出雛鳥。若馴養在家中可以捕光蒼蠅並捉老鼠。牠能預知下雨，雨前就會鳴叫；田野蠍子也

會，又稱為梅爾斯；杜鵑會高飛並大聲鳴叫，預告就快下雨了；還有那大型蠍子的長鼻也能預告下雨；啄木鳥也會。

還有一種鳥就叫做雨鳥，大小如黃白黑等雜色的鷗鴣，牠們似乎只靠空氣維生，不吃東西，儘管牠肥胖肚子卻空空如也。捕鳥人用長桿捕捉，他們把桿子高高高拋到空中嚇牠們，等牠們飛低就剛好正中捕鳥人的計了。

PART 3
飛鳥禽類

鴕鳥
The Ostrich

鴕鳥。

　　當代特別是透過對鴕鳥養殖的觀察，完全把古人對這種鳥的錯誤看法推翻。我們相信只要還能入口，牠就有能吞下任何東西的能耐，但卻未必能消化一切。蒙斯特相信，牠的晚餐絕對包括一把教堂門的鑰匙以及一只馬蹄。

　　事實上牠們被追捕時，不會如我們認為的那樣把頭埋到沙裡或樹叢中，而且牠們也不會用沙把蛋蓋起來，而是用日光曝曬使蛋孵化，雄鳥與雌鳥都是優良的模範父母。

　　普里尼卻有不同的說法：「這種鳥的高度超過人騎在馬上，速度也比被騎的馬快，因為牠的翅膀可以幫助牠跑得更快。從其他方面來看，鴕鳥不能被視為鳥類，而且牠不會飛。牠們有偶爪，極類似鹿蹄的偶蹄。鴕鳥用這個來打架，也用爪子來抓起石塊砸向追捕牠們的人。牠們有神奇的消化能力，吃什麼下肚都沒問題，但牠們也同樣笨得驚人，因為儘管身體如此龐大，牠們卻認為把頭塞進樹叢裡，全身就都能蓋住了。」

　　喬凡尼・里昂尼・亞非利卡諾寫道：「這種鳥住在嚴峻的沙漠，一次在沙上下十到十二枚蛋，大小跟砲彈差不多，一顆重十五磅。不過鴕鳥的記性極差，常立刻忘了蛋下在何處，事後無論找到同樣的或其他鴕鳥碰巧找到這些蛋，都會把蛋當自己的一樣孵化並照鶵鳥。鶵鳥孵化後會立刻爬出蛋殼，到沙漠裡到處尋找食物。在羽翼長成之前，牠們奔跑的速度就極快，人類很難跑得過牠們。鴕鳥既笨又聾，找到什麼就吃什麼，即使是堅硬而不能消化的鐵塊也能下嚥。」

靖海之鳥 ❶
The Halcyon

　　關於這種鳥也就是海翠鳥，亞里斯多德談道：「翠鳥比麻雀大不了多少。牠的體色有藍有綠還有些紫，翅膀與頸部也一樣，但沒有哪一部位有全部的顏色。牠有長而細的黃色鳥喙，這些就是牠的外觀。牠的巢有如海洋的球狀生物，希臘文稱為光環海藻（應該是像某種植蟲類生物，屬於海翠鳥），除了顏色不像，因為它們是紅色；在形狀方面，巢像拉丁文中的『sicyæ』（即小黃瓜）。這種鳥有修長的脖子，體型有如一塊海棉，有些較大，有些較小。牠們都有掩蓋物藏著，有堅實的部份，也有如海棉的空穴，用刀子也不易將掩蓋物切開，不過用拳頭打它，就會像光環海藻碎裂。掩蓋物的入口狹小，因此海水不會灌入，即使浪大也無妨。雖然建巢的材料尚有爭議，不過看來主要是由長嘴硬鱗的脊骨構成，因為這種鳥吃魚維生。」

　　普里尼說：「海翠鳥極為罕見，要見到也只能在七姊妹星座降落 ❷ 時，以及夏、冬至。在那些時節，有時能看到一隻海翠鳥在船上盤旋但立即消失。牠們在冬至孵出鶵鳥，因此，那段日子被稱為『靖海鳥日』。在這段期間，海象平穩而適合航行，且特別是在西西里島的海域。」

　　「靖海鳥日」已是通俗說法，不過海翠鳥還有另一個非常實

用的特質。若把一隻死海翠鳥吊在一條繩子上，
牠的鳥喙就會指向風吹來的方向。莎士比亞在《李
爾王》第二幕第一場提到這個用處：

「轉動牠們的喙，

　隨著不同風與主人。」

而馬洛在他的《馬爾他的猶太人》第一幕第
一場裡有一段：

「但現在，風怎麼吹？

　翠鳥的喙子，指向哪個方向？」

注釋

❶ 即 halcyon。原文為希臘文，最初源自神話人物阿爾庫俄涅
（Alcyone），為風神埃俄羅斯（Aeolus）之女，最早之阿波羅多
尼斯版本中，因與其夫刻宇克斯（Ceyx）兩人夫妻恩愛，戲稱
彼此為天帝天后宙斯、赫拉因而觸怒神明，宙斯在刻宇克斯
（Ceyx）出海時降暴風雨導致他海難身亡，而她則因喪夫而投

海自盡，化為魚狗，即翠鳥。故後來演變成她化成的鳥有使大海平靜之效，在每年有那麼特定之一兩週，該鳥出現時，漁民相信必然風平良靜，故有靖海鳥之名。

❷ 即 Vergiliæ，為 Pleiades，即七姊妹星座，傳為阿特拉斯（Atlas）之女兒。

鵜鶘
The Pelican

　　有則寓言說鵜鶘「會啄胸自殘表示虔誠」，這常呈現在紋章徽盾上的圖象，由於幾乎隨處可見，實在不需要多提或加以反駁。首先，盾上的鳥並不像現實中的那種鳥——鵜鶘有該有的體態。不過其傳說似乎來自埃及，那裡這種不尋常的行為被歸在禿鷹身上，而這種鳥樣子就更符合紋章的理想形象。杜·巴爾塔斯詠唱〈博愛的鳥〉時，同樣讚美鸛鶴與鵜鶘：

「鸛鶴依然眷顧著親愛的佘薩利❶，

鵜鶘也歡欣地安慰，

那值得為牠們祝福的禱告者，

其純真的典範來自虔誠的父親與乖巧的孩子。

然而有一個回報超越父母的愛，

回報所受的生育及養育之恩。

不只在其溫暖的懷下安棲，

因年衰而冷的身體在巢裡臥床不起；

不要只是以背揹負牠們。

要飛過空蕩的天空，就算牠們雙翼已衰，

但牠們還保留（這點子女們留心啊），

牠饑餓的喉嚨裡最細緻的食物，

到家時餵飽其虛弱的父母。

沈重的老年枷鎖，讓牠們無法再捕獵食物，

牠好心地為了牠的孩子們，

撕開自己的腹部，

流出血來餵哺孩子，以這神奇的方式，

把自己的生命傳給下一代。

蛇找到牠們並斬殺，

牠撕開自己的胸部，對著敵人，

傾洩自己生命之液，

等到孩子的體溫恢復，

經由她的死亡，

生命得以延續。」

鵜鶘。

注釋

1　即 Thessalie，希臘中部濱愛琴海之一區。

柳鶯 ❶
The Trochilus

　　亞里斯多德以及其他人曾經形容這種鳥的心思自成一格：「當鱷魚張大著口呼吸，柳鶯便飛進去清牙齒。在過程中鳥兒得到食物，而對方也察覺到但不加以傷害。當鱷魚希望鳥兒離開時，牠會搖頸示意，但不咬鳥兒。」

　　喬凡尼・里昂尼先前也有加以引用並談到此鳥：「隨著航程繼續，我們在尼羅河中小島的岸上看到大量鱷魚張開大口躺著曬太陽，有種杜鵑大小的鳥兒飛入其中，一會又飛出來。人家告訴我這情況是這樣子的：鱷魚因為不停吞噬動物及魚類，會有肉屑卡死在牠尖叉般的牙齒間，腐臭後會生出某種蛆，折磨得鱷魚痛苦不堪。我們提到的這種鳥飛過時看到蛆便飛進鱷魚的雙顎間，把蛆飽餐一頓，不過鱷魚發現牙齒不再疼痛，也不會想要闔上嘴把幫牠大忙的鳥兒吞噬，牠之所以沒有做出這忘恩負義的舉動，是因為鳥兒頭上長了一根刺，鱷魚不敢闔嘴，只好讓鳥兒全身而退。」

　　杜・巴爾塔斯又給柳鶯的行為多添一筆描繪：

「柳鶯看見（睡意沈重的對方），

尼羅河的強盜趴在沼岸上，

忽然飛來，跳到牠面前。

一躍進入牠的嘴，剔牠的牙，

清牠的味蕾，以及抓牠喉難忍的癢，

這大笨爬蟲享受得不得了，把嘴巴越張越開，

於是那張醜臉也大開。

接著姬蜂如一支箭，

立即飛進這暴君貪婪的深穴，

吃牠體內的美食，因為牠一餓瘋，

是所有尼羅河豐沛的水濱怎麼也餵不飽的。」

注釋

❶ 即 Trochilus，在希臘神話中為發明輪子或車之人，並獻給天后赫拉。

雙頭野雁
The Two-Headed Wild Geese

靠近犬頭人（也就是「狗頭人」）居住的國度有許多島嶼，「在這座島以及其他許多島上，有許多雙頭野雁。」不過這並不是當時尚存唯一一種特殊的野雁。

「這些聰明的野雁，高飛在天，
飛在西西里的山峰上。
牠們的喙上日夜都叼著一圓石，
因為害怕饑餓的老鷹察覺，
牠們成群飛行時會張口鳴叫。」

亞里斯多德提到鶴是另一種銜石鳥：「如先前提到的，在各種鳥中，鶴逆風而飛，從世界的一端遷徙到另一端。至於那石頭的故事純屬虛構，因為有人說牠們把石頭吞在腹中好讓自己能飛得穩，等被吐出後，也可做為檢驗黃金真假的試金石。」

毛絨母雞
Woolly Hens

　　約翰・孟德維爾爵士曾經在「名為曼西的王國見過白色的母雞。（那是世上最好的國度，又稱做曼止，在中國的黃河❶以南）身上長的不是羽毛，而是像我們這裡綿羊身上的絨毛。」

注釋

❶ 從原文 hoang-ho 之音反推得之，但是並不敢擔保正確。

四腳鴨
Four-Footed Duck

　　葛斯納描述四腳鴨長得像英國的知善鳥，差別就在腳的數目，不過亞卓凡德斯則形容牠是如長了蛇尾巴、怪物般的公雞，可謂「兇惡至極」❶。

　　假如我們相信普里尼，有些地方是不會見到特定鳥類的：「提到鳥類的離去，小鶚據說也會躲藏數天不動。沒有一隻上述鳥類在克里特島出現過，假如有人牠帶到島上，牠立即死去。這是造物主教人配服的滅絕令；因為祂顯然不希望某些地方有某種水果及植物，或某動物……。」

四腳鴨。

「羅得島❷上沒有老鷹。在義大利，帕杜斯外近阿爾卑斯山一帶，有座名叫拉麗蘇的湖泊，位於覆滿樹叢的原野之中，景色秀麗；然而該湖從來沒有鸛鳥造訪，說真的，連方圓八英里之內，都不曾見過；反觀鄰近的地區孟特烈，就聚集了數量龐大的喜鵲與寒鴉，那是唯一有偷竊金銀之惡習的鳥類，真是非常特殊的習性。」

被形容長了蛇尾巴、像怪物般的公雞。

「據說在塔倫頓姆❸一帶，從未找到戰神馬斯的啄木鳥。也僅僅直到那時，才難得發生了不同種類的鵲鳥出現在亞平寧山脈❹以及該城之間；那種名叫華瑞鴉的鳥因其長尾而著名。這種鳥有

個奇特之處，牠每年到了種植油菜的時節就會變禿。鷦鴣不會飛越畢奧夏❺的邊界到阿提卡❻去；而阿基里斯葬身在優辛尼的島上，也沒有鳥兒飛入敬拜他的聖殿。」

「在費登奈這座城市的周圍，沒有年輕的鸛鳥，牠們也不築巢；但有數量龐大的環頸斑鳩每年都從海外飛來弗拉特賴。在羅馬，從來沒半隻蒼蠅或狗進入阿基里斯位於牛集市的聖殿。」

注釋

❶　原文用「out Harods Herod」語出莎劇，但 Herod 典出古希伯來暴君，聽聞救世主在某年出生會取而代之，便下令殘殺那年出生嬰兒以保證除之。

❷　即 Rhodes，乃愛琴海中的島嶼。

❸　即 Tarentum，此區為古羅馬城精華區戰神馬斯區邊緣上或內的一部分。今日尚在的萬神殿（Pantheon），便在此戰神馬斯區裡。

❹　即 Appennines，為義大利半島中央如其脊骨綿延之山脈。

❺　即 Boeotia，位於近柯林斯地峽北邊一帶。

❻　即 Attica，緊臨畢奧夏東南邊，也是雅典所在的地區。

Part 4

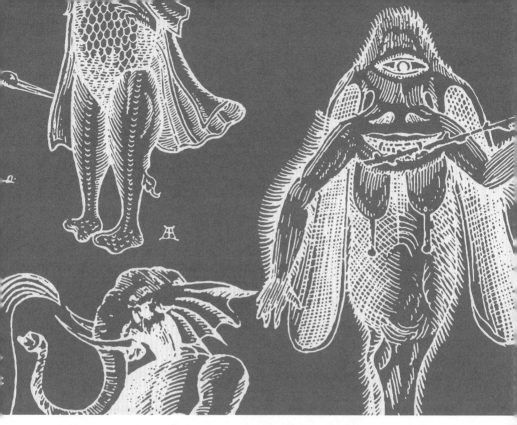

魚類 Fish 男人魚 Mermen 鯨魚 Whales 海鼠、海兔、海豬 The Sea-Mouse、The Sea-Hare、The Sea-Pig 海 象 The Walrus 劍吻鯨、劍魚 The Ziphius、The Saw Fish 逆戟鯨 The Orca 海豚 The Dolphin 獨角鯨 The Narwhal 史旺魚 The Swamfisck 沙哈布 The Sahab 佘考斯 The Circhos 拖延魚 The Remora 犬鯊以及魟魚 The Dog–Fish and Ray 海龍 The Sea Dragon 刺魟 The Sting Ray 魚類的感官能力 Senses of Fishes 植形動物 Zoophytes 海棉 Sponges 克拉肯海怪 The Kraken 蝦與蟹 Crayfish and Crabs

魚類
Fish

　　古人對於陸地上及天空裡的生物的熟悉，遠大於棲息在遼闊海洋裡的生物，由於所知不多，牠們的習性與行為便因人類的「無知而誇大」。

　　我們見識過人獸合體以及人鳥合體，而人魚合體也一樣常見，也許比起前兩者後者年代更古老，因為查爾迪亞人的史學家貝洛蘇斯留下了一段關於歐昂尼斯，也就是希亞的敘述，祂可以呼應到希臘神話裡的克洛諾斯❶，在古人眼中祂是位魚頭人身的神，常在尼姆饒得的雕像中出現，而祂的泥像則在尼姆饒得及柯薩巴德都有出土，也有許多印章及珠寶以祂的形象呈現。

　　關於這個神秘的人魚合體，貝洛蘇斯說：「最初在巴比倫有許多來自不同種族的人到查爾迪亞殖民。他們過著沒有法律規範的生活，像動物那般弱肉強食。不過第一年似乎從耶瑞希恩海（即今日波斯灣）裡，與巴比倫疆界相鄰的海岸，冒出一頭有理智的動物，名為歐昂尼斯。牠有魚的全部身體，但是在其魚頭下還有另一個人

類的頭部；也有從魚尾伸出的人類雙腳。牠能發出人聲，其形象也保存至今。這個動物白天在人群中度過，且不進食。那時起並沒有什麼優越的東西發明。牠教人類使用文字、科學以及各種技藝，還有建造城鎮的法則。從如何建造神殿、法律的原理、幾何學，如何播種、如何收割，概括來說，牠教導人類能使人們得以享受生活。到了日落時間，歐昂尼斯這個怪物便縱身投海，在波浪下度過夜晚，因為牠是兩棲類。牠寫了一部關於萬物以及文明的起源的書，並留給了人類。」

魚頭人身的神──克洛諾斯。

赫拉迪西引用了同一個故事，稱這個合體生物為歐耶斯；另一位作家海吉訥斯稱之為尤瓦罕尼斯。M. 列諾曼特認為，後面這個名稱顯然比歐昂尼斯更加正確，因為它指向一個阿卡迪亞語的

名字，希亞「希亞・汗」，因為希亞即魚，所以必然是指圖裡所呈現的那個魚人合體的神祇。

注釋

❶ 即 Cronos，在希臘神話中，為眾神之王宙斯之父。克洛諾斯曾閹割其父優瑞涅斯（意思為「天空」）以奪天地間主神之大位，同樣的顛覆狀況發生在祂與其子宙斯之間。

男人魚
Mermen

男人魚。

　　亞歷山大・波利希斯特❶的內容主要抄自貝洛蘇斯，描述歐昂尼斯寫的是關於人類不同生活方式，以及法政體制。下文是他所寫內容的大意：

　　「曾經有一度世界一片黑暗，什麼都沒有，無底深淵中住著最駭人的恐怖生物，以倍增的方式繁殖。接著人類出現，有些長有雙翅，其他有四翅以及雙臉。他們只有一個身體，但有兩個頭，其中一個是男人，一個女人，且男性與女性在幾個器官上並無不同。有的人類則長著雙腳以及山羊般的角，有些有馬的腳，

其他人類則是後半身為馬，前面接著人的軀體，類似半人馬。當時的牛也長著人類的頭部，而狗有四倍大的身體，最末端則成為魚尾；馬也長著狗的頭部；人類以及其他動物也會長著馬的頭部及身體，且有魚的尾巴。總之，各種生物都是組合了其他生物的肢體。除了這些，魚類、爬蟲類、蛇，還有其他怪物般的動物，都長著彼此的體形或容貌。這一切的描繪，都保存在巴比倫的貝勒斯神殿。」

不過，真正的人魚——半人半魚最早的形象，來自柯薩巴德的宮殿出土的部份。在一片有浮雕的宮牆上呈現著沙爾貢，即申納切瑞普之父，在西元前七二〇年前往賽普路斯的冒險航程裡，在那個事件中，他把木雕的眾神像帶上船陪他出海。其中包括希亞，也就是歐昂尼斯，我大膽假定，這就是有史以來第一個人魚的形象。

在印度教的神話裡，毗濕奴的其中一個化身，呈現的是祂從魚口冒出。達貢神（達貢在希伯來文裡，就是魚的意思）有可能就是歐昂尼斯或希亞。艾特‧提斯也以人魚模樣呈現，一半女人、一半魚。

希臘人崇拜她為愛斯塔蒂，後來成為維納斯・阿芙洛黛娣❷，她是個完美的女人，然而卻是從海浪的泡沫中產生❸，陪伴著川頓，也就是男性人魚。

　　這些川頓以及妮瑞姿，男性及女性，為希臘人與羅馬人所深信，兩者對他們的描繪都相同。川頓有時拿著三叉戟，有時沒拿，而川頓以及妮瑞姿都是完美的男性與女性，一者陽剛、一者柔美，但腰部以下的身體則是古典海豚型式的魚尾。這些形象深植人類的心靈，似乎男性或女性人魚只有這一個常見的形象，不可能再以其他形象來具體呈現。

妮瑞姿及川頓。

　　普里尼當然也談到牠們：「從歐里斯波（即里斯本）來的使節因這個生物被召喚，並派去底貝流斯皇帝面前傳達信息，有人看到並聽到有個川頓在某處洞穴吹海螺號，牠們長的非比尋常。然而一般對妮瑞姿的形象也非全然虛構，差別只在牠們身體上類似人類的部份並非光滑的皮膚，而是全身都覆蓋著粗糙的魚鱗。因為一頭這種生物在同一片海岸上出現，隨著牠死去，牠發出哀傷的呻吟，連遠處的居民都聽到了。」

　　「高盧總督寫了一封信稟報已故的奧古斯都大帝：『有相當數量的妮瑞姿被發現陳屍海灘。我有精通騎術的高明探子，他們說他們親眼看見在蓋迪斯海有個海洋人，全身都與人類相似，夜晚

像半人羊的鯨類。

他會爬上船來；他坐過的那一側，會立刻下降，如果坐著不動，時間夠久，船甚至會沈到水下。』」

伊里昂納厄斯告訴我們，環繞塔波洛巴那（即錫蘭）的大海裡有大量的魚類與鯨魚，有一些的頭如獅子、豹、山羊以及其他動物，而更神奇的是有些鯨類的形狀像半人羊。

葛斯納熱心地描繪了這種牧神；海中半人羊，半人馬魚，也可以稱為海怪，這是隨口提出的說法，似乎想矇混把牠當成男性人魚，八成是因為牠的軀幹像人類。關於這個怪物的真實性，他還引用伊里昂納厄斯的說法佐證，並提供另一個男性人魚的畫像，他說是他於西元一五一三年十一月在羅馬看到的。

男性及女性人魚似乎沒有對哪個地區有特別的影響，牠們來自世界各處的現身紀錄隨處可見。在那信仰的年代這也是好事，但現今世上的物質主義，每有機會就會打碎這些珍藏在心中對海洋奇獸怪魚的想法，要我們相信那些大家眼見的一切都是某種海豹科的動物，像是儒艮，要不然就是想說服我們相信美麗的美人魚攬鏡梳髮，只不過是看到樣貌醜陋的海牛。J. 艾默森‧田能特爵士在他所作的《錫蘭博物史》裡引用了一位名叫瓦倫汀的荷蘭殖民地牧師的說法，他寫了一則安邦島❹的博物史內容。他說在西元一六六三年，有位荷蘭陸軍少尉與幾名士兵到了安邦島海岸，他們看見人魚就在離岸不遠處游過。他形容牠們的長髮在波中漂動，顏色在灰綠之間。

樣貌醜陋的海牛。

接著，過了六週之後，他又看到牠們，那次有五十個人隨行。他還說，這些海中奇物，有男有女，曾在安邦島捕獲。他特別提到其中一個，還提供牠的畫像，這頭動物被該區教堂的訪客所捕捉，並獻給總督。

這隻動物可是名滿歐洲，例如在西元一七一六年，彼得大帝❺在阿姆斯特丹做英國大使的貴客時，大使寫信給瓦倫汀，請他把那頭珍奇動物送給俄皇細賞，但是牠沒出現。瓦倫汀還說，在西元一四〇四年，有頭人魚在荷蘭艾頓一帶受到暴

風雨的吹打，被沖到海堤，事後在巴曼湖被活捉，接著被送往哈爾倫。善良的荷蘭民對牠照顧有加，由於他們生性節儉，便教牠一技之長——即紡紗。不止如此，還讓牠受洗信教，讓牠死時為一名羅馬天主教徒，而那是被捕後幾年的事了。

這些真實的記錄假如可信，可以說得上是龐雜而大量，不過實在不值統整，因為它們如出一轍，有時讀了都要教人一笑置之。

注釋

❶ 即 Alexander Polyhistor，西元前一世紀小亞細亞濱愛琴海之米立特斯城人，該城被羅馬攻陷後，他被虜至羅馬做為權貴私塾，因其博學多產，在羅馬博得學者之名，其名字中 Polyhistor 即「博學多聞」之意，可惜其文字著作今多亡迭。

❷ 前者為羅馬人的說法，後者為希臘人的說法。

❸ 當克洛諾斯閹割其父天神優瑞湼斯時，所噴出之血撒在海上的泡沫，兩者結合竟產生一美貌女神，即阿芙洛黛娣，此名之義即「生自泡沫」。

❹ 即 Amboyna，安邦島，為摩鹿加群島之一，位於印尼東邊近澳洲部分，曾為荷蘭殖民；在英荷爭殖期間，曾有血腥大屠殺。後來英國勢力僅分佈在婆羅洲北邊四分之一處，成為今日東馬來西亞，荷屬部分則獨立為今日之印尼，包括此島。

❺ 彼得大帝曾因仰慕西歐之開明先進，厭惡俄國之東正教僵化保守，戕害進步之契機，甚至以教干政，故有此行；不料就在此站，收到國內親信疾書有政變發生，彼得立即返俄，雖在半路叛亂即已彌平，但仍展開其腥風血雨之整肅。此行對後來俄帝國之開明有明顯貢獻，也讓俄得為表其革新之意志，棄莫斯科於空無一物之波羅的海海濱建立新都，即今日之聖彼得堡。

鯨魚
Whales

　　讓我們改談談那深海之王——鯨魚。關於這種生物，北方國度的博物學家給我們帶來了一些有趣的見解。在深入研究這些真假的海洋生物之前，我們先檢驗目前現有的著作裡，有哪些事沒有搞清楚。麥格納斯為我們介紹了某種「挪威沿海的可怕怪物」。在挪威沿岸或挪威海裡，有種如怪物般的大魚，牠有著不尋常的名稱，而據說牠是某種鯨魚。假如人類盯著牠們看得夠久，牠們會讓人們驚嘆。牠們的身形嚇人、頭部正方、全

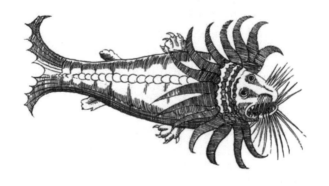

深海之王——鯨魚。

長著棘刺，並有一整圈又長又尖的角，就像樹木拔出後以根部對著你一樣。牠們有十到十二腕尺長、顏色黝黑，眼睛碩大，這種魚的體型周長有八或十腕尺。牠眼球有一腕尺，紅色如火。在黑夜裡，漁夫從水面就可看到牠們在深水之下，有如燃燒的烈火。牠有鵝羽毛般的毛髮，濃密而長，垂下如鬍鬚。由於有個碩大的方頭，身體反而顯得非常小，不到十四或十五腕尺長。一頭這種巨獸，就能輕易地把許多大船弄沈，即使船上有許多強壯的水手都沒有用。

他還說了一種名叫抹香鯨的鯨豚類動物：「旋渦巨獸，也就是造渦者。牠是一種鯨魚，有兩百腕尺長，而且非常殘酷，會給船員帶來危險。有時牠會衝出水面高於桅杆，並從頭部噴出水柱，那是牠先吸入的水，然後形成一團雲。牠可以把最堅固的船支弄沈，或讓船員陷入極度的危險。這種怪獸有如七鰓鰻❶般又長而寬的大嘴，並從那裡食肉或吸水。牠會以身體拋壓在船頭或船尾甲板上然後把船弄沈。」

「如同我提過牠的本性，有時候因為不滿足於只用水來造成災禍，牠會殘酷地把船拋起，有如拋起一隻小瓶般，然後砸在牠背上或用尾拍碎。牠有又黑又厚的皮裏覆全身，其長鰭像牠的大扁腳，還有那寬十五到二十呎，如叉的尾巴，牠可用尾巴用力抓住船的任何一部分然後扭碎。戰爭的號角可以制伏牠，因為受不了尖銳的聲音，牠會把擋住去路的大船拋開或只是加以玩弄。用

抹香鯨。

大砲或槍更甚於石塊或砲彈，因為大砲和槍的聲音牠十分害怕，砲彈的衝擊力會被牠的肥肉化解或者被水抵消，且在那龐大的身軀上有巨大的脂肪層保護，頂多只是加個小擦傷。此外我還要補充一點，在挪威沿海最常見到各種舊或新的怪物，主要是因為海深難測。而且在深海中，還有許多種魚類，是人類難得一見或不曾見過的。」

有句俗話：「把一個木桶丟向鯨魚❷。」人們不只發現這是安撫抹香鯨的恰當作法，而且葛斯納也告訴我們，這種作法也適用於其他鯨魚，例如丟擲號角以及其他物品等。其他鯨魚與抹香鯨是近親物種，下方還附了插圖描繪一頭鯨魚以尾豎起身軀，然後倒下壓在一條倒楣的船上。

把木桶丟向鯨魚。

鯨魚以尾豎起身軀，倒下壓在倒楣的船上。

邪惡的鯨魚。

還有另一種鯨魚，出自葛斯納的描述，他稱之為特洛鯨，或者德語的意思就是「惡魔鯨」。這種鯨魚躺在海面睡覺的樣子讓人誤會，水手會把牠當成海島而想下錨停泊，但這個過程鯨魚似乎並不在意，不過等到人們在牠身上升火烹煮時，自然會把鯨魚弄醒。密爾頓寫過的鯨魚，正是這種（《失樂園》、第一部、第一章、二百行）：

「或者那海中巨獸，

在上帝創造的萬物裡，

最巨大的在海洋中徜泳。

牠偶然在挪威海波裡睡覺，

某艘夜間打漁的小船的掌舵水手，

如水手們常說，認為在某個島嶼，

牢牢下錨在牠的覆滿鱗片的皮上，

停靠在牠身旁，而夜晚，

讓海豐饒，願早晨慢來。」

　　而同樣的故事，在水手辛巴達（我用的是西元一八八三年的譯本）第一次出航也有說，或如連恩先生稱牠「大海的辛巴達」：「我們繼續航行，直到抵達一座狀如天堂的島嶼，在那島上，船主與我們一起下錨。在他拋下錨後把泊定板接上前，船上所有人都上岸到島上去。他們準備了火鍋，點燃其中燃料並分工合作：有的煮、有的洗、有的則談笑自娛。我屬於在小島海濱上談笑自娛的那群人，乘客也聚集過來吃吃喝喝、玩樂消遣……。當我們自得其樂時，瞧，船東從船側站了起來，以他最大的聲音大喊：『喂！各位客官們，願上帝留你們一命！快點登船，東西都別管了，逃命吧！別讓自己身陷險境，因為你們登上的這座島，其實不是一座島，而是一條巨大的魚，一動不動地停在海中，而沙是長久累積的，久得都長出樹來了，因此才看起來像島。因你們在牠身上升火，牠感覺到灼熱於是動起來了，現在牠會帶著你們沈入深海，你們會溺斃，因此在還沒喪命前快逃吧！東西都丟下別管了！』乘客們聽到船東的話，趕忙回到船上，丟下貨物及銅鍋、火鍋等其他東西。有些人上了船，有些來不及上。那座島便

動了起來沈入海中，帶走留在上頭的一切，咆哮的波濤、激蕩的亂流，隨即掩蓋闔上。」

麥格納斯說過睡鯨被誤認為島嶼的故事：「那頭鯨魚的皮膚上另有一層東西，好像海畔的石頭表面，因此當牠把背部升出海面，水手常誤以為是島嶼，而向牠航行並登上。他們在上頭駐紮，把船繫在島上，並升火烹煮食物，直到鯨魚終於感受到灼熱沈入深海，而背上的人，除非能抓住船上拋下的繩索，否則將全數溺斃。」

「這頭鯨魚如我前面提過，屬於渦旋巨獸，有時便吐出牠吞下的波浪，形成一團雲，那船往往會跟著被拖下水去。每當海上有暴風雨吹起，牠就會升出水面，在這波濤風雨之中把船弄沈。有時牠背上會負著沙，導致當暴風兩來襲時，水手慶幸找到陸地便下錨停靠在這片假陸地上。等他們升火，鯨魚察覺背上有東西便冷不防沈入深海，把人船都帶下去，除非那錨鍊斷裂。」

不過關於鯨魚噴出這麼大量的水，以就事論事來說並不真實。鯨魚吐氣強大有力，而且在水下呼吸時，其吐氣能推出兩道氣，不過若頭部已出水就無法噴水柱了。

有件事對鯨魚有利，就是牠們對幼獸的感人親情。鯨魚沒有鰓，以鼻管呼吸，極少有生物如此。當幼獸幼小而虛弱時，牠們便加以照顧。如果幼獸夠小，鯨魚就會將其含在嘴裡，尤其是在暴風雨來時，等風浪過了就把牠們吐出來。若擱淺在岸，幼獸無法脫困跟上母獸，母獸便會嘴含水像河一樣噴向牠們，這樣幼獸就能脫離牠擱淺的陸地。此外，母鯨魚陪伴幼獸的時間也很長，會直到幼獸成年；牠們身體快速成長，成熟則需十年。

　　據麥格納斯說：「世上有許多種鯨魚，有些毛茸茸的，占地四英畝；一英畝長二四〇英呎，寬一二〇英呎；有些顎骨長且長滿牙齒，也就是有十二至十四呎長，牙齒則有六、八及十二呎長。不過牠們的兩個犬齒即長牙，比其餘牙齒都長，長在下顎，

鯨魚照顧著幼鯨。

有巨尺的鯨魚。

像角、野豬或大象的獠牙。這種鯨的嘴部適合捕
食，牠的眼睛非常大，每一個眼窩可以坐十五個
人，有時二十個，甚至更多，這種鯨魚就是這麼
巨大。」

「牠的角有六或七呎長，而且每邊眼睛都有兩
百五十個堅硬的角，牠可用力或輕柔地擺動，往
前或向後。這些都長在一起以保護其眼睛不受狂
風暴雨，或攻擊牠的天敵傷害；牠有這麼多角實
在不足為奇，儘管會給牠不便；此外，在牠兩眼
之間，前額的位置有十五或二十呎寬。」

抹香鯨❸有則耐人尋味的故事，說的人是麥格納斯。他聲稱龍涎香❹是雄抹香鯨的精液。「那些沒有讓雌鯨接受的精液便灑入大海，有各種形狀，呈現淡藍色但更偏向白色，且會沾結成塊，我在航海過程中觀察到這種東西漂散四海。水手們會細心蒐集，並把它賣給醫生，加以精煉後，成品便稱為『灰琥珀』（中文稱為龍涎香），用來治療水腫與麻痺，是種重要而極其珍貴的藥膏。它呈現白色，假如有絲石竹色的更是上等品。有的龍涎香會以瘀瘡木、蘆薈、安息香、麝香以及其他物質的粉末混合造假，而這會被人視破是因為有混充這些東西的，很容易就呈軟蠟狀，精純的龍涎香純是不會變軟的。它有帶來定心安神的力量，治療暈眩及癲癇的效果極佳。」

事實上，大家相信龍涎香是鯨魚腸道中的反常分泌物，源自其膽汁。它也可在鯨魚的腸道中發現，也浮於海面，呈現灰色與塊狀，重量從半盎司到上百磅都有。其價格約一盎司三鎊。在香水工業使用頗多，而非在醫藥，至少歐洲是如此，但在亞洲、非洲及有些地區甚至會將它用於烹飪。

麥格納斯也告訴我們鯨魚帶給寒冷艱苦的北國居民什麼好處。人們鹽漬鯨魚肉好待來日食用，其脂肪可以為北極圈的長冬帶來光源與溫暖。這種哺乳類的皮也很有用，可做腰帶、提袋以及繩索。一整張鯨皮可以做四十個人的衣服，且其用處還不只於此。

「我們才談過鯨魚的體積龐大，其頭部、牙齒、眼睛、嘴巴及皮膚；牠的骨頭也值得一談；如下請看。由於極北之地寒氣猛烈，那裡的冰風暴讓樹都長不太起來，但沒樹木怎麼蓋房子？豐饒的大自然提供當地居民另一種建材，只要他們用海中生物的巨大肋骨蓋房子，其他一切就水到渠成。也許是因為受到其他天敵或者人類的捕捉，導致這些海中巨獸被逼上海岸。居民於是把牠們當獵物，而也許牠們已死或被吃乾淨了。總之，牠們留下的骨骼巨大到可以蓋成一整棟大宅，包括牆壁、大門、窗戶、屋頂、桌椅等等。這些巨型肋骨有二十到三十呎長。其脊椎（也就是龍骨）

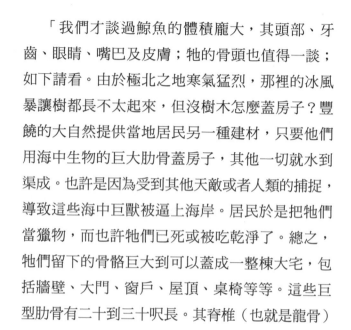

人們以鯨魚骨骼蓋建築。

以及巨大頭部的叉形骨之體積，用大字也不足以形容。而這一切到了工匠手中，用鋸子、剉刀加工，木匠添上木器，再請鐵匠結合各部，做出來的成果真是再完備不過了。」

「因此，這種巨獸的肉絕大部份進了人類的胃消化後，只有牠的骨頭留下，像一條船只剩其龍骨及架構。這些骨骼經過雨水風霜清洗，人們就把它像房子一樣架起來，而此時人力便派上用場。建築工匠開始動工，將天窗安置在屋頂上，而鯨魚的體腔則格成方便使用的居所。門板用這種巨獸的皮革製作，皮革是早就剝下備好的，還可做其他用途，而且被刺骨冷風吹襲後會更加堅硬。此外，部份龍骨會像蓋房子那樣再架高，那裡可以做豬圈以及豢養其他牲畜的場所，有如一般木造房屋。在屋頂下某處，一定要留個空間給公雞，牠們作用有如時鐘，這樣人們可以在天還沒亮的時候也知道要起床幹活了。在那裡，冬天是段連續漫長沒有白晝的黑夜。睡在鯨肋下的人們，不會做別的夢，只會夢見永遠在波濤裡翻滾，或遭暴風雨揉躪而沈船的人身亡。」

鯨魚除了人類，還有別的天敵。根據杜・巴爾塔斯的描述，在深海之中，還有一種非常可怕且狡猾的敵人，牠的形狀如鳥：

「在此同時，隆加鳥，如牠的習性，

在海面上巡行，無遠弗屆，

找那巨大鯨魚；牠們巧妙地溜進，

寬大的鯨嘴，去吃牠的心臟。」

不過令人慶幸的是，同一個作者又保證，牠也是益友：

「有如一艘卡拉克巨艦，龐大而沉重，
以其重體，不易向東轉西，
不如小型弗列加號或快速的賓納斯號轉向。
就像是四肢高大有力的駿馬，
有的產自弗里斯蘭❺，有的日耳曼，
無法快速敏捷如，
西班牙捷納艦或輕巧的巴巴瑞號。
因此，巨大的鯨魚沒有靈巧的動作，
比不上海洋中較小型的魚。
不過，有時候，牠會粗魯地衝下岩石，
或盲目地游進兇險的狹窄海峽，
而往往活不過十二個月，
但還好有那小而驕健的朋友，
一種小魚兒，游在牠前頭，
指引離開岩礁的安全方向，不入淺灘或海岸。」

捲毛鯨（一）。　　　　　　　　捲毛鯨（二）。

　　我們只談了少數幾種鯨魚，還有許多沒提到的，可被歸於「奇思幻想類」的鯨魚將接著說明。但無論如何，時至今日牠們已不復存在。希羅多德告訴我們在波瑞斯尼斯，有種「巨大而沒有任何脊椎的鯨，人們稱之為安塔凱，適合以鹽醃漬。」接著，葛斯納也提到許多不曾聽聞的鯨魚。有一種有鬃毛以及鬍鬚，其臉部略與人臉相仿，只在最偏遠的北方海域出沒，還有一種多毛的鯨魚——「捲毛鯨」❻，或者到了德語世界就被稱為「哈霍獸」，但是沒有提供任何這些教人好奇的動物的細節。

　　他給我們提供了鯨類的圖像，稱之為印度蛇，不過他顯然自己都不太相信是否為真，他說這是卡達涅斯先前寄給他的。他想不透這是什麼，有猴子的頭部、手腳掌，但是其尾巴的樣子又指出牠必然是種水生動物。

印度蛇。

葛斯納在他的《附錄與補遺》（*Addenda et Emendanda*）中，以麥格納斯為本，提供了一幅未命名的鯨類的圖像。他說其體積龐大，且牙齒令人懼怕。

一條有可怕牙齒的鯨魚。

他還提供了兩、三種如今絕種的鯨類的畫像，像陸生動物也像人類。第一個是一種獅形怪獸，他引用朗戴勒夏斯為其佐證。

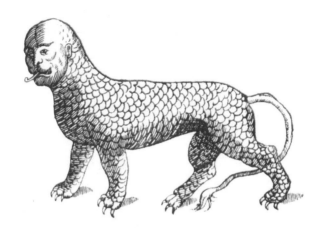

大小像獅子般的海洋怪物。

　　有種生物身上沒有任何部份符合海洋掠食動物的樣子，不過他說吉斯柏特斯‧傑曼涅斯這位在羅馬執業的醫生保證，是在大海中描繪的，就在教宗保祿三世逝世前不久，約西元一五四九年。牠的形狀及大小都與獅子相近，有四隻腳，全無殘缺，不像海豹有不完美的後肢，也不像海狸或鴨子的腳連一起，而是完整無瑕，完完整整長成獨立的帶爪腳趾。不過補充一點，吉斯柏特斯指出了畫家的缺點，他把腳畫得比實際更長，耳朵對於海生動物也太大了。

　　葛斯納以及亞卓凡德斯提供了僧侶及主教魚的圖像。他說，僧侶魚在挪威捕獲，那是個波濤洶湧的水域，而這是引用了畢修

斯❼的說法，形容了一頭相似的怪物，在弗斯灣❽所捕獲。主教魚只在西元一五三一年的波蘭沿海有人見過。

　　這些海中怪物的存在，即使從未有人見過，但仍廣受相信，因為史路普（我也引用過他的資料）在他耐人尋味的小冊子裡，提供了這兩種魚的畫像（比葛斯納的還嚇人得多）。關於那海中僧侶他說：

僧侶魚。

「大海帶來豐沛魚產，
這些美好獻禮必須珍惜。
但是海僧侶實在非常怪異，
因此便畫下此像。」

關於那海中主教史路普則說：

「陸地上不是只有主教，
成日夢想榮耀與頭銜。
主教同樣相信大海，
但別問，有多少人能戴那頂，
主教冠。」

主教魚。

　杜・巴爾塔斯也寫到這些魚類
神職人員，牠們彷彿都在天上或在陸地，其分身則在海中。

「（如蒼穹中也有的）海洋裡也有太陽、月亮以及星辰；
　（如天空中也有的）燕子、以及烏鴉與和椋鳥，
　（如陸地上也有的）藤蔓、玫瑰、蕁麻以及甜瓜，
　石竹、紫羅蘭、磨菇還有許多甜瓜，

以及其他植物（比這些更加罕見與怪異），

跟海洋裡有魚一樣。

此外也有大角羊、小牛、馬、野兔以及野豬，

狼、獅、獨角獸，象以及狗，

沒錯，還有男人與女人；

而（我更景仰的）那受封的主教與獲職的修士；

有關牠們的例子（已過了幾年），

曾在挪威展示，並呈給波蘭王子御覽。」

　　史托在他的《年鑑》提到的怪魚，是這兩種其中之一嗎？「西元一一八七年，在穌弗郡的牛津附近，有些漁夫在網中捕獲一條各方面都像人類的魚，這條魚被格蘭維爾的巴托密❾養著，位於牛津城堡的考斯托斯一帶；經過六個月的時間，在同一座城堡令人納悶的是：牠一個字也沒說。無論哪一種肉牠都吃得津津有味，不過更喜愛生魚，牠會先把水分都榨乾再食用。牠也常常被帶著上教堂，不過全無崇敬上帝的表現。後來一不注意看管，牠就溜回海裡再也沒出現了。」就算這不是全然屬實，我認為還是可以算是一流的英國產物，而且就我所知，獨一無二。所有深

海的居民，總帶點什麼水生生物的痕跡，有的有鱗片、或有條尾巴等。

順著杜・巴爾塔斯的想法，讓我們把一些有相近部位的海洋動物挑出來看看。海牛圖是葛斯納提供的，麥格納斯則提供真實故事：「海牛是種巨大的海怪。強壯、憤怒，動不動就造成傷亡，牠的幼獸與牠相仿。然而一胎不超過兩頭，通常是一頭，牠非常疼愛孩子，而且細心地帶著牠到處游，無論是游到海外或登上陸地都一樣。最後，據說這種動物若斬斷其尾巴，可以活到一百三十歲。」

麥格納斯稱海豹為小海牛，而且他提供了關於其棲息地的描述，是極其難得平實描述，無論如何，只有幾個地方，不像現今所有的海豹：「小海牛在拉丁文裡稱為 Helcus，其名稱與陸地上的小牛相似，牠的身軀有精實的肌肉，因此不易屠殺只能靠擊碎

海牛。

其太陽穴。牠的聲音像公牛，四隻腳也像，但耳朵不像，這是因為牠生活在水裡也住在水裡。假如牠有牛的耳朵，恐怕要灌進很多水也會妨礙游泳。牠們有學習能力，能用聲音以及表情向同伴致敬，例如發出一聲悶響。叫牠們的名字會回應，也不像別的生物睡覺睡得那麼熟。牠海裡用來游泳的部位，到了陸地上則成為腿，而牠們跑步會像綿羊般連跑帶跳。」

「牠們的皮即使從身體取下也永遠能與海洋感應，每當靠近海，皮上的毛就會如鬃毛般豎起。其右鰭有助眠的效果，放在人類的頭底下能讓人一下就入睡了。那些害怕打雷的人，都認為以小海牛的皮革搭建的帳蓬住起來最穩固，因為只有這種海中生物如天空中的老鷹般，不會被雷電所擊。假如海像惡劣，風浪大做，小海牛皮上的毛也會變得亂成一團；假如風平浪靜，毛髮則會變得滑順。也就是說，你可以從一張沒有生命的毛皮得知大海的狀況。波士尼克的水手則以這種皮革製成的衣服來預測大海是否風平浪靜，判斷他們的航程是否能成功順利，或會不會有海難的危險。小海牛很有膽量，當牠們聽到雷聲，看

到閃電時，會感到開心，並登上山丘，像蛙類在雨中歡欣慶祝一般。」

在〈大齋期❿中食小海牛肉者之疑惑〉一文中有段極縝密之論證顯示，根據判斷力更有條理的人，駁斥許多正反雙方提出的理由，說明亦證明一件事，也算是定論了：小海牛到了岸上之後，若遭獵人追捕跑向樹林，則牠的肉在嚴齋期大家要忍住不能吃，若跑向海洋，則儘管食用無妨。

葛斯納則為海馬留下這樣的描繪，也毫不隱諱地說，那是經典的馬，海神的座騎就是這樣子；但是麥格納斯宣稱：「在不列顛與挪威之間，常有人看到海馬。牠頭部如馬，也會嘶鳴，不過牠的腳與蹄都像牛的足部，屬於偶蹄。牠有條長尾，而末端分叉如魚尾，且牠在陸上與海中皆可以生活。而儘管牠可以長至如公牛那麼大，仍難以捕獲。」

海馬。

注釋

❶ 即 Lamprey，一種狀如水蛭的長鰻，口部演化成圓盤形，內有層層細利齒，擅長吸咬住獵物，吸其血液，甚至其肉。

❷ 即 to throw a tub to the whale，意思是「分散某人的注意力」，源自捕鯨業。

❸ 即 Physeter macrocephalus。Physeter 來自希臘文，意思是「氣管」。

❹ 其原文 ambergris 的原意是「灰色的琥珀」，是原物的直接寫照。

❺ 即 Friseland，荷蘭北方一省。

❻ 即 Cetum Capillatum vel Crinitum，此拉丁文即「鯨魚、多毛、捲曲」之意。

❼ 即應該是 Hector Boece，常簡稱為 Boethius（1465-1536AD），蘇格蘭哲學暨史學家。

❽ 即 Firth of Forth，位於蘇格蘭，愛丁堡即臨其濱，灣口向東朝北海，寬 28 公里，深 77 公里。

❾ 即 Bartlemew de Glanville，約十二世紀末生於英格蘭穌弗郡，初為修士在牛津習博物學及神學，後至巴黎教授神學，並加入聖芳濟會，西元一二三一年奉派往德國任教神學。

❿ 即 Lent。來源有數種說法，一為古時入教的預備動作，亦有做為迎接復活耶穌的自滌過程，亦有仿效聖約翰在荒野斷食以拒魔鬼誘惑之意。

PART 4
海中幻獸

海鼠、海兔、海豬
The Sea–Mouse、The Sea–Hare、The Sea–Pig

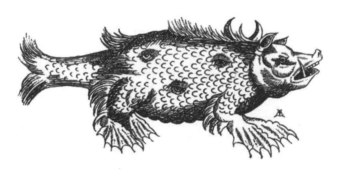

海豬。

　　海鼠會在地上鑽一個洞,生下蛋並用土蓋上。三十天後牠會將窩挖開,將幼獸帶到大海。起先幼獸沒有視力,後來才會漸漸看得到。

　　海兔在海中的品種繁多,一旦被捕捉時,因為人們懷疑牠們有毒,所以儘管再像野兔也會立刻釋放。牠頭後長了四片像是野兔的雙耳,其中兩片的動作輻度大到與身全相當,另外兩片則從背部到腹部底下,藉此提著頭部的重量。這種海兔在海中可是大家迴避的,而在陸地上牠也一樣教人生畏,與野兔一樣兇。

　　再次感謝葛斯納，多虧他我們才能看到這幅海怪的圖像。麥格納斯提起「日爾曼海裡的怪物豬」時，他說：「我以前提過英格蘭海岸上的一條怪物般的魚，清清楚楚地描述了牠的全身以及各個部位，西元一五三二年有人見過牠，居民捕獵牠。如今我得好好回憶一下那頭怪物豬，牠被發現的日期較晚，是在西元一五三七年的同一片日爾曼海。牠怎麼看都是一頭怪物，因為牠的頭部像豬，有個四分之一圓的結構，像月亮在牠頭部後面。四隻腳像龍，腰部兩側各長著一隻眼睛，在肚臍附近的腹部上有一隻眼睛，且身後還拖著一條末端分叉的尾巴，就像蛇一樣。」

PART 4
海中幻獸

海象 ❶
The Walrus

　　有關海象或稱為羅斯馬瑞或莫爾斯，葛斯納提供了圖畫，麥格納斯則以文字這麼敘述：「挪威海岸尤其更偏北的部份，有種大魚跟大象一樣巨大，名叫羅斯馬瑞或莫爾斯，其由來可能是牠們狠咬的方式。因為假如牠們看到海岸上有人類，有可能會追捕。牠們會突然猛撲，用巨牙撕扯人體，輕易地就要了人的命。因此這種魚被稱為羅斯馬瑞或莫爾斯，牠們頭部像公牛，有覆毛的外皮，毛跟麥桿或葦梗一樣粗，長而散漫分佈全身。」

海象。

牠們用長牙把自己撐起來，像爬梯子般登上岩堆頂上。牠們會吃帶露野草或淡水，並在裡頭打滾。除非這時候牠們睡著了，就會在岩堆上休息；而漁夫們會趁此空檔從尾巴下手，把皮從肥肉割開。用最堅韌的繩索，將割開的部份綁在附近的岩石或樹木上，他們會利用彈弓朝海象頭上丟石頭把牠弄醒，強迫牠爬下來以便取得最大部分的皮革，也就是被綁在岩石或樹木頭的那些。牠因無力反抗與恐懼而奄奄一息，便成了價值不菲的獵物。尤其是那對巨牙，被賽錫亞人、莫斯科大公國人、俄羅斯人及韃靼人等民族的人都視為珍寶，就像印度人看待象牙一樣。海象巨牙的價值來自其硬度、白色以及厚實感。因此，經過巧匠的工藝後，巨牙極適合做為標槍的把手，這點也經過一位波蘭史學家麥科維塔，以他對薩爾瑪提亞這塊領土的看法中嚴加佐證。而年代晚於他的保羅・喬維歐❷在提起某位迪米崔❸時，說莫斯科大公爵曾贈教宗克里蒙七世一根巨牙。

麥格納斯所說的海象嗜睡到牠因「無力反抗」而遭活剝皮革等都是二手資料（兩者在任何史料，都找不到任何佐證），而另一方面，在海克留特出

版社出版的《海象簡介以及其用處》中的描述，海象十分清醒且機靈，絕非是麥格納斯筆下那種可以任人宰割的動物。

　　書中描述：「在賈克斯‧卡席爾的航程裡，他於西元一五三四年發現了聖羅倫斯灣❹，並在所述的雷米亞島❺遇上了這種動物。他根據目睹的畫面寫下這段文字：『在前述的那座島上，有種像公牛般的巨大動物，牠們口中有兩根如象牙的巨大牙齒，但住在海上。我們看到一頭睡在水邊便企圖加以捕捉。當我們駛船靠近時，牠一聽到動靜一翻身就鑽進海裡。』賈克斯‧卡席爾所談到的這種大如公牛、口吐巨齒如象牙的動物，沒錯！牠們應該就是拉丁文裡的 Boves marini 即 Vaccæ marinæ（海牛）❻，而俄文稱為 morsses。就我所見，牠們的皮不小於任何一張公牛牛皮。製成皮革作為衣物時，我有一件的厚度是任何英格蘭的公牛或公牛牛皮的兩倍。」

　　「皮革商認為牠們是絕佳擋箭的材料，可抵擋蠻族的箭簇。我認為其用處遠超過用來做輕皮盾，這種皮革曾在莫爾人戰爭中做為對抗蠻族的箭與長矛，這是我在倫敦女王親臨的閱兵典禮中看到的。這種大魚的牙齒，我曾有一次見過磨製完全的一根，足足有一呎有時更長。它販賣給英格蘭的髮梳及刀具商的價格，一磅重要叫價八銀幣三先令，等重的上等象牙才賣一半價格，而其骨頭紋路較象牙的黃一點。有位布里斯托的亞歷山大‧伍茲森先生是我的老友，一位優秀的數學家及醫術高明的醫生，他讓我看

了一件這種野獸的牙齒，是從雷米亞島帶回的東西裡最珍貴的一件，足足有半碼長或略短些。他跟我保證，他在醫治病人時會用到它，有絕佳祛毒功效，就像獨角獸的角一般。」

注釋

❶ 此為中文說法，因其二巨犬齒似象故名之，但牠在英文的說法 walrus，來自荷蘭文，原意為「鯨馬」。

❷ 即 Paulus Jovius（1483-1552AD），義大利文拼法為 Paolo Giovio，義大利醫生、史學家、傳記作家及高階神職人員，與梅迪奇家族關係匪淺，曾任其家醫，並擔任主教之職等。

❸ 該位應為俄羅斯大使或使節。

❹ 即 Gulfe of S. Laurance，加拿大東方開向大西洋之河口。

❺ 即 Isle of Ramea，加拿大紐芬蘭島南岸外的叢爾小島，最長處不滿一公里。

❻ 即 Boves marini 與 Vaccæ marinæ 即拉丁文與希臘文之「牛類、海洋的」，故譯出來即「海牛」。

劍吻鯨[1]、劍魚
The Ziphius、The Saw Fish

劍吻鯨。

    這種兇殘動物的體積可以從牠能吞下一頭豹想像得到，也因此被稱為麥格納斯。「由於這種動物在北方海域廣為人知，值得與其他海中巨怪一起談。劍魚奇特無雙，不過與鯨類可比。牠的頭部與鷗鴉一樣醜陋。牠的嘴巴像個大坑般深不見底，牠用嘴巴來威嚇並嚇走來犯的動物。牠的目光恐怖、背脊隆起如劍，且有副尖銳的嘴鼻。這種動物常常侵入北方海域的海岸，被視為小偷或有害動物，牠們往往對遇到的船隻做不利的事，像是在船身鑽個洞讓它沉沒。」

「劍魚也算得上是海中怪物。牠的體積龐大，頭部有個像鋸子的半月形構造，堅硬且有鋸齒。牠會游到船底下把船鋸開，使水湧入，然後等船沉沒後，船上的人便成了牠的腹中餐。」

注釋

❶　即 ziphius。此字源自挪威語 nebhval，意思就是「長了尖喙的鯨魚」。

逆戟鯨
The Orca

　　牠應該就是長尾鯨❶。普里尼描述：「巴萊納（某種鯨魚）甚至入侵我們的海域。據說牠們冬至之前，不該出現在蓋迪斯海，在特定季節牠們會隱藏至平靜遼闊的海灣，並在那裡生育。然而這個習性卻為逆戟鯨所熟知，牠是對長尾鯨特別具敵意的，牠的體形無法精確描述，只能說是長了牙齒的龐大肉塊。」

　　「這種動物在長尾鯨隱居的地方攻擊牠們，用牠的利牙撕裂幼鯨並攻擊剛生產完的母鯨，對母鯨甚至在還懷著幼鯨時便會下手。而當牠們衝向受害者時便會刺穿牠們，有如被利伯尼亞戰艦❷的船首攻擊。雌長尾鯨缺乏調動身體的彈性，沒有力氣防衛自己，也被自己的體重所拖累。因懷孕消耗體力或不久前的分娩痛苦而變得虛弱，牠們十分清楚，唯一生路是逃向開闊的外海，游到全部海域。而另一方面，逆戟鯨則儘量在牠們逃走前追上。逆戟鯨會在半路攔截，獵殺的方法有圍堵到狹窄水道、逼往岸邊讓對方擱淺，或讓對方撞下暗礁。觀看這場海中大戰，猶如看到大海沸騰，灣上沒有一絲一毫的風，然而波濤因牠們的呼氣與不停衝撞而洶湧，那個浪勢之高，不是任何旋風捲得起來的。」

　　「一頭逆戟鯨在奧斯夏港出現，並遭到克勞迪厄斯一世下令攻擊。當時皇帝正好在此建港，有皮革從高盧運來，不慎從船上落

入海中，逆戟鯨因受到皮革味的吸引而來。」

「牠們獵食數日肚子也吃得撐，並在淺水區造成一條水道。然而有時因風浪使這些凹糟堵塞，牠會發現自己沒辦法游回頭；而在追逐獵物時，牠把浪都往岸上推，因此背部便露出水面，有如翻覆的船的船底龍骨出水朝天。觀看此景的凱撒命人架起數張網，從此岸到彼岸，跨過港灣出口的兩端，而他自己則坐鎮禁衛軍之中，讓羅馬人得以瞻仰。船隻襲擊了怪物，船上士兵如雨般向牠投擲利茅。我親眼看到其中一條船，被這種動物以呼吸噴出的水柱注入船中導致船沉。」

麥格納斯描述關於鯨魚跟逆戟鯨之間的戰鬥：「一條鯨魚是非常龐大的魚，約一百或三百呎長，而逆戟鯨在體形上較小，不過攻擊更靈巧且兇殘，鯨魚是牠的致命天敵。逆戟鯨就像一艘把內在翻到外表的船體，是具有兇猛利牙的野獸。牠們把利牙如船尾般運用，把鯨魚的腹部劃開，並把幼鯨開膛破肚，或者牠會快速地用多刺的背部在對方身體上下磨擦，逼對方擱淺。但是鯨魚無法把龐大身軀轉向，不知道怎麼應付狡猾的逆戟鯨，只希望能一逃了之。然而效果不大，因為這

個臃腫的動物被自己的重量拖累，沒有誰能帶領牠逃離天敵，遠離危險。」

注釋

❶ 原文為 thresher whale。此處因世上有 thresher shark，名為長尾鯊，其尾鰭上半延長，如一長尾，故此名。但正式鯨類中，未見此類，但類推之。

❷ 即 Liburnian Galley，古羅馬帝國海軍的小型戰艦。

海豚
The Dolphin

　　普里尼說：「海豚這種動物，不但對人類友善還喜歡音樂。牠會受到美妙音樂吸引，特別是水風琴。牠不怕人，即便陌生人也一樣，甚至會上前迎接船艦，在船前後跳躍並與船競速，即使船帆全張全速前進，牠們竟也能超前。」

　　奧古斯都大帝在位時，有條海豚被帶到路克寧湖，與一名窮人家的孩子產生最美好的友誼。小孩天天從拜亞走到普堤奧里上學，每天快到中午時總會在路中停下，以名字西摩叫牠，並且會撒下吸引牠到岸邊來的麵包片。無論是幾點，只要男孩碰巧路過呼叫牠，不管牠躲藏在看不到水底深處的哪裡，牠總會奔游來到水面，等吃完男孩手餵的麵包，牠會以背部示意男孩可以騎上來，小心翼翼地把背鰭上的刺狀凸起收到鞘中。這樣持續了好幾年，直到男孩碰巧染上疾病身亡。海豚卻依然來到同一個地點，神情哀傷，表現出深厚的感情，最後牠竟然也死了，大家都深信這是因為牠因失去朋友悲傷過度而死。在這幾年之間，

另一隻在非洲地中海附近的希波・達利亞城，也有類似情況，常常接受不同人類的餵食，願意與人相依偎，與泳客共游戲水並讓他們騎到背上。弗雷維厄斯這位當時任職非洲總督的人，以香膏抹在牠身上，而牠竟沈沈睡去，看來是這個膏對牠而言是新奇的香氣，導致牠浮在水上漂來漂去猶如死去。在此之後數個月，牠變得小心迴避與人的接觸，就好像受到某種羞辱。不過過一陣子牠又回來，像往常一樣與大家打成一片。最後，由於牠吸引太多達官貴人來一看究竟，使他們喜歡牠，希波人因妒生恨便把牠殺了。海吉西狄莫斯也告訴我們，在伊亞撒斯城（凱瑞亞島及市），那裡有個男孩名叫赫米亞，也有類似情況。他常騎豚遊海，但有一次海上忽然吹起風暴，赫米亞不幸溺斃，海豚便把屍體帶回，不願回到海上，而是登上乾岸就地而亡。

不過杜・巴爾塔斯提供了海豚個性裡的另一特質：

「儘管海豚不吝於現身，
　會見牠活著的朋友，但水下，
　牠們把死者埋葬在沙墳下。」

獨角鯨
The Narwhal

獨角鯨。

　　牠一般稱為單角獸 ❶ 或海獨角獸，並把牠們混為一談，這是葛斯納的說法。儘管粗略，其實現存的角，即可能是獨角鯨的角，同樣在他作品中，談到海犀牛即獨角鯨，與體形龐大的龍蝦或克拉肯海怪打鬥，我不知道是哪隻與獨角鯨打鬥，因為正如我們看到的，克拉肯海怪被畫成蝦類一般，即螯蝦。獨角鯨的長而有螺旋紋路的角，多少世代來當成傳說中獨角獸的角，這是非常珍稀的寶物，配得上當送給皇帝、女皇的禮物。這幅葛斯

納的圖像裡，將牠畫成頭頂獨角而鼻部尖長的怪物，正在吞噬一隻螯蝦。

麥格納斯則評論獨角鯨：「這種獨角獸是個海怪，在額頭上有根非常巨大的角，牠用來刺穿東西，並把擋牠去路的船弄沉，以淹死千百個人。但是上天垂憐行船人，保護他們安全，因為儘管牠生性兇殘，卻行動極緩慢，根本不用怕牠追得上。」

較早期親眼見過獨角鯨的航海人，相當精確地描述了牠。例如巴芬，他的名字我們早已耳熟能詳，巴芬灣❷即以他的名字命名：「海獨角獸就是條大魚，額頭上或鼻頭上長了一根長角或骨頭，就像馬汀・弗洛畢夏爵士在他第二趟旅途所發現的那一頭。我們也在不同地方看過牠們，假如知道牠們的長角有

吞噬一隻螯蝦的獨角鯨。

什麼價值，許多恐怕已遭屠殺。」而如《海克留特期刊》裡所報導，弗洛畢夏說：「在這片西岸，我們發現一頭漂浮的死魚。鼻頭上有根筆直的角，角上有螺旋紋路，長約兩碼短兩英吋。角的尖端已斷，我們看出其內部中空，我們的水手放了些蜘蛛進去，牠們立刻死掉。我沒有親眼看見，不過告訴我的人說是事實。因此，我們認為那就是海獨角獸。」

注釋

❶ 其原文 Monoceros 即「單」與「角」二字。而此物又有好華文文人者，直接以「麒麟」附會。其實東漢許慎在說文解字中，解釋「麒」一字為「麋身牛尾，一角」，身體並沒有鱗片，頗有獨角獸的味道，而當時古物上的麒麟形象，也僅是如此，樸質單純，在鹿與馬之間，非今日顏色華麗、結構複雜而似龍的形象。有趣的是，其一，「麟」原本在許慎的說法裡，指的是雌麒，而今日卻常被用做男性名字；其二，其形像愈到後來，愈像龍頭牛身獸，而非只是獨角的麋。也就是說，頭有一雙鹿角，身上長出鱗片；雙角也許出自中文文化好雙成對之癖，而後者可能出自「麟」之諧「鱗」音；總之，美則美矣，但既有龍，何需似龍之鱗？

❷ 此灣位於格稜蘭與加拿大巴芬島中間之遼闊水域。

史旺魚[1]
The Swamfisck

史旺魚。

　　儘管這幅插圖就放在麥格納斯談史旺魚那章的開頭，卻似乎一點也沒有體現裡面文字內容：「這種魚類或者怪物不同品種，會在此確認。由於其形體可觀，還有許多天生特質，牠們與其他生物常常來到挪威沿海，人們為了牠們身上大量又豐富的脂肪而捕捉。漁夫為了提煉它，就先像煮肉那樣以火煮那脂肪。他們賣給人們做為保養皮革或燈的燃油，它在永夜裡帶來光明。首次出現的那頭海怪身形渾圓，在挪威人們稱之為史旺魚，為眾多海怪裡最貪吃的一個。儘管不斷進食，卻難以飽足。據說牠沒有明顯

的胃部，嘴部與胃是同一條大通道，因此牠吃了東西會讓軀幹直接變得更粗壯，於是牠看起來什麼都不像，就是一整坨肥肉。牠沒有止境地撐開、脹大，等到實在再塞不下了，就會隨時吐出幾條魚，因為還想要有個像魚樣的頸部。但這種動物如此肥碩，每當有危險時，牠就會像刺蝟那樣脹大牠的肌肉、肥肉以及皮膚，捲起來包覆自己，這對牠自己也未必全有好處，因為為了逃避其天敵，牠就不打開自己，當餓得受不了了，就吃自己的肉維生，與其全身被天敵吞噬，不如自食部份的自己保命，等危險過去再看怎麼自救。」

注釋

❶　即 Swamfisck，挪威文，為 Swam 與魚 fisck 二字根之結合。

沙哈布 [1]
The Sahab

　　還有另一種海怪名叫沙哈布，巨大的身體讓腳變得嬌小，但其中一隻腳卻很長，可以保護身體各個部位。牠會用腳將肉送到嘴巴，挖掘並抓取植物。牠的腳長得像成牛或幼牛的腳，幾乎全部由軟骨構成。這種動物能在水中游泳，呼吸時會像海豚或鯨魚，把水噴向天空。

注釋

❶ 　即 Sahab，北歐民間傳說中常出現之人形三趾怪物，但形象不一。

佘考斯[1]
The Circhos

　　天底下沒有任何怪物像牠，牠叫佘考斯。兼俱軟肉及硬殼的外表，一半黑、一半紅，腳上有分岔的蹄，每腳上有三個腳趾。這種動物的右腳很小，但左腳又大又長。因此，當牠走路時全身都歪向左邊，右腳則拖在身後。沒風的時候，牠便出來走動，不過風強而天空多雲的時候，牠會躲到有許多岩石的地方，牢牢定住躺下不動，幾乎什麼也拉不動牠。這種特質真是方便，風和日麗便健康，風雨飄搖便生病。

身上標有字母的魚（一）。

身上標有字母的魚（二）。

　　北國的博物學家們不喜歡古怪的魚類搶走所有目光焦點，都怪贊恩，他提供了一幅生動的圖畫，描繪了兩條在丹麥及挪威（就是在北方的某海域）捕獲小魚的各個側面，上頭有些令人好奇的字母。他不打算考證這些文字，由於並非任何已知語言，我們不妨就原樣重現，即 volapük。他還奉上西元一六〇九年在席萊夏❷發現的魚，身上同樣裝飾有未知語言的字。

　　他給我們一幅梭子魚的畫像，魚體側上淺淺地畫了一個十字架，額頭上則有顆星。不過，若要把他提到的魚類奇事都說完，會花掉太多篇幅。

　　亞里斯多德提到，魚在寒冷地區無法繁衍，他還說那些頭部有塊石頭的魚，像是雀鯛、歐洲鱸、石首魚以及嘉臘魚這些種類，在冬天受害最大；那塊石頭會害牠們受凍，逼牠們上岸。

　　約翰・孟德維爾爵士談到泰隆納克王國時說：「那個國度有個任何國度都沒有過的奇事，所有的各種魚類每年都會到那裡一次，一條接著一條停在靠近岸邊的地方。有時在岸上停留三天，

該國的人民可以來任意取走。時間到了，魚就游走，接著另一種過來，停留三天任人取用，其他魚類也用這種方式都來報到，人們任意取走。人們不明白其中道理。不過那個國家的人說，那些魚來是為來崇拜他們的國王，因為他們說他是世上最英明的國王，妃嬪成群並生下無數皇子。」

我從未聽過有別種魚有這種習性，除了馬可波羅筆下寫到亞美尼亞的述敘：「在這個國家裡，有個名稱叫聖理奧納多的修女會，我得與大家分享一件奇聞。在我們所談的那座教堂附近有座大湖，坐落在山腳下，湖中一年到頭都看不到任何魚，無論大小，但是只有在嚴齋期來臨時例外。」

體側有十字架，頭上有顆星的魚。

在岸上的魚。

「嚴齋期的首日,你會在湖裡找到世界上最細緻的魚,而且數量龐大;牠們一直源源不絕,直到復活節前夕。過了那天後又半條無存,來年嚴齋期到時才再出現,年年如此。『這真是循環不已的奇蹟!』」

艾德華・韋布的《甘納大人》這部遊記在西元一五九○年印製。他告訴我們:「在敘利亞境內,有條河裡有大量的某種魚,體形在鮭魚和鱒魚之間,不過猶太人怎麼捕撈都捉不到半隻,但由基督徒與土耳其人捕撈卻十分容易,因此得到許多漁獲。」

普里尼有幾則耐人尋味的自然現象要分享,有關天降牛乳、血、肉、鐵以及羊毛。不止如此,他甚至說,在這羊毛雨年裡,泰特斯・阿尼厄斯・米洛❸為自己的私人願望祈求,於是天降瓦片!

天降魚類。

　　聽過這個後，麥格納斯的故事也就見怪不怪
了，天降鮮魚顯得理所當然，尤其他又補上天降
青蛙以及蠕蟲的情況。

　　他說了一則耐人尋味的故事，有關位於芬蘭
新堡的一條黑水河：「在芬蘭邊境有座碉堡，就
在極地邊上，它屬於瑞典王國，名為新堡。結合
了自然與建築藝術的優勢，建築得巧奪天工。坐
落在一座圓形山頭，只有朝西的一個出入口。而
且，以鐵鍊拴住的船隻，經由各種輪軸機械的強
勢動力並以水力推動的優勢，晚上可以拖曳到河
中某處，由瑞典國王指派的保管人員來指揮，或

用於農耕。有條遼闊的河流過這座碉堡，河深不可測。河從白湖而來，高度逐漸下降，到了最底下呈現黑色，特別是在碉堡周圍。有一種黑魚只在那裡棲息並出產，味道不錯，不輸鮭魚、鱒魚、鱸魚、梭子魚以及其他肉質細嫩的魚種。碉堡周圍也產崔畢斯魚，牠夏天為黑色，冬天為白色。亞伯塔斯說，這種魚到了大海會變瘦，不過當牠一呎長時，約有五指幅寬。這種魚用鹽調味，可以把遺落在水中最深處的金子引出，讓金子浮到水面。最後，黑水河流經了維柏甘這座城市，使湖水變黑，就像因尼羅河神排泄而形成黑河一樣。」

「當豎琴手身影出現在水域之中，撥弄琴弦演奏起來時，代表這是個惡兆，預告碉堡總督或隊長將會遭突襲身亡，或因睏誤事而犯了軍法的看守人，要用頭下腳上姿勢被丟下高城處死。且這個水域從來不缺鬼魂與異象，它們會隨時顯現，在岸上都聽得到河中有不明號聲與鈸響。」

亞里斯多德提到一種名叫摩瑞克斯的魚，牠會反芻食物。普里尼談到鸚哥魚，他說：「這大概是現今唯一會反芻的魚類，而且吃植物而非其他魚種。」不過普里尼似乎忘記提到，就在同一本書前頭，他說紅海裡有座大半島，在阿拉伯南岸上名叫卡達拉，在那裡有種海怪，會像許多牛一樣走上岸來，吃完草根、灌叢後便回去。其中有一些頭部像馬、驢及牛等，會把穀物田地當成牠們的草地。

運用機械的碉堡與周圍的魚類。

注釋

❶ 即 Circhos，北歐民間傳說中常出現之人形三趾怪物，但形象不一。

❷ 即 Silesia，中歐區域名稱，在德國、波蘭及捷克交界一帶。

❸ 即 Titus Annius Milo，約西元前一世紀間人物，為一政治策動者，曾支持前三巨頭之龐貝。

拖延魚 [1]
The Remora

　　關於這種魚普里尼寫道：「有一種小型魚，生性喜歡棲息在岩石之間，名叫鮣魚，即 echeneis，原文意思是『把船拖住』。據說這種魚一旦貼到了船底的龍骨上，船就開不動，牠因此得到前述的名號。也是為了這個原因，牠被當成春藥，還能破壞判斷力以及阻撓法律程序，導致這種魚的名聲不好，然而從來沒有人當牠是食物。莫西亞訥斯談到體形較紫螺大的髮梳螺時描述，牠的頭部既不鈍也不圓，甲殼為單一的一個，在兩側會對摺。他還告訴我們，某些這種生物一度會將自己貼到載有出身高貴的孩童的船身，孩童被培瑞安德 [2] 召見去淨身，因此牠們全力阻止張帆的船；他再進一步說，這種甲殼魚類因為及時做了這件好事，在克尼朵斯 [3] 的維納斯神廟中受到崇敬。崔貝厄斯・奈傑 [4] 說，這種魚有一呎長，五根指輻粗，牠能讓船慢下來。此外，牠還有另一個作用，若用鹽醃漬保存，可以用來拉出掉入井中的金子，不管這井有多深。」

「但，克里歐，你怎麼這麼不厭其煩，
細數著海神忙碌的略奪？
假如在他的工作中你只仰慕茫茫大海裡，

有價值的東西，那麼只帶來，

一條小魚，其精采的故事，

足以顯示牠的力量與榮耀。

讓所有的風，集合成一股強風，

並且（僅次於海神最強大的海流）讓所有強勁

的海風，一次吹起，

往船尾，一艘將帆全張的船。

讓她經歷一百個小時，

每個小時都有五百槳手奮力划動；

拖延魚將其脆弱的角插入。

被暴風雨摧殘的船尾，

該船停止不動，而她所有友艦，

繼續航行，快樂地回到想去的海港，

接著釋放所有鮣魚，但一點作用也沒有，

因為被下咒的船一吋也不動，

跟長了根，釘在地下一般，

二十具錨把她牢牢絆住，

近乎森林中那株經歷了，

千次暴風雨的橡樹，（一千次）而不搖，

儘量往外散根，深扎地下，

在地上則向上長出有力的手臂。」

注釋

❶ 即 Remoa，此拉丁文之意思即「拖住、延遲」，其學名 Echeneis 為希臘文直譯即「抱船魚」，echein 為「拖住」而 neis 即魚。牠是頭頂吸盤之魚類。

❷ 即 Periander，西元前六世紀統治古希臘位於柯林斯一帶王國之暴君。

❸ 即 Cnidos，小亞細亞西南角上之濱海古城。

❹ 即 Trebius Niger，西元前二世紀古羅馬之政治人物及作家。他在博物學方面有許多著作都為普里尼所採用。

犬鯊 [1] 以及魟魚
The Dog–Fish and Ray

犬鯊。

　　麥格納斯寫道：「有些魚類兇殘，有些則仁慈。有一種海犬魚（即犬鯊），在義大利，人們稱牠為波洛瑪魚，在挪威則是赫魚，人們海裡游泳時上述魚類便會加以攻擊。牠們十分貪婪且成群結隊，你一不留心就會葬身海底。不但因為被咬而沉入海中，牠們還會用體重把你壓到水底。先吃人體軟的部分，像鼻子、手指等等。接著魟魚便來為傷者找尋生機，牠們用其天生的鰭穿水而來，先是以蠻力趕走溺水者身上的犬鯊，接著用盡方法催促溺水者振作游走。魟魚還會留在溺水者身邊，直到他真的回天乏術。幾天之後，海

洋的自然流動會把身亡者沖上水面。這種慘況可以在挪威沿海見到。那些外國人或水手不知道水中凶險，從船上往海裡跳入沐浴，每當這時，這些犬鯊，也就是波洛瑪魚，就藏在船身下方，在錨邊（或稱海羊頭）埋伏，好伺機逮人，這都是因為牠們兇殘的天性使然。」

注釋

❶ 即 Dogfish，牠是小型鯊，成魚約一公尺，身上略有斑點，成年後淡化。為配合原文字面中可能有的涵意，直譯為犬鯊。

海龍
The Sea Dragon

海龍。

　　海龍屬於魟魚一族，是該族長像最嚇人的一種，但是我們對牠幾乎一無所知。普里尼只是隨筆一提：「海龍假如捕獲後拋到沙灘上，會用口部在沙裡鑽洞藏身，且身手快得神奇。」麥格納斯幾乎直接把普尼里的話照抄過來。這幅畫來自葛斯納，只是牠被歸於魟魚一類，而他沒有提供更多資料；亞卓凡德斯對牠另一幅畫的出處也沒多說什麼。

刺魟
The Sting Ray

刺魟。

　　普里尼提到刺魟，並聲稱牠有一些神奇的能力，其實根本沒那回事：「牠沒有什麼可怕之處，除了牠長在魟❶尾上的刺，人們稱為長根角❷，那是條足足有五英吋長的利器。若把刺插到樹根，樹木便會枯死。那條刺有如利箭般，還可以刺穿盔甲，而除了有鐵器的堅硬外，牠還有侵蝕的毒性。」

注釋

❶　Trygon 即魟魚。

❷　Pastinaca，原文為防風、蘿蔔類植物，取其長角之形。

魚類的感官能力
Senses of Fishes

　　普里尼還跟我談到魚類的感官能力，首先是聽力：「在所有海洋生物裡，牡蠣或許沒有聽力，但是據說，只要一有聲響，竹蟶❶這種貝類就會沈入沙中。正因如此，釣魚人在海上一定要保持肅靜。魚類即使沒有聽覺器官，也沒有外耳，但牠們有聽力卻無庸置疑，這是眾所皆知的事實。有些養殖池塘，人們在餵食前都會先拍手，這樣魚就會自動群聚過來。就連在皇帝的御池也是如此，魚兒不分品種，都會呼名而至。同樣的，梭魚、狼魚、樽海鞘以及雀鯛，都有極其敏銳的聽覺，這是因為牠們常出沒於淺水水域。」

　　「魚類有嗅覺也是再明顯不過了，因為同一種餌，有些魚就不會上第二次的當。有人看過牠們在吃以前，會先聞一聞。有一些藏身洞底的，會被釣魚的人以鹽漬魚的味道逼出來，釣魚人以鹽漬的魚在牠們藏身入口抹一抹，裡頭的魚便立刻衝出，因為牠們認出了同類屍體的味道。同時，牠們也會被某些氣味吸引而浮到水面，例如烤烏

賊或章魚，因此捕魚常用這東西放在捕魚器裡抓魚。牠們也常常衝出聞船上積存的廢水，特別是察覺到其中的魚血腥味。」

「你根本無法將章魚從牠吸附的岩石拉開，不過若使用岩薄荷❷這種草的味道，牠們一聞便會鬆脫。所有生物都有觸覺，就連其他感官都沒有的生物也會有；就連牡蠣以及陸生的蠕蟲，都有這種感官。我堅信這種觸覺感官能力一切生物都有，否則要怎麼尋找食物或彼此呢？」

注釋

❶ 一種長形貝類生物。

❷ 即 cunila，唇形科之草本植物。

植形動物
Zoophytes

　　他寫到海洋中較低等動物的生態時說：「沒錯，就我的看法，我強烈相信在那些軀體裡存在感官能力，其本質既非動物性也非植物性，而是綜合前兩者的第三類。我是指海蕁麻水母❷以及石棉。海蕁麻水母會在夜裡到處漂蕩並變換駐留地點。這些生物天生有種肉質枝枒，能從肉吸取養份。且能產生刺癢帶來疼痛，有如被陸上的蕁麻植物所蟄。為了尋找獵物牠會收縮讓身體緊到不能再緊，然後等小魚游過，牠就突然張開射出其枝枒抓住魚並吃掉。有時候牠則做出一副萎枯的樣子漂來漂去，像一團海草隨波逐流，但若碰巧接觸到魚就立刻蟄牠。魚一被蟄就會馬上去岩石上磨蹭身體，以去除刺癢，這時海蕁麻立刻撲上。到了晚上牠也會留意蛤蜊或海膽；當牠察覺有觸手接近，便立刻變色並收縮身體；等到接觸時就會製造灼痛的感覺，即使只有短短一下子，牠也有時間逃走。據說牠嘴巴的位置是在其根部或下半部，而排泄物則從位於上方的管道排出。」

注釋

❶ 即 zoophytes，指外觀像植物而實際上是動物的生物，如珊瑚。

❷ 為其英文直譯，對牠的利害描述頗為直接生動，亦稱太平洋黃金水母，此名則以其顏色為著眼。

海棉
Sponges

海棉。

　　我們找到有人提到的三種海棉❶：第一種密實，堅硬而粗糙，名叫屏狀海棉；第二種也密實，但柔軟多了，叫做掌狀海棉；第三種最佳，質地細緻，可作隔絕潰瘡之蓋物；最後一種叫密質海棉。這些海棉都長岩石上，以食用蛤蜊、其他魚類以及蛞蝓維生。

　　看來這些生物也有些智力。因為牠們一旦察覺你用手撕牠，就會收縮身體，再想剝開牠們就沒那麼容易了。波浪將牠們來回撼動時，牠們也

有同樣反應。在牠們中央處找到的小蚌殼明白顯示，那是牠們食物的遺骸。有關托隆尼海棉，甚至有人說牠們在被拔起來之後還是能活，而且能從原來附著岩石的地方再長出根來。岩石上牠們附著的地方，在拔走後，會留下一片類似血的深紅色，特是非洲賽特斯❷所產的海棉。

麥格納斯給我們附有植形動物及海棉的圖像。關於後者他說：「海棉在挪威沿海大量繁殖。牠與其他生物一樣會收縮及膨脹身體，然而，有些無法從岩石移走，如果從根部斷裂，牠們會再生長。有些則能到處移動，而這種在挪威沿海大量出現。人們以泥巴、小魚及牡蠣餵養牠們。牠們活著的時候呈黑色，就像吸水後的顏色。」

注釋

❶ 此處應為四種，似原文有誤。

❷ 即 Syrtes，利比亞濱地中海之海灣。

克拉肯海怪

The Kraken

克拉肯海怪。

　　這種專屬北方海域的巨大怪物幾乎不算是傳言了，因為巨大的卡拉瑪瑞巨魷並不算罕見。可憐的龐托畢丹❶，常常被視為丹麥的阿納尼亞斯，不過關於這種巨大的墨魚，確實有可信的敘述。例如西元一八五四年，在傑特蘭的史卡格，就有一條擱淺在岸，漁民將牠切成小片以做餌，並塞滿好幾個大木桶。另外在西元一八六〇或一八六一年，有一隻則擱淺在蘇格蘭西部的希爾

斯克與史卡洛威之間的海岸，牠的觸鬚有十六呎長，帶吸盤的觸手也有一半長，身體則有七呎長。法籍船艾列克頓號於西元一八六一年十一月三十日，在瑪戴利亞島與譚尼瑞夫之間，用一條帶活結的繩索套住一隻巨大的槍烏賊，也只套住牠的一部分，其身軀斷裂了。據估計，牠的身長應有十六到十八呎長，不包括其觸手。許多國家都有傳說，說牠們會把船弄沉並從船上抓人，甚至連中國人跟日本人都這麼描繪其形象。

　　麥格納斯給了我們一隻巨大章魚的圖像，牠正抓取一名水手，將他從船上拖下來，儘管他拼命抵抗仍沒有任何作用。下一頁則畫著一隻巨大的槍烏賊牢牢抓住一名人類。這幅也收納在葛斯納與亞卓凡德斯書中。讓水手最恐懼的，要數恐截鰻❷。葛斯

正在抓水手的巨型章魚。

納從世界各地得來的描述，稱牠為大海蛇，不過亞里斯多德說，恐截鰻能吞噬大章魚，因為大章魚沒辦法吸附在恐截鰻光溜溜的身體上。麥格納斯還談到，這兩種生物相互厭惡。

根據普里尼引述崔貝厄斯‧奈傑的說法：「大章魚還算相當狡猾。蚌殼類視力不佳，事實上其他感官也不強，牠們的強烈感官只有在感受到飢餓或危險時才會啟動。因此，章魚埋伏在旁，等牠打開外殼的那一剎那便投入一枚小石頭，同時留心讓石頭不碰到對方身體，以免對方將石頭吐出。如此安排妥當後，章魚便對獵物發動攻擊，後者此時想要闔上卻徒勞無功，因為中間卡了一個石頭，所以殼無法闔上。」

除了上述狀況，同一位作者還說：「世上沒有任何現存的動物，能像牠在水上對人類具有更強的殺傷力。牠纏住人類的身體，然後緊縮不讓對方掙扎，接著用牠的觸手與吸盤把人拖到水裡，這常常是牠攻擊遭船難的水手或小孩的方式。然而，假如這種動物被翻過身子，牠就會頓時無力；因為假如仰臥，牠的諸多手臂便自然攤開無力。」

其他同一位作者所提供的細節，就更加光怪

陸離了。「在卡戴亞的醃漬工坊，有隻大章魚習慣從海裡跑出來找罐子沒蓋緊的醃漬物，把裡頭的醃魚吃光，這真是不可思議。所有海洋動物只要有一絲鹽漬物的味道就會追上，其效果如此明顯，讓所有的漁夫在他們的捕魚器內部都會狠狠抹上這類醃漬物。由於牠一偷再偷而且貪婪無度，讓工坊主人們忍無可忍。即使架起柵欄，那隻章魚也總有辦法利用樹翻越，最後只有利用經訓練的狗才能逮住牠，狗群在半夜裡圍住正叼著獵物要回海裡的章魚，工坊主人被狗叫吵醒，出來一看，那奇景教他既驚又奇。」

巨型章魚。

「首先，那頭章魚的體積真是前所未見的大；再者，牠全身覆滿乾掉海水的鹽結晶，並呼出可怕的腥臭味。誰會想得到在陸地上看到章魚，或者在這種狀況下的這個模樣，認出是牠？因為牠時而以惡氣噴向狗並以其觸手末端甩擊牠們；時而以其粗壯的數根觸手像木棒一樣攻擊；而人們最後還是再多拿上幾根三尖魚叉加入戰鬥，才勉強扭轉局勢獲勝。人們把這頭怪物的頭獻給路克勒斯；其體積比十五雙耳陶瓶的木桶（相當於一百三十五加侖）還大，而且還有如鬍鬚的放射狀觸鬚。就以崔貝厄斯的說法來形容，觸鬚幾乎大於雙臂環抱的大小，表面有如狼牙棒佈滿結，且有三十呎長。其吸盤大如陶甕，形狀如盆，其牙齒也大小相仿。這頭怪物的屍體已被細心保存當做奇物供人觀賞，重達七百磅。」

麥格納斯說：「在挪威海岸有一隻章魚或多腳生物，背上長了根管狀物，牠將它伸到海水中，牠有時將根管狀物挪向右邊，有時向左。再者，牠運用諸腿在孔穴間進出，時而左揮、時而右擺，而牠那些長了牙齒的乳頭，吸緊了每個走近牠的生物，一個個都嗜血。無論牠吃什麼，都會堆到

牠住的地方。然後，牠會把皮丟出來，把肉吃乾淨，並獵捕游向牠的魚。牠也把吃過的蟹殼或堅硬部位拋出。牠會依據所依附的岩石的顏色來改變自己的顏色，特別是看到自己所害怕的天敵——恐截鰻。牠有四根大中腳，總共八腳，軀體不大，以大長腳彌補。牠用這些大腳存活、移動、自衛並控制自己的一切。要是牠吸附在石頭上，幾乎誰也沒辦法把牠拔下來，除非對牠噴些刺激氣味。」

注釋

❶ 即 Erik Pontoppidan（1698-1764AD），丹麥挪威文作家、史學家暨古典學學家，曾任路德教派之挪威主教。

❷ 即 Conger eel，為海鰻體形最大的一種。conger 有體積龐大之意。因海鰻不論大小，皆以恐怖的偷襲方式，攔腰截斷的吞噬其獵物，故音意雙譯甚名。

蝦與蟹
Crayfish and Crabs

　　普里尼告訴我們，印度洋裡的蝦有四腕尺長（即六呎），他聲稱螃蟹是治癒蛇蠍咬傷的特效藥：「河蟹捕後活搗成泥，以水服用，或者烘製成灰保存，可解一切中毒。要化解蠍子的毒素，配驢奶一起服用尤其有效，若無驢奶可得，就以羊奶或其他任何動物的奶取代。在這類的中毒情況裡，也必須用酒。以河蟹和羅勒搗成泥，可以用來殺死蠍子。同時，這帖藥方用來治療任何有毒動物的叮咬也一樣有效，尤其是環紋蛇、蝰蛇、海兔、毒蟾以及赤蛙螺。」

　　「河蟹的灰保存好，可用來治療被瘋狗咬傷後出現的狂犬病症狀，有些人還會加上龍膽草並用酒調和喝下。若已罹患狂犬病，則建議將河蟹的灰和酒製成藥丸，以酒吞服。魔術師說，將十隻河蟹和一把羅勒綁在一起，附近的蠍子會被吸引過來。他們還建議，要治癒蠍子咬傷，這些螃蟹或牠們的灰要和羅勒一起服用。但要記得，若要用於這個目的，海蟹的功效不大。」佘雷西勒

斯告訴我們：「最恨蛇的，莫過於螃蟹，每當豬隻被蛇咬傷，人們就會餵牠們吃螃蟹解毒。當太陽位於巨蟹座時，蛇類就痛苦不堪。」「傳說，當太陽行經巨蟹座時，岸上死蟹的屍體會化為蛇。」

Part 5

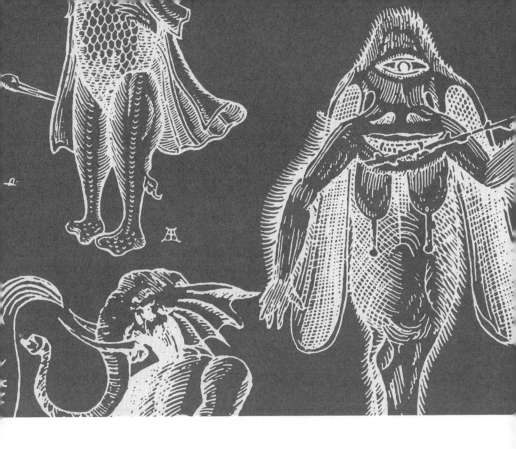

海巨蛇 The Sea-Serpent 巨蛇 Serpents 多頭龍 Wormes and Dragons 鱷魚 The Crocodile 巴西里斯克與雞蛇怪 The Basilisk and Cockatrice 蠑螈 The Salamander 蟾蜍 The Toad 水蛭 The Leech 蠍子 The Scorpion 螞蟻、蜜蜂、大黃蜂 The Ant、The Bee、The Hornet

海巨蛇
The Sea–Serpent

海中巨蛇（一）。

　　關於遠古文明深信巨大海蛇存在的這點，無庸置疑，因為在柯薩巴德的亞述帝國宮殿的牆上，就不只出現一次，牠還有在呈現沙爾貢到賽普路斯之旅的雕像上，因此真正可追朔的時間有二千六百年以上的歷史，不過牠的存在應該只是一種信仰，想當然爾，海巨蛇的根源必然更加久遠。

　　亞里斯多德在將近四百年後著述，他提到海巨蛇野蠻的本性：「在利比亞，這些大蛇如前面評論過十分巨大。有些人說當他們航行經過沿岸，看到了許多牛骨，對他們而言那已證明牛隻被這些大蛇吞噬。隨著船前行，大蛇們攻擊三艘槳戰艦，牠們一些撲上其中一艘戰艦，使它翻覆。」

這裡所提及的，連同沙爾貢的大海蛇，無疑都是海中蛇類，至今依然存在，可在印度洋中找到，不過較大型的卻要在更北方的海域才有。把這種海怪的存在說的繪聲繪影的情況一直沒褪流行，依然還是有許多人全盤相信這些傳說。只不過若表明自己相信那些傳說，肯定會招致嘲諷。無人懷疑那些自稱親眼見過的人會是刻意欺瞞，只是總會有人提出自己深信的理論來揭穿，說那是一群海豚或巨大的墨魚，在水面上耍弄自己的觸手；因此無人肯承認他見過這一切。

　　麥格納斯與葛斯納兩人都提供了挪威大海蛇的圖像，我選後者，因為那幅最好。前者說：「那些在挪威沿海的航海人，無論是捕漁或經商全都相信這則奇聞。那一帶有條大海蛇，是條龐然巨獸，也許是近兩百呎長，二十呎粗。牠喜歡棲息於柏杰一帶海岸上的岩礁與洞穴，會在夏天的晴朗夜晚獨自出洞，並吞噬牛隻、羊群以及野豬，或者下海去吃章魚、龍蝦以及各種海蟹。

海中巨蛇（二）。

牠通常有長髮垂掛頸部，有一腕尺長，還有尖銳的鱗片，形體黑而眼紅如火焰。這條蛇讓船員驚恐，而牠抬頭時有如巨大的柱子，擄走船員並將他吞噬。要是這個情況沒發生，那表示王國將有劇變將至，也就是君主將死亡或遭罷黜，或動盪的戰火不久就要開打。在莫斯這個城鎮，也有一條有如上帝之錘，巨大無比的蛇。牠的出現就如同彗星預告世界會有劇變，也預示挪威王國將有所改變。就如西元一五二二年所見的，牠高豎於水上，蜷捲起身體如巨球。這條巨蛇據揣測，從

海中巨蛇（三）。

遠處看來有五十腕尺長。隨後發生的是克里斯卻訥斯國王遭罷黜，各區主教廣泛地受到迫害，同時也顯示了國家的崩解。」

托普索在他西元一六○八年的《巨蛇歷史》中並未對大海蛇的傳說貢獻什麼新東西，不過加上了另一種海巨蛇的圖像，亞卓凡德斯也加了，我提供的就是後者的。龐托畢丹時為柏杰主教，在他的《挪威博物史》中提供了一幅海巨蛇的圖像，有幾分類似早於他的漢斯・埃格德❶在《格陵蘭的使徒》書中所放的圖。龐托畢丹企圖以北國博物史來釐清其中之良莠，不過並未完全達成目的。他提供了幾個例子，有一個似乎非常忠實準確地呈現了海巨蛇的外貌。

不過，更具可信度的，恐怕還是年代更近的例子。華特・史考特爵士❷在《海盜小記》中說（內文談的是雪特蘭以及奧克尼群島的漁夫）：「他們知道海巨蛇。牠們從海洋深處竄出，向天空高舉其長頸，頸上有戰馬頸上的鬃毛，牠高舉大如船桅的頭部，以其碩大閃爍的眼睛瞪著，似乎在尋找可以掠奪的東西或可以殺害的人。」作者認識一位水手，在同儕中還算有些名望，信誓旦旦的說看過這聲名遠播的海巨蛇。再怎麼猜測，似乎應該有一百呎長，長有鬃毛，火紅雙眼，如早期作家對這個怪物的描述。這位目擊證人再怎麼不濟，應該也不至於把挪威海域上漂流的木頭看成海怪。

艾格是茵凡內思郡❸斯莫群島教區中某一島的教區牧師，他

海中巨蛇（四）。

在西元一八〇九年寫給維納爾自然史學會❹的秘
書尼爾博士，說他人坐在船裡，在離岸兩哩的海
上看見海巨蛇。那條巨蛇尾隨所在的船隻，而這
位牧師因跳上一座岩礁而得救。他形容這怪物頭
部碩大、尾巴細長、沒有鰭，身體由頭至尾逐漸
變細。牠以波動的樣子前進，他估計其身長約有

八十呎。當時同樣目擊此物的，還有其他十三艘漁船的船員，全都逃到最近的岩礁避難。

在西元一八三三年，有一群英國軍官正從哈利法克斯跨海到馬洪灣❺，他們說行經馬格利特灣時，看到一條海巨蛇，長度估計有八十呎。

西元一八四七年，在克里斯欽珊及摩爾得❻一帶，有條海巨蛇常被許多人看見，其中有位摩倫漁夫，名叫賴斯·約尼昂看得最真確。他說有天下午，正值盛夏難耐，他人在船上兩個小時之內就看到兩次，而且幾乎擦身而過。事實上，就在離他六呎之外，他一時驚恐地平躺船中，把性命交給上帝處置，只把頭舉高至船沿好觀察怪物動靜。牠游過去便消失然後又游回來，但是一陣微風撲來後，牠便翻身入水，而他再也沒看見。他形容這怪物有六噚（三十六呎）長，其身軀如蛇體般渾圓，且有兩呎粗，頭部跟十加侖的酒桶一樣長，眼睛渾圓、火紅、閃爍，直徑有五英吋寬。頭部正後方有像鰭的鬃毛，從頸部長起，游水時會向左右兩側分開。其鬃毛與頭部都是赭紅色。身軀相當光滑，行動時快時慢，就像蛇一樣上下移動。其身體與尾部的波狀動作，只有一小部分露出水面，但有近一噚❼長。他的說法受到幾位有身份地位的人證實，一位外科醫生、一位教區主事牧師、一位牧師助理等，全都在見過海巨蛇的人之列中。

不過海巨蛇現身的最佳目擊證詞，無疑來自皇家軍艦達戴勒

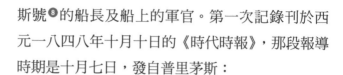

斯號❽的船長及船上的軍官。第一次記錄刊於西元一八四八年十月十日的《時代時報》，那段報導時期是十月七日，發自普里茅斯：

「當時達戴勒斯護衛艦艦長是麥奎艦長，於其第四次任務抵達此處，船正從東印度出發回國，到了好望角與聖海倫之間。某天下午四點，船長與大部分的軍官及船員目睹了一條海巨蛇。從艦上看見那頭生物足足有二十分鐘，並從船尾下游過。其頭部露出水面約四呎，軀體有六十呎筆直貼著水面。據估計，水下必然至少還有三十至四十呎以上的身體推動著水，在水下讓牠能以時速十五哩的速度前進。暴露可見的身軀直徑約有十六英吋。當牠張口露出一口的尖牙，看起來可以讓一個高大的男性站在其中。船以時速八哩往北開。達戴勒斯於七月三十日離開好望角，八月十六日抵達聖海倫。」

麥奎艦長從戴文波❾捎了下面這封信給海軍上將暨皇家奎爾夫勳章爵士 W. H. 凱吉：

「皇家軍艦達戴勒斯號，海默亞茲河口，一八四八年十月二日。」

「大人麾下，肅此回答上述日期之來信，要求資料佐證《時代時報》上所刊載之事。由屬下指揮的皇家軍艦達戴勒斯號，於東印度返國途中目睹巨大海蛇，此乃屬下之榮幸能向海軍大臣上報此事。在上個月，即八月六日下午五點鐘，地點東經 9 度 22 分、南緯 24 度 44 分，天氣陰沈多雲，吹西北風，長程海流自西南而來，左樯駛帆指向東北微北，見習軍官沙多里先生看見異象快速向船腹逼近。他立刻向當值軍官艾德嘉・莊蒙報告此情況。屬下當時與他以及船主威廉・巴瑞特先生正在船尾甲板散步，船上人員正在用晚餐，他們向我們指出異象所在，看後證實是條龐大的巨蛇，其頭與肩部一直伸出海面四呎高。這個我們可以依主頂帆區大小與水中顯示的長度比較得來，且牠至少有六十呎在水花之間，但那部分依我們觀察完全沒有用在推水前進的功能，既無垂直也無水平的波浪動作。牠迅速通過，但緊逼著船尾甲板區，若是有人站在那個距離，可以用肉眼可辨認出容貌；而牠在游向船或穿過我們船後的波痕，絲毫沒有偏離牠所走的西南向，穩定地以時速十二到十五哩前進，彷彿心無旁騖地直奔其目標。」

「該條巨蛇從頭來看，無疑為蛇類，而緊接頭部部分的體圍約十五、六英吋。在我們以望遠鏡觀察的二十分鐘內，沒有一

刻潛到水下。其體色深棕，喉部則黃中帶白。牠沒有鰭，不過有類似馬的鬃毛，或者也許是頸後纏了一些海草。目睹者有舵手、副水手長以及掌舵班水手，此外還有我以及前面提到的眾軍官。」

「屬下手上有張該巨蛇的畫像，是依據目睹後立即畫下的草圖繪成，希望能於明天立刻火速郵寄至大人麾下。

蕭此麥奎艦長」

　　因篇幅有限，我無法依時載下所有從西元一八四八年至今海巨蛇的現身記錄。說牠們不算罕見，應該屬於中肯的結論了，至於其真假有幾分，我在此再提供一個目睹案例：西元一八七七年六月二日，奧斯本皇家帆船駛離西西里島之維多角船上見到海巨蛇。海因斯上尉將其形象畫下，並以下列文字描述，二者皆經船長及數名軍官確認屬實。他寫道：

「奧斯本皇家帆船，直布羅陀，西元一八七七年

巨蛇畫像。

六月六日。

那天傍晚（六月二日），海上平靜無浪，我發現海面上有一道
鰭露出，長約三十呎，高度在五、六英吋之間。在望遠鏡中細
看，距離約一點五海哩，我清楚看到牠的頭部、兩肢鰭足，以
及三十呎的肩部。

那條動物的頭我差不多可斷定有六呎厚，頸部較細，約四至五
呎厚，肩部有十五呎寬，鰭足每個都有十五呎長。牠鰭足的動
作有如海龜，該動物貌似巨大的海豹，其頭部背面更是與海豹
相像。我看不到頭的長度，但從頭頂到肩部緊接著沉入水中的
下方為止估計有十五呎。我最初盯上的那道鰭在我拿來望遠鏡
時已沉沒不見，也許那就是該動物從肩部到身體末端的全貌，
若不是，那其他我沒見到尾部的樣子可能是沈在水中。該動物
的頭部也時而入水，不過會昂首翹起，每次停留個數秒，然後
消失。全程中完全沒有『吹氣』、『噴水』。」

我想這個證詞，雖然是怪奇動物學的一條內容，但可以認定不無可能，也不應該被貼上造假的標籤。

注釋

❶ 即 Hans Egede（1686-1758AD），丹麥挪威之路德教派傳教士，後來跨海至格陵蘭宣揚其教派。

❷ 即 Sir Walter Scott（1771-1832AD），蘇格蘭文學家，更以歷史小說為專長；作品頗豐，包括《劫後英雄傳》，經林紓譯為中文，對白話小說發展，有相當的影響。

❸ 即 Inverness，為蘇格蘭北方極有名的觀光小鎮，以近有水怪的尼斯湖而聞名。

❹ 即 Wernerian Society（1808-1858AD），一般如原文之方式簡稱之，為愛丁堡皇家學會分支，其會員皆為當時科學界之菁英。

❺ 即 Halifax 及 Mahone Bay，前者為加拿大東北角上濱大西洋之省，哈立法克斯為省會，馬洪灣就在其南方不到一百公里處。

❻ 即 Christiansand 與 Molde，二者皆為挪威南端之城市，前者在丹麥對面，後者位置較北，濱臨大西洋。

❼ 即 fathom，為六呎長。

❽ 即 H.M.S. Dædalus，此名應指希臘神話最高明的建築師暨機械發明者，達戴勒斯，他曾建造關住牛頭人身怪的迷宮及可讓人飛翔之人工翼；他向來都是相關工程、建築名命時之首選之一。

❾ 即 Devonport，英國南方，濱於英倫海峽西方之出口，為普里毛茲港城之一個碼頭區。

巨蛇
Serpents

托普索曾寫了一部關於巨蛇的「歷史」，就算未必全然可信，卻趣味十足。大半材料我會從那裡採用，內容顯示當時詹姆斯一世❶所相信以及教導巨蛇的「最新發現」。托普索自然是從牠們從何而來談起，聖經裡便提過牠們，接著還說到人類催眠及馴服巨蛇的能力。關於牠們從何而來，他說了下列故事：

「阿洛伊厄斯・卡達莫斯特斯❷於其對新世界的描述裡，說了一則某個萊吉利亞❸年輕人的事，他在非洲旅行並與黑人打成一片，作者想經由這位年輕人來證明，對於他們催眠及馴服巨蛇是平常而熟悉的事。」

「這位年輕人身在非洲與黑人接觸，寄宿於布多尼爾國國王的侄兒家中，當他要休息時，忽然被某種不尋常的嘶嘶聲吵醒，聽起來有如無數種蛇。他好奇從哪傳來，不禁心生恐懼，他聽到主人（國王的侄子）正在準備出門，因為他聽到他呼喚僕人備好駱駝。年輕人問他：『為何月黑風高的深夜還要出門？』主人回答：『我只是到附近而已，馬上回來。』他於是出發了，還施了個咒讓蛇安靜下來並驅趕牠們離開。主人回來得比這位萊吉利亞年輕人預期的還快得多。當主人回來時便問年輕人：『是否聽到非比尋常的蛇類聲音？』年輕人回答：『聽得膽顫心驚。』接著

國王的侄子（畢斯波洛）回答：『那是蛇，牠們想入侵房子，原本會毀了牛群與羊群，還好我及時出去施法將牠們趕走，這種事在這一帶很常見，因為此地有害的蛇類數量龐大。』」

「那位萊吉利亞年輕人聽他這麼說，佩服得五體投地，並說這簡直太罕見、太神奇，基督徒恐怕不會有人相信。那位黑人反而詫異這位年輕人竟如此無知，於是告訴他，他們的國王下一道咒語就能做出比他更多的神奇事情，他剛做的，只是無關痛癢的瑣事罷了，算不上神奇。因為，當他需要用毒將任何人置於死地時，他就會在劍上或一件胄甲上塗上些許蛇毒，然後畫個大圓圈，用咒語召喚無數毒蛇進入那個圓圈，他本人站在蛇群中央，觀察聚集的蛇裡哪條最毒，哪條的毒液威力最強，他就殺了那條，並將其他蛇立刻趕走。接著他從死蛇上取出毒液，與特定常見樹木的種子混合，用它來附著在飛標、箭簇、劍尖上，能立即致命，無論傷口再小都能殺人，例如劃過的表皮或流了血等。這位黑人殷切地勸說年輕人觀看一場實驗見識他所說的一切，但是這位萊吉利亞年輕人只想聽聽罷了，沒膽量親身嘗試，便

回答這類實驗他一概不想看。」

從這件事可知，所有黑人都對施法上癮，且除了對付蛇類的這項，皆從未被神認可，但這個我恐怕難以置信。

關於蛇類對人的感情，托普索提供了一些例子：「我們在普魯塔克裡讀到某些蛇的故事描述，一些年輕處女的情人。有一條蛇愛上了名叫艾托麗雅的處女，牠常在半夜裡來找她，溫柔地爬上她的身體，從未傷害她，由於珍惜這場情緣，牠留在她身邊纏綿直到早晨才自行離去。而此事終究紙包不住火，讓處女的監護人及師長察覺，他們將她挪到另一座高塔裡。蛇想念牠的愛人，花了三、四天到處尋找她，後來終於巧遇，但那時牠並未如先前那樣與她嬉戲、溫柔滑動，而是以冷酷且嚴峻的表情惡狠狠地看她，奔向她的雙手並用身體緊緊纏住，其尾部則輕輕拍打她的背。回想一切，這象徵牠給她的懲戒，艾托麗雅因為她的任性與失約而辜負了這位情人。」

伊里昂納厄斯也談到，有位名叫伊吉蒙的人在他詩中寫到有個佘薩塞雷人，名叫阿連納。他在佘塞雷一帶放牛，那裡靠近赫莫尼厄斯泉，附近有條蛇，牠的體形與重量非常龐大。追求他，溫柔舔他的臉與金髮，但沒對他加諸任何一絲傷害。

他還多說了幾則「蛇的故事」，並取材於西元一五五一年在維也納印製的拉丁文小書。內容如下：「（我的作者說）有玉米田就有蛇、蜥蜴以及其他蛇類的存在，就跟裡頭的作物一樣多。

由於怕傷及農作物，裡頭就生出成群醜陋兇惡的蛇。鄉下人決定實際放火燒毀穀倉，但沒有成功，因為不管他們怎麼努力、用什麼方法來放火，麥桿都無法著火。最後有條巨蛇出現在他們上方的穀堆頂上，牠舉頭以對，並以人語對這些村夫說：『別再折磨你們的工具了。你們放不了火的，因為我們不是自然界裡的生物，我們也非自願來此，我們是上帝派來懲罰有罪的人。』」

阿提利厄斯・瑞古勒斯❹在巴拉格拉達河附近紮營，那裡有條體積巨大的蛇就住在軍營內，因此給全軍帶來極大的混亂，直到以彈弓射石與使用了許多其他辦法，他們才壓制住並屠殺了那條蛇，事後便將牠剝了皮送回羅馬，而其長度有一百二十呎長。

儘管這頭怪物的大小，似乎已巨大得難有可匹敵的生物，波茲丹尼厄斯這位基督徒作家卻說了一則另一頭更巨大怪物的故事。他寫道，他曾見過一條已死的巨蛇，其長可涵蓋一畝地的寬度，雖然身體所有部分，頭部及身軀都依正常比例，但牠的身體實在是太大，大到騎士在馬上兩倍的高度，都無法看到另一邊，而牠的嘴巴寬到即使

騎士在馬上，牠也可連人帶馬一口輕鬆吞下。牠外表或皮上的鱗片，每一個都有大水桶或箭靶那麼大。說到這裡，自然沒理由懷疑聖喬治❺屠龍的故事了，那條巨蛇之大，要用九頭公牛才能把牠從席連納城拖出。

在斯萊泰族分佈區域，巨蛇都是蜂擁而至，攻擊他們的牛、羊群，牠們將有些吞噬、有些則殺害並吸血，有些則被擄走。不過若要說其中有任何難以置信的內容，應屬他所著《新發現的國度》第十二部裡關於弗拉特倫的描述。其中他寫道：「那裡有條一哩長的巨蛇，每年中總有一次會從所住的洞窖蛇穴爬出，殺害路上遇到的牛羊與放牧的人。在西班牙島上的那條，形象則沒麼恐怖，雖然一樣體形龐大，也用蠻力恣意任為，但牠不會傷害生靈。」

看過上述故事後，托普索自身的真實故事讀來就有如一股清流：「這是在英格蘭發生的真實故事。在某位虔誠的紳士家中，某位僕人的遭遇，若有需要我可提供其名字。那位僕人的雙腿變得跛而無力，覺得在床上永遠暖和不起來，他也試著多加衣服取暖，蓋上穿上層層衣物不見功效，後來他竟連行動都成問題，各科醫生都束手無策，找不出病因。」

「有一天其主人碰巧從客廳窗戶往外望，他看見一條大蛇沿著房子週圍爬行，鑽進那個跛腳僕人的房中，然後躺在他床裡，我記得因為他住的下層房間就在客廳該窗戶的正下方。紳士急於

解決問題，也想知道那條蛇會在房內做什麼便跟上，並從房子窗戶往裡望。紳士看見蛇鑽進鋪床的麥桿堆裡，想辦法在床底板上弄個開口，而那只是老舊木板。他立刻高聲呼喚兩、三位僕人來，告訴他們他看到的事，並命他們取劍來將蛇殺死。我記得僕人先進去將病人挪走，並由其中一位把床板掀起，另兩位則拉起麥桿堆，主人則在屋外，守住蛇進房的那個洞。床板掀起後，長劍便刺入麥桿堆裡，可是裡頭竟鑽出五、六條藏身其中的蛇。僕人們鼓起勇氣，不一會兒會將牠們殺光，並把死蛇丟到屋外。過後那條病腿就痊癒恢復先前的強壯了。顯而易見，蛇類的陰寒性質因每夜都靠著腿取暖，造成雙腿麻痺而跛。」不過，再說一則：

我不能不說世上最難以忘懷的故事，一場陸蛇與海蛇的大戰。故事來自《席特·伯杰勒之書》，他是巴伐利亞人，在土耳其被俘時得知此故事。他的說法如下：「在一個名叫建尼奇的王國，有個城市名叫珊普森，當我作為土耳其人巴亞薩塔王的俘虜被囚禁於該地時，有天無數的陸蛇與海蛇蜂擁而至，將上述珊普森城包圍，範圍約一

哩長。陸蛇從川尼珂森林出來，又大又多，而海蛇則來自鄰近的海洋。牠們聚集在城外有九天，城民於由害怕沒人敢出城半步，不過倒也沒有人看到有當地的人民或牲畜被傷害。」

「因此國王也下令人民不可驚擾也別傷害牠們。這是明智的判斷，這種異事不是上天的奇蹟，而這也顯示會有大事發生。到了第十天，這兩類蛇開戰了，從太陽升起前的一大早，一直打到太陽落下，這時國王帶著隨扈出城察看戰況，在他與隨扈看來，海蛇似乎略遜陸蛇一籌。於是國王與隨扈又回到城裡，第二天再出城，只見死蛇遍野，約有八千條，全數都挖坑並以土掩埋，再以書信通知巴亞薩塔王事情的始末。事後偉大的土耳其國王加以歡慶，因為他把此事詮釋為吉兆。」幸好人們找到可以剋蛇的東西，這東西與用法似乎十分簡易。

普里尼如是說：「白蠟樹 ❻ 有種好處，就是無論早晚，沒有一條蛇類敢靠近它的樹影。沒錯，就算還有一段距離，蛇就會遠遠厭惡地避開。我們並無定論，只是從經驗看到這件事。假如升起火堆，以白蠟樹的枝枒圍住火堆周圍，並將蛇放在樹枝跟火堆之間，則蛇寧可衝入火堆也不願靠近白蠟樹。」麥格納斯則說：「在白蠟樹遍佈的北方國家，確實沒有有毒動物，這也是普里尼的看法。」卡里瑪卻斯 ❼ 說：「在特拉奇尼亞國長著一種名叫斯密洛的樹，蛇類只要碰到或靠近，都會立刻死去。」迪莫克特斯也這麼認為，任何蛇類只要對牠們丟橡樹葉就會死掉。

　　普里尼認為：「艾奇比亞丹也算是一種野生的牛舌草，用法及藥效皆同。只要將艾奇比亞丹這種植物，嚼碎後啐吐在蛇身上，牠就絕無活命的機會。在那些莊嚴的祭典，雅典人向穀物女神獻祭，他們的女性會以名叫阿格諾斯的植物的葉子撒滿床鋪，因為這樣子蛇就無法忍受，也因為她們想像此種植物可以讓自己貞潔，便以此做為它的名字。而一種名叫迷迭香的藥草，最能剋蛇。」

　　「埃及人也拿下述草藥來送人，索利斯王的皇后波麗丹娜憐閔海倫，設法讓她在法勒斯島停留，並將某種藥草送給她（因此該島盛產此草）。它是蛇類的死敵，據說蛇類聞到它的味道，就立刻知道是它，蛇會立刻躲回自己的地下洞穴。於是海倫便種植這種草藥。她相信等植物成長結實，其種子也是蛇類的大敵，因此這種植物便被稱為海倫尼恩，植物專家都支持這個說法。這種植物在法勒斯生長旺盛，那是尼羅河口外的小島，與亞力山卓以一橋相連。」

　　芸香（有人稱之為神賜之草），特別是利比亞產的是蛇的損友。由於它十分乾燥，因此常讓蛇類迅速昏厥而且還會失去鬥性。如西莫卡特斯證

實，芸香因極度乾燥所造成的僵硬，或濃烈的氣味，會在蛇的腦部裡造成沉重或酒醉的症狀，或造成某種癲癇。蛇類無法忍受芸香的味道，因此每當黃鼠狼與蛇打鬥前，都會先吃芸香做為對抗敵人的手段，亞里斯多德與其詮釋家普里尼都這麼認為。

鄉下人若把牛奶容器留在田野外，會在瓶身抹一圈大蒜，避免某些毒蛇爬進去，伊拉斯謨斯❽說，這是因為大蒜味可以驅走蛇類。

從來就沒有誰見過蛇類碰觸三葉草（即 herbe Trifolie），伊德納斯就是這麼向世人堅稱。而卡爾登醫生也有類似的觀察，蛇類或任何有毒液的動物都不願停留、棲息或行經三葉草附近，因為那是牠們的毒藥，就像牠們能毒害其他生物一樣。因此人們常種植三葉草以供使用，尤其在酷熱的國度更廣為栽植，那裡各種有毒生物也特別多。

阿諾多斯·維拉諾訥斯說有種名為德拉恐提亞的草能殺蛇。弗連提納斯則確認，若在住處週遭種植苦艾、艾草或鹹蒿，則任何毒蛇將不敢靠近，也不敢有侵入的想法。蛇類也從不出現在葡萄藤間，因為每當葡萄藤生長茂密時，在開花期間會有一種氣味，亞里斯多德是這麼說的。阿維森這位阿拉伯醫生說，續隨子（即酸豆）能殺死腹中的寄生蟲，也能殺蛇。假如以藥水蘇（一種草藥）排成圓圈，把任何蛇類放置其中，牠們會寧可就地自殺，也不願鑽過藥草圈逃走。白松香則一定要接觸才能殺蛇，

而且要和入油及大茴香調和成劑。還有一種灌木叢名叫佘瑞昂那卡，會開如玫瑰的花朵，它會讓蛇類遲緩、糊塗、昏睡，接著讓牠們死亡，這點普里尼曾經確認過。

此外還有別的植物對蛇不利，不過假如人們相信的話，上述已足夠讓讀者用來自衛防蛇。蛇類雖然教人厭惡，但是活蛇十分有用，死蛇還可入藥，想到這也讓人舒解幾分不快了。

即使到今日，在鄉下毒蛇湯常常被當成藥來服用。在十八世紀前半，蛇肉有多種不同處理方式，受到藥典的全然認可。不過托普索這位集古代智慧之大全的人，對治各種不同病症提出了許多藥方，而許多內容都來自蛇類不同的部位以及處理方法，我在此僅能略舉一些。

普里尼說：「假如你把蛇的右眼取出，且如果那條蛇還活生生地逃走，把右眼繫在身上任何地方，則具有強效能防止眼睛多淚及汙垢。」他也說：「蛇類的心，不管服用或繫於身上任何一處，都是快速解除牙痛的療方。」他接著又補充：「假如任何人真的嚼了蛇心，他往後永遠不會被蛇傷害。蛇血比香脂豆更珍貴，假如沾一些塗在嘴

唇，則唇色鮮紅欲滴；假如塗在臉上，臉上將不再有痣或雀斑，並讓你有東方風味與美麗的光采。如果事先塗抹的話，蛇血還能防止身體長瘡、齒間及牙齦發出的異味。蛇的油脂可以迅速解除紅腫、斑點，以及其他眼疾，塗在眼瞼上，立刻眼清目明。」

「在五月將蛇放入玻璃罐，並以牛油填滿，以灰泥嚴封起來（這也是一餐處理得當的方法），以保沒有任何原料會跑掉，然後把罐置於火上讓它滾個半天。完成後，以布過濾牛油並將濾出的東西放於臼中搗爛，再過濾一次，將它們混合在一起，接著放水中冷卻，然後存放在金製或銀製的盒中，是要能密合不透氣的盒子。因為它存放得越久，效果就會越好，如果能存放四十年更佳。凡是有痛風或麻痺問題的病患，在火爐前熱熱地塗抹這種油膏，保證藥到病除，去除痛風尤其有效。」

關於蛇類的知識已沒什麼可說的，我只談少數一些光怪陸離的描述。讓我們釐清「蟒蛇」，這不可能指那龐然巨蟒，這種可以捲起牛、鹿等，用其強有力的身體，纏碎其骨頭，有時可以長到三十或三十五呎長，此長度也堪佩巨蛇之名了。不過，托普索談到蟒蛇時，開場卻更加氣勢磅薄：

「羅馬人都熟知一事，當瑞古勒斯在普尼克戰役中為總督或將軍時，有條巨蛇（在巴格雷德河附近）被彈弓及其子彈屠殺，牠有一百二十呎長，且甚至一個村鎮或小城都被牠佔據。牠的皮膚與頰骨有保存下來，放在羅馬某座神殿，直到南曼廷戰爭

為止。」

這段歷史較容易為人相信，因為義大利至今都有在養殖蟒蛇。我們在索里納斯讀到，當克勞迪厄斯一世在位時，羅馬梵帝崗便屠殺了一條蟒蛇，在牠的腹中還發現一具完整吞下的嬰兒，且沒有一根骨頭碎裂。

巨蛇。

拉丁文稱牠 Boa，以及 Bova，因為牠經由吸牛乳而繁衍。且破壞所有的各種牧群，牛隻以及其地區。義大利人常叫牠水之蛇，即為水生的蛇類，因此所有受教育的人便採用希臘文的海德拉（hydra）來稱 Boas。卡爾丹說，申內加王國有這麼

一種蛇，既沒有腳也沒有翅膀，不過順理成章，牠們現在也出現在義大利，根據這些詩句的譯文即是：

「Boa quidem serpens quem tellus Itala nutrit.

Hunc bubulum plures lac enutrire docent.

巨蟒蛇原先在義大利棲息，

人們說牠們以吸食牛的乳汁維生。」

牠們的做法是在牧群中找獵物，能提供乳汁的絕不殺死，讓對方活下去，直到乳汁吸乾，才殺死並吃掉對方，因此牠們同時利用整個羊群或牛群。

注釋

❶ 即 James I，他在蘇格蘭王室血脈裡，是第六位登上王座的詹姆斯，因此在那裡他是詹姆斯六世。亨利八世的妹妹瑪格利特公主與蘇格蘭王室聯姻，是他的曾祖母；等都鐸王朝到了伊麗莎白一世（即詹姆斯的姑婆）駕崩時，他身兼都鐸（英格蘭）與斯圖亞特（蘇格蘭）兩個王朝輩份都最高的繼承人，身兼兩國國王也就順理成章，勢無可逆；於是蘇格蘭與英格蘭幾個世紀的衝突，竟因此不戰而併。但由蘇格蘭國王登上英格蘭的王座，恐怕不是亨利七世把女兒嫁過去時的盤算吧？

❷ 即 Aloisius Cadamustus（1432-88AD），威尼斯航海探險家。

❸ 即 Lygurian，義大利西北邊與摩納歌法國交界一帶之族群及方言。

❹ 即 Marcus Atilius Regulus（307-250BC），古羅馬政治家及將軍。

❺ 即 St. George。史實中，他來自小亞細亞帕卡多奇亞，西元 303 年他身為羅馬帝國菁英禁衛軍，卻寧死也要抱持其信仰而遭處死殉道，其餘身世則不詳。由於他這個軍人身份，他向來也被視為是一位軍事聖者，十字軍東征的年代後，他更是廣受崇拜，許多國家更以他為護國聖者，如衣索比亞、喬治亞、加泰隆尼亞；而在 1348 年，英格蘭的愛德華三世以他為護國聖者，並以他的白底紅十字的旗幟為軍隊之旗幟，此旗代表英格蘭也自此開始。

此外，東正教、回教以及中東也都各有自己版本的聖喬治傳奇，基本上以殉道護教為主要內容；他晉列大聖者（the Great Saints）之列，是最受崇拜的聖者之一。有趣的是，屠龍救美的傳奇，相對起源甚晚，最早的也要到十一世紀的喬治亞流傳起，故事中他為除民害與龍纏鬥，並救出原先要獻給怪物飽腹的公主，從此各地便有聖喬治屠龍救美，大同小異的故事。

❻ 即 ash tree，又稱梣樹。

❼ 即 Callimachus（305-240 BC），希臘詩人，生於利比亞之希臘人殖民地錫連尼，頗受統治埃及之托勒密王朝君主之寵愛。

❽ 即 Erasmus（1466-1536 AD），荷蘭哲學家及宗教學家，被視為北方文藝復興最偉大的思想家。

多頭龍
Wormes and Dragons

七頭巨蛇。

　　談到海德拉（九頭蛇，數目說法不一）這個主題，我提供的
是托普索對勒那湖之海德拉的想法，其故事我們都耳熟能詳。不
過他先說了一段令人驚悚的故事，然後說：「近來威尼斯一些無
知的人，以精美藝術描繪這頭海德拉，並展示給民眾觀賞，彷彿
那是真實寫真，並有這銘文：在基督復活的那年，西元五五〇
年，約一月左右，『這條恐怖的巨蛇從土耳其被帶到威尼斯，然
後送給法國國王。牠值六百金幣，而這些怪物顯示了世事的轉化

九頭蛇和赫拉克勒斯。

與改變等等。』然後加上一段冗長無力的描述，一段空洞的話。」他說：「我還聽說，在公爵的寶庫裡，除了城中稀有的雕像，還保存了一條七頭的巨蛇，假如這是真的，那麼極可能就是海德拉，而詩人們說赫拉克勒斯曾殺死一頭這種怪物，並非說謊。」

　　亨利・李❶先生在他的短書《海洋寓言釋疑》裡說，那勒尼昂海德拉就是一頭巨大的章魚罷了，還提供了梵帝崗所蒐藏的大理石版上的圖像（此圖也出現在《史密斯古典知識字典》中），其模樣倒也沒有不像。

無翼龍屬於蛇類一族，差異在於牠們長腳。這些「大蟲」（判斷應指多頭龍），在英格蘭我們樂得擁有牠們。當然，在歐洲北方一帶，牠們流傳的時間，至少在故事裡比在我們這更長久。而麥格納斯談到好幾場與牠們的戰鬥，最為人稱道的是弗洛索❷及弗瑞列夫兩位英雄❸對抗巨蛇。

　　「弗洛索是位丹麥英雄及國王，才剛長大成人便在一場戰鬥中殺死一條巨大兇猛的巨蛇，將劍刺入牠的腹中，因為其他部位皆有硬皮保護，所有射向牠的飛標都反彈回來而沒有作用。弗瑞列夫也一樣英勇，他既想試探自己的膽量也想尋找寶藏，便向一條最可怕的巨蛇挑戰，牠身體碩大且利牙有劇毒，雙方戰鬥許久。他向牠的硬鱗射出飛標，而牠絲毫無傷，因為牠堅硬的外表，使任何武器朝牠猛擲都徒勞無功。不過這條巨蛇的尾巴能捲

弗洛索刺穿巨蛇腹部。

成數圈，每捲成環狀便能將樹木連根拔起，而牠
的爪子在地上已挖出一個巨坑，這幾處簡直有如
牠開山闢谷，於是弗瑞列夫心想若從上攻擊這頭
野獸，則因其堅固的甲殼而難以穿越，他便從牠
下方往上刺。弗瑞列夫刺穿巨蛇的下腹，拖出有
毒的內臟，牠倒地喘息。等他解決巨蛇，便挖出
金銀財寶帶走。」

他還述說了另一則與「大蟲」戰鬥的故事，
不過在拉丁文裡稱做蝰蛇。我讓讀者自己判斷，
這種體形嬌小的毒蛇，是否需要這般大費周章才
殺得死，如雷納瑞斯❹所做那般❺：

「雷納瑞斯，一位披著毛皮大衣的勇士。曾有
位瑞典國王，名叫赫羅瑟斯❻，他傷透腦筋地想
保護女兒的貞潔。也許該以野獸來守衛（正如當
時大半君王的做法），或者把她託付給忠誠的男
人。不過他寧可相信野獸的殘酷，也不信男人可
以託付。不久他便找到最具殺傷力的對象。有次
在森林中打獵後，他帶回同伴們找到的蛇讓女兒
飼養。她聽從父王的命令，以她的處女之手養活
數代毒蝰。而牠們未必吃肉，她好奇的父王命人
送上一頭全牛，完全不知道這道特殊餐點將造成

持續的公共危害。群蛇長大後，牠們的有毒氣息讓周圍人民都中毒。國王為了對自己的荒唐行徑表示悔過，宣佈誰能除此害物便能娶他的女兒。」

「挪威的雷納瑞斯也在國王之列，是處女公主的主要追求者之一，他聽到此事，便從某奶媽處得到一件木製教士袍與皮草護腰，兩者都可防這些蝰蛇的毒吻。當他乘船來到瑞典時，他故意在衣服上撒水，讓衣服結凍而僵硬。他就以這身裝扮，並只帶著能自衛的劍與飛標去見國王。他上前時有兩條巨大的蝰蛇攔在路中，牠們打算用其長尾捲纏與射出毒液殺死他。」

「不過雷納瑞斯相信他身上凍硬的服裝足夠堅固可防蛇毒侵害，來面對與野獸近身搏鬥中冑甲被撕咬的必然之事。最後他奮力擲出手中繫有活套的長槍，並刺進牠們的身體。然後用他的兩面刃長劍挖出蝰蛇的心臟。在這場腥風血雨、驚險萬分的戰鬥中，英雄終於獲勝。國王發現他臀部毛茸茸一片像塊捲毛毛皮，好奇地端詳他的服裝，他語氣歡欣，稱他為洛德布羅克，那是一件毛皮外套。為了慰勞雷納瑞斯這位英雄的辛勞，國王邀他與友人參加宴會。他回答，他必須先回去看他沒隨行來的戰友。他把戰友們都帶到國王的餐宴上，服裝搶眼，就像他當時一樣：最後等這一切都完成，他便抱得美人歸。後來如願與公主生了許多孩子，而他也得到她的真愛。因為公主知道雷納瑞斯不只喜歡和她做伴，她更知道他為了得到她，運用了自己聰明才智，冒了什麼

樣的凶險。」

英格蘭有幸出現這幾條「大蟲」（判斷應指多頭龍）。其實不止英格蘭，在蘇格蘭以及威爾斯也有。當然，愛爾蘭就沒有東西可自豪，因為聖派翠克把一切蛇類驅逐出島了。

旺特利之龍❼我則不提；牠在現代已被屠殺殆盡，於是一切傳奇就消失殆盡。沒人想知道法蘭西斯・沃特利勳爵就是那條龍，他與鄰人衝突，其中鄰人又以里昂諾・羅勒史東最著名，為牠除害的是莫爾廳的莫爾。我們寧可喜愛老派的毒龍，並讓英雄以正統的方式屠龍。

但是藍頓的雷德立蛇則仍純屬英格蘭，其故事由佘迪斯在西元一八二〇年，於他的《杜倫史札》提到：

「藍頓的領主，有個不虔誠的惡習，禮拜天不上教堂而去釣魚。某個禮拜日在威爾河釣到一條小蛇或鰻，他沒多想隨手丟進一口井裡，也沒想到會有什麼後果。而那條蛇在起先無人注意的情況下愈長愈大，直到井再也容不下，蛇便從那口井中爬出鑽進威爾河。牠常常有半天就盤據在水中岩礁，也常去井附近的綠丘（得名蛇丘），盤

成九層留下蛇形印痕。現存目擊證人嚴肅地說他們見過其遺跡。至此牠成為該地區的禍害，這巨大的身軀使牠一天要吸九頭牛的奶，人們總是將食物放在綠丘供養牠，若不如此牠就會吞噬一個人與一頭牲畜。年輕的藍頓在此同時，似乎徹底懺悔先前不虔誠的生活方式及言詞。他在聖水裡沐浴，然後戴上十字架的徽章，加入十字軍東征去了。」

「等他回來，目睹自己年輕時一時無心舉動所帶來的後果，萬分震驚，立即冒險去屠蛇怪。在經過幾回合的猛烈戰鬥，這位十字軍人因蛇怪的癒合能力導致砍殺無效，他覺得有必要在勇氣上加些策略。因為他的確有勇無謀，便向一位女巫或智婆詢問對策。經由她思慮周密的建議，他以裝滿利刃的鎖子甲保護身體。穿妥之後，登上河中那塊礁岩等待怪物來臨。」

「就在特定時間，那條蛇怪果然爬上岩礁，因捲起騎士（藍頓）而遍布鱗傷，爆怒不已，騎士則滿意計謀湊效，怪物被自己的裝置割得支離破碎，在水流沖刷下片片漂走，無法再康復。」

這個故事還有下文：「那個女巫幫藍頓是有個條件的，他必須殺死屠蛇成功後，第一個看見的活物。藍頓為了避免必須殺死人類，便指示他的老市長父親，以三聲號角為信號，表示屠龍成功，一聽到便立刻釋放他心愛的獵犬，愛犬自然會向主人飛奔，於是自然成為犧牲品。老市長一聽到兒子的軍號聲欣喜欲狂，忘了兒子交待的事，自己展臂衝向兒子。為了不弒父，屠龍英雄又

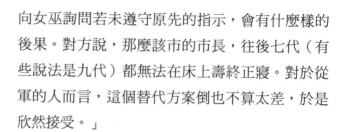

向女巫詢問若未遵守原先的指示，會有什麼樣的後果。對方說，那麼該市的市長，往後七代（有些說法是九代）都無法在床上壽終正寢。對於從軍的人而言，這個替代方案倒也不算太差，於是欣然接受。」

「在藍頓的花園小宅裡有兩尊年代久遠的人像。一尊雕工精純，全副武裝，背上排滿利刃，左手提著巨蛇的耳朵，右手持劍刺喉而刀刃沒至刀柄；另一尊為仕女頭戴小皇冠，胸部裸露等等，這兩尊人像風格是查理二世的美女，其乳房傷口以及因意外造成的斷手，據說是那條巨大毒蛇的傑作。」

英格蘭的「巨蛇」還有好幾條，但是必須歸於一類。還有典型的蘇格蘭「巨蛇」，與林頓巨蛇足為代表。有位作家（W. E.）把這故事說得精采，刊於《註解與釋疑》西元一八六六年二月二十四日號上，我這裡加以轉載，就不獻醜重述了。

牠是由約翰・桑瑪維爾爵士約於西元一一七四年所屠，他因建此功，獲封林頓男爵以及位於洛斯伯格郡的該領地。W. E. 引用某部名為《桑瑪維爾家族回憶錄》的家族史，作者是該領地第十一

任領主，於西元一六七九年完成：

「在洛斯伯格郡的林頓區內，生出一頭可怕的怪物，形狀如毒龍，當地居民這麼想、也這麼稱牠（但實際上就是條大蛇或這類生物）。牠的長度約三蘇格蘭碼，約粗於一個正常男人的腿等等。這個生物讓當地居民相當害怕，盤據某山丘邊上，林頓教堂東南方約一哩多處的地下洞穴裡。牠所棲息的地方至今日還被稱為毒龍谷，不過每當牠尋找獵物時，便會到洞穴外約一至兩哩遠的範圍，只要遇到什麼獸類就吃什麼。這點牠能輕易做到，因為牠爬行於泥沼、石楠叢或草地，而那些地方植物茂密，牧草鮮美、苔蘚豐厚，最適合放牧牛群，於是牧民們因此不得不把他們的牲畜挪往別處，到三至四哩遠的地方，讓該地人口流失。因為害怕這頭怪物，沒有人敢上教堂或到市場去。」

「桑瑪維爾碰巧要去杰得堡處理國王交辦的事情，聽聞居民傳述著奇禽異獸的故事。」

「逃到那裡尋求庇護的人們說了許多不實的故事，起先每日都有人加油添醋，後來的怪物竟長了翅膀。有些人謊稱他們晚上見到牠，堅稱牠全身是火，不久後牠還會噴火等等，還有成千上百的荒誕故事。」

「桑瑪維爾決心要親自會一會這頭怪物，於是在太陽將升起時騎馬前往那座傳聞牠常出沒的山谷。他沒等多久便看到牠爬出洞穴。當牠察覺到桑瑪維爾時，便立起身子瞪著他看好一會兒，

沒有貿然逼近。而這時他向前走近好看個仔細，牠轉身便爬回巢穴。」

　　「他看到這個怪物沒有傳聞中那麼危險，鬆了口氣並決定要消滅牠，不過由於大家都說劍或匕首都傷不了牠，而牠的毒液有辦法殺死任何進入牠攻擊範圍內的人。桑瑪維爾為此準備了一根長茅，長度為正常的兩倍，從茅尖起四呎都鍍上鐵，在上頭他安裝一只輕巧的鐵輪，可繞著圓心打轉。在上頭他牢牢安上點燃的泥炭，並持著它騎上馬兒，花了好幾天操練用法，直到他的馬看來不再

巨海龍。

害怕或厭惡火和煙。他接著再前往蛇穴，蛇一出現他的僕人就把泥炭點著，騎馬全速衝向野獸。前進的速度讓火輪轉了起來，更搧得它熊熊燒起。他把長茅刺進怪物的喉嚨，有三分之一的茅身沒入體內，茅接著折斷，他便一旁看著怪物在痛苦中扭動掙扎，最後死去。」

我覺得威爾斯的「惡龍」恐怕沒有像其他的那般貨真價實，不過故事如下。丹斃是惡龍的名字，為留文尼之約翰・沙斯柏瑞所屠，死於西元一二八九年。牠荼毒某個國度既深且廣泛，就如任何作惡多端的惡龍，所有居民都祈禱早日能除妖屠魔。有個騎士獲選，他歡欣鼓舞唱著「叮、畢其、叮、畢其（諾、畢其）Dyn bych, Dyn bych（No bych）」，該國便因此得名。

有個問題引起討論，藍頓龍從任何角度辨認，是否為兩棲類？牠應該不會是極少數當時沒有滅絕的蛇頸龍，如這幅插圖所示的這種，比索斯・霍金斯於其《巨海龍列傳》所建構的還久。我們知道，這些動物曾經存在過，也許有那麼少數幾隻存留下來。無論如何，最開化的民族都相信牠們存在，一般堅信牠們生性狡獪，以至於撒旦的同義詞，有一個便是「巨龍」。在騎士傳奇故事裡，身敗名裂的情節總是留給最德高望重的騎士。而在古典時期，那是恐怖的故事。印度人與中國人虔誠崇拜牠，普遍深信牠無所不在、無所不包。

有翅膀的龍，無疑比惡龍更加兇猛與狡獪。有了亞卓凡德斯

為牠的描繪，讓我們無時不刻都能認出牠，實在沒有理由再往他處取經了。托普索提供了另一幅，但細節少多了。

　　儘管我們在這個時代從未親眼見過飛龍本尊，但仍有牠們的化石可證明其存在。霍金斯認為，翼手龍「在龍比較重要的特徵上，無一不相符。牠身軀龐大，頭部碩大，具有長顎與利齒。其翅膀寬闊，同樣地雙手上都有三根強有力的指爪，翅膀沒有羽毛，可以摺起來收在體側，儘管其飛行軌道之大，說是龍也不算誇大。至於 dragon 一字，發展自希臘文 drakwn，字面意思是『視覺銳利』。」

　　現今在印度與馬來群島上有會飛的蜥蜴，在馬來群島上還發現一種能在樹與樹之間飛行的狐猴，我們也熟悉蝙蝠，而且有一些體形還不小。

　　托普索已於古老的龍傳說權威間做足了研究，他描述他們的畫像：「吉勒斯、皮耶瑞斯以及格列維訥斯承續尼坎德的權威，堅稱龍呈黑色，腹部則泛綠，口中上下顎都有三排牙齒，眼睛明亮清澈得無與倫比，這些出現在作品中的描述顯現了詩人們對龍的無法自拔。而牠們也是寶藏專注

龍。

的守護神。牠們下巴有兩根垂肉，如鬍鬚垂掛，顏色赤紅；全身覆滿尖銳鱗甲，眼睛上則有某種有彈性的眼瞼。每當牠們張大嘴巴，吐出其長舌，其牙齒看起來非常類似野豬：牠們的脖子有好多層像公野豬鬃毛的粗毛長出。」

　　除了外貌，托普索照慣例沒有把龍的本性說得十惡不赦，而是說牠們除非牠們常吃的食物不足，否則不會攻擊人類：「牠們吃野萵苣以保健康（亞里斯多德確認），因為萵苣能讓牠們嘔吐，把讓身體不適的食物吐出來，牠們尤其排斥蘋果，因為那會使其嚴重脹氣，因此牠們絕不吃蘋果但會先吃野萵苣。牠們的視力（如普魯塔克所說）也常常會變得虛弱，因此會用茴香來摩擦眼睛或者服用以恢復視力。牠們的年齡至今還是無人確定，不過

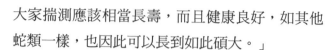
大家揣測應該相當長壽，而且健康良好，如其他蛇類一樣，也因此可以長到如此碩大。」

龍不僅在歐洲只聞盛名不見本尊，在我們自己的國家，發現各式各樣的龍也都加以斬除。最初有一條龍，即有翅巨蛇，被獻給法國國王法蘭西斯，國王當時駕臨桑克頓，此蛇是某個村夫用他的鑱子殺死的。這件事有許多博學多聞之士見證，所見皆相同；他們都認為牠並非該地所生，而是順著風從其他國家飛來。因為法國從來就不曾產生這種怪物。就算在庇里牛斯山的兇殘蛇類，最長也不過四呎，且粗如男性手臂，並從體側生出類似軟骨的翅膀。

葛斯納也說在西元一五四三年，有許多有翼有腳的巨蛇來到德國近史堤瑞亞一帶，牠們咬傷許多人且無法治癒。

卡爾丹能再描述些有翼巨蛇嗎？他在巴黎見過牠們的屍體，在奎耶莫斯．莫西卡斯手上。他說牠們有二條腿，翅膀短小，因此無法飛翔，頭部也小且像蛇頭，顏色鮮豔，沒有毛髮或羽毛，數量最多的不超過一窩兔子的數目，有人說牠們來自印度。

德國也多次有龍出現，大白天裡飛出來，帶來大而恐怖的火焰，且就發生在靠近萊茵河案的奈德堡市。那是個晴朗豔陽天，有條龍一天就連續來了三次，並在名叫聖托格林的高塔上盤旋，每次都在鎮上方擺尾。許多城民都目睹此景象，事後有消息傳出，該城也發生三次大火，同樣對城民造成重大傷亡。因為他們用盡一切能找得出來的力量、技術以及權力也防不了，更無法滅火。同時也有人發現，在此同時期，有許多龍都到該城附近某座泉水或井去沐浴，假如有人碰巧喝了那水源的水，他們腹部會立即脹大，然後彷彿中毒般喪命。一時消息傳遍各處，傳聞中那口井便以石填起，以免有人再誤飲此水而喪命，於是故事便留傳下來。這些事賈斯汀納·戈布勒瑞斯在一封寫給葛斯納的信札有提到，他絕無寫任何不實內容，這種事千真萬確，他是從德高望重的人士聽來的，他們都親眼目睹飛龍以及隨即發生的火災。

至此我們只看到龍對人類不友善的這面脾性，不過也有相同可信的故事，證明牠們對男性、女性以及兒童，都表現仁慈與關愛。牠們出於善意讓人類馴服，並與人類建立良好關係。

普里尼引述迪莫克特斯說，有個名叫陶亞斯的人，在阿卡迪亞被一條龍救了一命。「有位男孩，也就是陶亞斯與龍建立緊密的關係，並細心養育牠。不過他父親害怕這條爬蟲類的本性及以碩大的體形，便把牠帶到沙漠中丟棄。陶亞斯後來遭埋伏路旁的搶匪打劫，那條龍現身及時救走他，因為牠聽到他的聲音便趕來援救。」

哈洛國王鬥馴龍。

托普索告訴我們：「有些人能經由詠唱某種韻文而馴服龍，並跨坐在龍的頸部當成座騎，就像騎馬一樣以韁繩控制。」

這種動物可以被馴服是已廣為流傳的想法，而麥格納斯留下的這篇〈哈洛國王鬥馴龍〉，描述這條龍一點也不像前面列舉的那麼溫和：「哈洛杜斯（挪威文說法）這位最顯赫的挪威國王，年輕時與君士坦丁的國王同住，因犯下殺人罪，被判以龍分屍之刑，餵給他們馴養的龍吃。他下了獄，便有一忠僕願為主受刑代死。」

「城主好奇地觀察他們兩人，並把獸洞的柵欄拉起。兩人都被仔細搜過身確認沒有武器，僕人赤裸著身體，而哈洛杜斯被城主准許罩上一件長衫以保住顏面，並私下給他一把剃刀，他在地上撒小魚，好讓龍先以小魚止饑，而關在黑牢裡的罪犯可以從反光的魚鰭與魚鱗得到一點點光源。接著哈洛杜斯撿起死者的骨頭，藏到他手上的布裡，並把骨頭捆成一根棒子。當龍被放出來時，立即一躍，翻身仰臥，貪婪地衝向丟給牠吃的獵物，他則把理髮師的剃刀刺進牠的肚臍，那裡只有鐵才能刺穿，他碰巧將城主給的那把剃刀帶在身上且藏好沒有被搜到。這條冷血蛇類全身都是硬甲，任何部位都不讓人穿透。但是哈洛杜斯居高臨下，牠的嘴部咬不到他，因此利齒派不上用場，尾巴也打不到他。而他的僕人則用那些武器，也就是骨頭棒，重擊龍頭直到流血，龍死後還繼續重捶。國王聞知此事，一時龍心大悅，立即將制裁方式改變，赦免了這兩位罪人，並賜以船隻與錢財讓他們離去。」

龍族的天性無疑應該是兇殘，牠們是大家最不想要的鄰居。看看以下這則托普索引用自史坦普雪斯的故事：「當赫爾薇夏軍團最初開始掃蕩作怪的野獸時，在一個名叫威爾佘鎮附近發現一頭恐怖的惡龍。牠饑餓時只要靠得夠近，人獸通吃，結果該座城鎮與臨近田野變得荒涼而空無一人，因為該地區的人民都不堪其擾而放棄家園移居別處，那座城鎮便得到一個荒野之城的名號。」

有個來自名叫溫可萊得的小鎮的人，他因殺人罪而遭判放

逐。此人答應，只要赦免他並讓他住原來的家，他願意靠上帝的幫忙來為大家屠龍。大家欣然答應這個條件。於是他返回家鄉，在眾人目光下被送去與龍搏鬥。他成功屠龍後，欣喜地高舉沾滿龍血的劍，以示勝利之意，但龍血一滴落到他身上，他便當場倒地喪命。

　　還有一種野獸名叫德拉恐托匹德斯，是一種碩大而厲害的巨蛇。牠的臉孔像處女，身體則像龍。大家認為欺騙夏娃的那條蛇就是這種巨蛇，貝達說牠有處女的容顏，因此夏娃看到與自己相似的容貌就更容易受騙上當。那條蛇被魔鬼附身，據說魔鬼教牠用葉子蓋住身體，只露出頭臉。不過這則故事不值一提，因為聖經上的文字，就足夠加以全部駁斥了。首先，牠就叫蛇，假如是龍，那摩西就會說是龍；也因此上帝判牠應有的懲罰，也就是要以腹部爬行，因此大概就不可能有翅膀或腳。第二點，夏娃已經知道對方是蛇，在事後裡她有向丈夫與上帝承認這點，而身體既不可能也沒必要藏得一絲不見。

　　世上還有幾種小型龍，在阿拉伯、維斯嘉，和在卡塔隆尼亞有種家龍。牠們咬人時會把牙齒

留在傷者的肉裡，只要牙齒還在，傷口會永遠不停地腫脹，因此要治這種傷，一定要把牠的牙齒拔出來，那樣傷口很快就癒合。

這就是人龍之間的仇恨的大概情況，我們現在要談談其他生物。

最大的衝突在於老鷹與龍之間，因為禿鷹、老鷹、天鵝與龍，彼此都是對方的敵人。每當老鷹振翅，龍便會嚇得將尾巴搖動作響，然後就會深藏其洞穴中，因為牠們除了在空中不在任何地方戰鬥。有時是老鷹擄走幼龍，成龍為了救回幼龍便高飛追趕，或者老鷹在巢裡發現龍在摧毀鷹蛋或幼鷹。這是因為老鷹吞噬龍以及地上的小蛇，而龍與蛇在空中還以顏色。沒錯，無論在地上或空中，許多時候龍都會企圖從老鷹的爪子搶走獵物，於是牠們之間便發生激烈又驚險的打鬥。

接著我們要談的是龍與大象之間的敵對，牠們之間有深仇大恨，在衣索比亞，最大的龍只有一種名字──殺象獸。在印度，同一種仇恨也存在。龍有許多高明技巧來對付大象，除了牠們身體長，可以捲起並纏緊大象的身體，不停咬象直對方倒地死去，但同時自己也會被壓成碎片。為了自己的安全，牠們有個招術可用。龍會躲到樹上藏住頭部，身體則像繩索般垂下。牠們留在樹上觀察來吃樹枝枒的大象。這時，在大象還沒察覺時，龍會冷不防跳到大象臉上，啄其眼睛，纏住大象的脖子，然後用其尾巴或下半段打擊或刺激大象，直到讓大象無法呼吸，因為蛇以前半身

勒住大象，而用後半段搥打大象，於是在這場戰鬥後，雙方都會死亡。這就是龍的本性，除非能從有利位置，也就是高樹或岩石，否則牠從不攻擊大象。

有時候，一群龍會一起觀察大象的路徑，然後以尾巴相連接橫跨那些路徑。等象群走過就會絆住象腳，並上衝咬牠們的眼睛，那是蛇群主要的瞄準目標，牠們咬下後迅速拔出牙齒，讓大象不能再傷害蛇群。可憐的大象以蠻力讓自己免於即刻的喪命危險，但仍因打鬥而失明，結果因饑餓而死，因為大象無法靠嗅覺覓食，而只靠視力。

注釋

❶ 即 Henry Lee（1826-1888AD），曾任英國布萊頓水族館之博物學家，並著有《八爪魚，即魔鬼魚之虛構故事與真相》等多部著作。本書為西元一八八三年隨倫敦之國際漁業展出版之著作。

❷ 即 Frotho，應該是弗洛索一世，為丹麥史學家沙索所著之《丹麥史記》中傳說中的國王，為救國家財政危機，屠龍取寶成功；後來再以上財富在其他地方開疆闢土，甚至攻下倫敦，後死於與瑞典國王的戰爭中。

❸ 即 Fridlevus，為丹麥史學家沙索所著之《丹麥史記》中說中的國王。

❹ 即 Regner 雷納瑞斯。八、九世紀間維京人領袖，曾統治丹麥瑞二國，甚軍功威震北歐及至英法。

❺ 此處是指雷納瑞斯屠龍，而屠龍是中世紀國王與騎士之傳統。

❻ 即 Herothus，常出現在北歐中世紀傳奇中的國王，特別是與雷納瑞斯的傳奇。

❼ 即 Dragon of Wantley，發生在英格蘭約克郡南郡旺恩克里夫崖的屠龍傳奇。

鱷魚
The Crocodile

鱷魚是蜥蜴類之中，存在於我們的世代最大的一種。以前牠們生性狡詐，常以假哭來吸引受害對象。約翰・孟德維爾爵士如此形容牠們：「在這個國度裡以及印度其他地方，有許多鱷魚棲息，那是一種長蛇，夜間牠們住在水中，日間牠們則住在陸地與岩石間，冬季牠們不進食。這些蛇類會殺害人類，並流著淚把人吃掉，牠們沒有舌頭。」

其實鱷魚有根舌頭，而且還相當大。至於假哭一事，我們不是到今天都會罵些那假意致哀的行為「流的是鱷魚的眼淚？」史賓賽在他的《仙后》這麼引用這個習性：

> 「有一天，有位旅者漫遊到，
>
> 有七個出海口的廣闊尼羅河口沼岸，
>
> 不察漫遊路上的危機四伏，
>
> 遇上了一條殘忍狡猾的鱷魚，
>
> 以假情假意的悲戚掩飾其傷人之意，

哭得傷痛欲絕，淚珠滾滾。

愚蠢的人，看得心生憐憫，

但身陷悲慘險境，一口被吞下鱷腹，

忘了自身安危，卻管他人憂慮。」

　　而莎士比亞知識淵博，能知天下萬事，我們都可以從他那裡引用高見。在他的著作《奧賽羅》便說了（第五幕、第一場）：

「噢，惡魔、惡魔！

假如世界能淹滿女人的淚水，

她哭的每一滴都是鱷魚的眼淚。

滾開！」

吃鱷魚的河馬。

葛斯納以及托普索在其著作《四足獸誌》提供了這幅河馬吃鱷魚的插圖，他們說其出處為羅馬的大競技場以及梵帝岡。

托普索在他的《蛇類誌》便以愛憐的語氣與冗長的篇幅來談鱷魚，他說：「只要人們以左眼對鱷魚眨一眨並以右眼堅定地凝視牠，牠就會跑開。假如此事屬實，並非因為右眼有什麼功效，而是單眼看鱷魚對牠們來說有著某種意義。」鱷魚最大的恐懼，西尼卡及普里尼都證實，是尼羅河上坦泰瑞斯島的居民，因為他們發出聲音便能把鱷魚嚇跑，而且常常追捕並設陷阱捕捉牠們。關於這個族群，索里納斯描述他們：「尼羅河上坦泰瑞斯島上有一種居民最厭惡鱷魚，他們與鱷魚居住在同一地區。儘管他們身材短小，但是勇氣教人佩服，因為即使意外遇到鱷魚，他們也絲毫不會驚慌。其中甚至還有人敢上前嚇牠教牠跑走。他們也會跳入河中游泳追趕鱷魚，毫不畏懼地跳上鱷背，像騎馬一樣騎鱷魚。假如鱷魚抬頭要咬人，那人便趁牠嘴巴張大時，在牠口中卡一根木棍，以雙手用力抓著兩端，有如控制馬的轡，

領著牠而非強迫牠走到岸上，族人噪音大做，把鱷魚嚇得把腹中吞下屍體都吐出來。也因為造物主有一物剋一物的原理，鱷族都不敢靠近這座河島。」

史特拉堡也有記載鱷魚是何時被帶到羅馬，與坦泰瑞斯島族人何時追趕牠們。曾有一巨大水塘或魚池，四週築牆，只留一缺口讓鱷魚出水上岸曬太陽。每當有人來看牠們時，這些坦泰瑞斯島族人便以網子把牠們帶到岸上，等他們高興時才放鱷魚回池中。由於他們以眼神制服牠們，又能讓牠們翻出最柔弱的腹部，因此鱷魚就像被馴服的馬，任其馴服者擺佈。鱷魚在征服牠們的人面前，完全忘了自己的力氣。

結束本篇談鱷魚習性之前，甚至是埃及人也把鱷魚形容為野蠻，殘忍嗜殺的野獸。如其象形文字顯示，每當他們要以符碼形容一個瘋子，他們便畫一隻鱷魚，鱷魚想要的獵物若被硬生生奪走，便會大發雷霆。埃及人常從不幸的經驗中學到教訓，這種野獸心中對人類抱持著欺騙心及惡意，因為牠們會藏身在柳條之下或綠色水灣之濱，靜候有人到水邊來取水，冷不防衝出將人拖入水中，使人類就算察覺了也來不及逃。

此外，牠知道以追逐的方式跑不過人類，便會在口中含入大量的水，將水噴到路上，於是等人類想跑著逃離，就會在濕路上滑倒，牠再趕上去咬死吃掉。那則大家耳熟能詳的寓言也以鱷魚的眼淚證實牠們生性狡猾，牠為了誘人走進危險範圍，會落淚、

嘆息、哭泣，彷彿悲傷欲絕，但冷不防就出擊殺人。有人則說鱷魚是在將人吞噬後才落淚。

看牠的朋友這麼少，敵人必然眾多，因此需要更多篇幅或故事。首先該提（也配第一之名分）的是姬蜂，外號是法老的老鼠。牠們攻擊鱷魚的蛋及身體，因為有一事千真萬確，此鼠使出渾身解數來掠奪鱷魚的巢穴，找到時便破壞、抓爛、打破、並把蛋偷光。牠們還會盯上睡覺的老鱷魚，看到到牠嘴巴張大曬太陽時，就忽然鑽進去，因為體積嬌小，能鑽到鱷魚寬大的喉嚨裡而讓鱷魚一點都沒察覺，接著在裡頭吃起牠的內臟以及柔軟的腹部，讓鱷魚痛不欲生。同時鱷魚會到處翻滾、嘆息、哭泣，時而鑽入深水、時而留在岸上，掙扎亂動直到沒有力氣。

姬蜂持續的啃囓刺激牠想盡辦法要解脫全身上下的不快之處，於是亂吃亂咬、跑跳甩動滾動、搖頭嚎叫，但一切都徒勞無功，因為牠體內的敵人用牠吸進來的空氣呼吸，靠食用牠維生重要器官來活動，用牠毫不讓步的牙齒來耗食與損壞，一口接一口。姬蜂從口而入時，就像個迷你賊偷偷爬進，破肚而出時卻像個征服者，而這一切全

憑自己的力量與努力。

　　鱷魚身上能用做藥材的也不勝枚舉。首先是牠的皮革，那種皮革好處很多，值得一談。鱷魚血有許多功效，在眾多功效中尤其以治毒蛇咬傷最為人知。還有眼部不適，它能去除眼屎以及眼中血斑，還有恢復視力的清晰與健康，消除眼中任何疲勞病痛。據說用一片烤鱷魚肉流下的油汁，塗抹在傷口或痛處，任何傷痛與不適會立刻消除。無論水生或陸生鱷魚的皮烘乾搗粉，以醋或油和此粉為膏，用於身上任何燒傷、割刺傷口，能消除一切因傷而生的疼痛。

　　所有埃及人都使用鱷魚的油或汗，有任何病痛一概塗它。因為它的藥效與海狗或棘角鯊相同，無論人畜，只要是被鱷齒咬傷而疼痛的，塗此油脂亦可治癒。此油或汗以水或醋來調製，並於口內上下塗抹能治牙痛；外用則可以治蒼蠅、蜘蛛、蠕蟲等蟲類叮咬。關於這個療效，是因為人們也認為它能治膿腫、肌肉腫瘤以及陳年舊傷。鱷魚的價格不菲，在開羅價格尤其高昂。史加利傑記載，它能治壞疽。將凱門鱷的牙齒中空後填滿乳香，佩戴在男女身上，可治該名患者的牙痛，但必須暗中進行，不能讓當事人知道才有效。人們還記戴，將鱷魚腹中的小石頭取出之後，以相同方法使用，可以治熱病。鱷魚糞便可治掉髮，以及其他許多疑難雜症。

巴西里斯克與雞蛇怪
The Basilisk and Cockatrice

巴西里斯克。

　　亞卓凡德斯給巴西里斯克畫了隻腳。托普索說牠跟雞蛇怪一樣，把牠描繪成戴皇冠的巨蛇，並說：「這頭野獸在希臘文稱為巴茲立斯考斯，拉丁文稱為蛇王，因為牠像是蛇類之王，但不是因為牠體形大或最壯。體形比牠大的蛇大有人在，就像比獅子大的四足動物也有不少一樣。牠被稱為蛇類之王是因為牠氣質莊重，氣度恢宏，不像其他蛇類在地表爬行，而是半身直立前進。每當如此，其他蛇類都自動迴避。大自然創造牠，似乎就是為此目的。因為除了牠的毒液外，沒有別

的毒液有無藥可治的毒性。而牠頭頂上有某種結構，像頂小寶冠，將在合適地方提供其圖像。」

普里尼這麼形容：「有種被稱為巴西里斯克蛇王的生物，與名叫巴西里斯克王的巨蛇有相同的能耐。牠產於錫蘭尼古城❷，身長不超過十二根指長。頭上有個白點，像極了某種飾冠。每當牠嘶叫，其他蛇類便飛奔逃開。牠前進的方式與其他蛇類不同，其他蛇類靠伸縮爬行，而牠前進時中段筆直且前段則豎起。牠能摧毀一切樹叢，不只是經由碰觸，其至只要被牠對著呼氣的植物也會枯死。牠也灼死經過的草地，穿裂岩石，其毒素的力量實在大得驚人。以前人人都相信，騎在馬上的人持茅刺死這種動物，毒素可以順著那把武器反竄上來，不但能毒殺騎上，還會讓馬也沒命。黃鼠狼的惡臭卻是這種可怕怪物的致命物，屢試不爽。國王們總在殺死巴西里斯克王後，見屍為憑。此事千真萬確。大自然裡總是一物剋一物。這種動物被扔進巴西里斯克王的洞穴裡，只要看看洞口有無打鬥痕跡，就知道洞裡有沒有這種蛇。黃鼠狼的氣味能殺死巴西里斯克王，但是牠自己也會在這自然的爭鬥中死亡。」

杜·巴爾塔斯說：

「哪面阿雅克❸的盾可以抵擋其死亡，
　來自巴西里斯克致命的氣息，

那氣息可以穿透大理石，那邪惡的眼睛，
看一眼就能傷人，被看中的就會死亡。」

就連雞蛇怪的起源都光怪陸離。學者間對於
這種蛇屬於哪個世代依然有疑問。因為大有些人
（以及為數眾多並博學的人）確認牠生自公雞下的
蛋。他們說：「公雞老去時，會生下某種沒有殼
的蛋，表面包覆著厚皮，足以抵擋一般撞擊或掉
落物體的衝擊力道。」他們還說，那種蛋只在夏
季，約大熱天來臨之初誕下。這種蛋不像母雞生
的蛋之形狀，而是渾圓如球。有時像狐毛紅，有

蛇王。

時則為泥巴黃，這蛋是以公雞腐敗的精液受精，事後再由蛇或蟾蜍孵育，破蛋而出的就是雞蛇怪。牠約半呎長，後半身像蛇，前半則像公雞，因為頭上有三重稜痕。

不過歐洲民間認為，這種蛋是由蟾蜍孵育而非蛇。儘管如此，更常見的是公雞親自坐上孵蛋，也因此李維納斯·連尼厄斯，在他談大自然中不為人知的奇蹟的著作（原文未有書名），第十二冊裡的第四章有這麼一段文字。（他說）我們記得，匹里查城曾有兩隻老公雞下了蛋，人們拿棍棒都無法把牠們從蛋上趕走，後來人們不得不把蛋砸碎並勒死那些公雞。

有許多權威不容置疑的嚴肅人文學者，都證實雞蛇怪不但存在，牠們還能噴毒氣並憑目光就能傷害生物。莫丘里奧肯定地指出，他在麥錫米倫大帝❹之側，就見過一具雞蛇怪的骨骼，並存放在他的寶庫，列於其他的無價之寶中。我們也讀過，在羅馬，教皇李奧四世在位時（西元八四七到八五五年間），雞蛇怪的毒氣汙染了四處的空氣，造成羅馬市民慘重傷亡。但是雞蛇怪怎麼會出現在該地至今成謎。最可能的情況是，上帝創造了牠，來懲罰那座城市。我也最相信這點，因為賽戈尼厄斯以及史加利傑都證實這個推測。而這個傳說中的毒獸，則被故事中的李奧四世的連連禱告消滅。

雞蛇怪有或紅而略黑眼睛，其皮及骨骼算是寶物。因為我們的確讀過柏加曼尼人購買了一些雞蛇怪的遺骸，付了兩磅半的銀

子。傳說，鳥類、蜘蛛或有毒的動物，見了這種蛇都要逃開，他們在阿波羅或黛安娜的神殿中，掛起以其皮填物而成的標本，盛在金絲網中。據說從此就再無燕子、蜘蛛或其他蛇類敢再進入那些神殿裡。不只是其標本或活蛇本身在場有這個功效，任何房子的地板、柱子或牆，拿了牠的肉抹一抹，聽說就能讓它們有黃金的光澤。除了這些特質，我不記得這種蛇的肉或皮，還有什麼別的功效。

我們也在典籍中讀過，在非洲，驢子因口渴倒地而死，或者因其他原因躺著死去時，無數的蛇會過來想分食屍體。不過當巴西里斯克行近屍體時，牠會發出嘶聲，所有蛇類一聽見這個聲音，全都會鑽進最近的沙地中躲藏，或奔回其洞穴。等巴西里斯克吃飽饜足後，牠們才敢回來。那時，牠會發出一種聲音，表示牠吃飽要走了。其他蛇類這時才紛紛現身，但是牠們不敢去碰牠吃剩的屍體，而是另外再找其他獵物。假如任何其他有毒動物走近雞蛇怪居住一帶的水源喝水，只要察覺到那是雞蛇怪的居住地，即使沒有聽到或看見牠，也會不喝水就走開，忍著口渴也要免於可能

的危險。關於這點，盧坎納斯說：

「— Late sibi submovet omne.

Vulgus，et in vacua regnat Basiliscus arena.」

譯成中文，意思大概是：

「他岸然高立於平庸生物之上，

只有雞蛇怪才是沙岸之主。」

　　現在我們要談這種蛇類的毒素，由於它是炙熱而強烈的毒素，能汙染週遭的空氣，因此沒有生物能居住在牠附近。若牠要殺傷生物，不但能以其嘶鳴、目光（傳聞中戈爾貢❺亦能），也能以直接或間接的碰觸，也就是包括直接碰到獵物的身體、握著插入並殺死獵物的武器，或者碰到任何牠殺死的動物等。有則大家都聽過的情況，就是騎士在馬上手拿長矛刺死一頭雞蛇怪，不但把毒素引到他身上而死，連他跨下的馬也跟著被毒死。

注釋

❶ 即 Basilisk 及 Cockatrice。後者起源較早，且來源繁多，首先是來自十四世紀法國傳說借自拉丁文 calcatrix（追踨者）而演變成法文含公雞 coq 字形的 cocatriz。由於埃及的鱷魚 crocodile 之名傳至西歐諸國，而牠又以追趕獵殺其獵物聞名，因有近 cock 之音，西方人漸漸把這些東西在文字上、形象上結合，再加上想像力，生出一雞蛇混合，能輕易殺人的怪物。前者原意是有冠紋之毒蛇，王蛇是也，也可能是眼鏡蛇，而在英文亦作 basilicoc，加上十四世紀有譯家將 basilisk 譯為 cockatrice，而詹姆斯一世之欽定聖經譯本也有用 basilisk 來譯巨蛇，於是二者幾乎劃上等號。

❷ 即 Cyrene，位於今利比亞東北，濱地中海一帶，古希臘時即為大城。

❸ 即 Ajax，希臘軍團的主要戰將之一。阿基里斯戰死後，他與奧迪修斯對於打退特洛伊人及救回阿基里斯之屍體都有功，故兩人皆出面爭取阿基里斯之盔甲，傳聞由奧林匹亞的火神打造的神器。阿雅克先是在對眾人講述理由時，未能勝過原本便機巧善辯的奧迪修斯，希臘人把該判物判予奧迪修斯；再加上雅典娜略施幻術，讓阿雅克發瘋以為做為軍糧的牛群是敵軍而衝入砍殺；等清醒過來後，無法面對這雙重羞辱而以劍自盡。古希臘之器皿之圖案及歷代藝術家，有許多描繪阿雅克如何在地上豎劍，然後向它撲去。

❹ 即 Maximilian the Emperour（1459-1519 AD），西元一五〇八年至其駕崩止，為神聖羅馬帝國的皇帝，也是讓哈布斯堡血脈入主歐洲大半王室建立哈布斯堡帝國的奠基人。

❺ 即 Gorgons，詳見 P.130。

蠑螈
The Salamander

蠑螈。

　　許多作家寫了這種傳說中的生物，幾乎每個人都談得有些心虛，彷彿不太確定這種動物是否的確存在。因此，亞里斯多德便沒有以權威自居的口吻談牠：「蠑螈顯示某些動物身上的物質，可以在火中存留，因為人們說，這種動物走到火上，火便熄滅。」普里尼論蠑螈時寫道：「我發現有許多作家都說，蛇是從人類的骨髓產生。老實說，在四腳的生物裡，有許多的起源都是個謎。」

　　「體形像蜥蜴的蠑螈，身上都是星狀斑紋，只有滂沱大雨時才出現，天氣一好轉就消失。這種動物極寒冷，火一碰到牠就會像碰到冰一樣熄滅。牠會從嘴巴吐出乳狀的物質，人體不論哪一

部位碰到這物質，所有毛髮都會立即掉落，而且碰到的部位便感染麻瘋病。在龐菲利亞以及西西利島山區的野豬，吞了一隻蠑螈後就變得全身有毒，吃那頭野豬的肉就會中毒。但是蠑螈危險卻難以察覺，因為不會有任何怪味道或氣味。把蠑螈淹死的水或酒，也會變得有毒。此外，牠喝過的液體也會變得有毒。」

　　能在火中生存的想法並不局限在蠑螈，因為亞里斯多德與普里尼都堅稱有種蒼蠅也有這種能耐。亞里斯多德說：「在賽普路斯，石匠們稱為喬西提斯的生物在火中可燃燒數日而不死，那種有翅生物比大蒼蠅略大些。有人見到牠在火中爬行跳躍，而把牠從火中取出後，牠便會死去。」普里尼則說：「火這種元素能摧毀許多種物質，也能產生某些生物。因為在賽普路斯的赤銅熔爐裡，就在火焰當中看見有生物亂飛。那是種四足有翅的動物，約蒼蠅大小。這種生物名叫『匹拉厲斯』❶，有人則稱為『匹勞斯泰』❷。只要留在火中牠就能活，假如飛出來，才飛離不遠，牠便立刻死去。」

　　馬可波羅大人覺得其他人對蠑螈的看法根本

胡說八道，說牠是石棉。談到欽奇塔拉省時，他說道：「你必須知道，就在那同一座山裡頭有種礦脈，蠑螈就是從那裡頭生出來的。事情真相是，蠑螈不是動物，牠是這個世界的一部份，不過是地底下挖得到的東西。讓我來告訴你吧！」

「大家一定都察覺到，沒有任何動物生來能在火中存活，明白所有動物都是由四大元素組成，缺一不可。而我，馬可波羅，有位土耳其友人，名叫祖爾菲卡，他是個聰明絕頂的人。這位土耳其人跟我說，他曾為了大可汗在欽奇塔拉省的某處住了三年，就是為了幫他取得那些蠑螈。他說得到蠑螈的方法，是在山中挖地直到找到某種礦脈。將礦脈挖出的物質運出後輾碎，經由這樣處理，物質會解析出羊毛般的纖維，祖爾菲卡便將它取出風乾。乾燥後，把這些纖維放在一個大銅臼中搗搗，然後沖洗以去除其中土壤，只留下那如羊毛的纖維。將這種纖維接著紡成紗，然後製成布料。剛製成布料時，顏色不太白，但是拿到火上燒一會兒，再取出時便潔白如雪。同樣地，每當它們用髒了，拿到火上燒便能變回原來的雪白。」

「現在，蠑螈的性質這屬這點是千真萬確，而那國家❸的人都說了同樣的事。關於這件物質的任何其他敘述，都是天方夜譚。我可以補充一點，在羅馬，有塊這種材料製的布料，是大可汗寄給教宗的，好給耶穌基督的聖體裁製一領裹屍布。」

班凡努杜・卻里尼是位極其誠實的人，在他絕無任何虛構

內容的自傳裡，告訴我們一則有關蛇的故事：「我五歲大的時候，我父親有天碰巧在我家地下室，他們正在洗衣服，而壁爐裡頭燒得正旺盛的是橡木塊火堆。他手上有把提琴，便在火旁奏樂唱歌起來。」

「當時氣候十分寒冷。他不經意往火裡看，看到火燒得最旺的地方有隻小生物，長像如蜥蜴，正在最紅的木炭上跑來跑去。一看清那東西，父親立刻派人叫我與我妹妹過去，把牠指給子女看，然後狠狠在我的兩頰上各甩一個耳光，讓我用全力哭起來。接著他和善地安撫我，說了下列一席話：『我的乖兒子，我打你不是因為你做錯了什麼，只是要你記得你在那火裡看到的是隻蠑螈，這種生物從來沒有人見過，或任何我們信得過的人見過。』說完他親了我一下並給我幾塊錢。」

托普索對蠑螈抗火的能耐像順道一提，而且沒有提供現代例子，只引用幾位舊作家。根據他的敘述以及我從他那裡得到的圖像，蠑螈不是外觀搶眼的動物：「蠑螈也有四足，像隻蜥蜴，全身上下有或黑或黃的斑點，然而人們看到牠會心生強烈厭惡或恐懼。牠有個巨大的頭部，有時牠

們有黃色的腹部及尾巴，有時則色澤灰暗。」他還說牠的囓咬不但有毒，而且無藥可解，而且牠碰到什麼，什麼就會有毒。

注釋

❶ 即 pyrallis，神話中的生物，來自賽普路斯，是蒼蠅大小的龍。

❷ 即 pyrausta，同「匹拉厲斯」。

❸ 判斷文中應指欽奇塔拉省（Chingintalas）隸屬的國家，現已不可考。

蟾蜍
The Toad

蟾蜍總是被人認為有毒也惡毒，牠只有一種讓牠得以救贖的特質，但似乎在其現代的子孫身上已然喪失：

「困頓也有好的用處，
　就像蟾蜍，容貌醜又有毒，
　頭上卻戴著一顆寶石。」
《如君所願》第二幕、第一場

普里尼談到這種動物：「作家爭相寫有關牠的奇聞異譚，看誰寫得最好。這種故事像是，假如牠們被帶到一大群人之中，無聲立即勝有聲。還有，把牠們身體右側取下的骨頭丟進滾燙的開水裡，那容器會立刻冷卻，除非把那根骨頭拿出來，否則水將再也煮不滾。人們說，要把這根骨頭找出來，只需把死蟾蜍丟給螞蟻，讓螞蟻把肉吃光，骨頭便暴露眼前。接著，骨頭一定要一根接一根裝入容器。」

奇幻生物的起源：史上第一本古代幻獸檔案大解密
CURIOUS CREATURES IN ZOOLOGY

PART 5
爬蟲傳說

「反過來看，這種爬蟲類❶的左側有另一根骨頭。人們說，把它丟進水裡，看起來似乎讓水立即滾了起來，人們還給它取了個名字——apocynon，即『驅犬』之意。這根骨頭據說有消除犬類怒火的功效，假如丟進酒裡，能恢復愛情，消除不和諧與爭吵。當做護身符佩戴還能具有催情作用，我是這麼聽說的。」

托普索大量書寫關於這些「蟾蜍石」的好處，受限本書篇幅，我只能提一部份：「有許多近代作家都證實蟾蜍頭上有顆寶石。因為他們把這顆石頭的好處說得天花亂墜，所以在此正好能把他們的看法仔細檢驗一番。有許多人把它鑲在戒指上佩戴，深信這樣可以讓他們免受胃腸絞痛與不適。不過其訣竅（人們這麼稱呼）在於要趁蟾蜍還活著的時候從頭上取走。在蟾蜍還活時拿一塊大紅色的布（因為牠們非常喜歡這個顏色），讓牠們伸長身子想玩這塊布，這樣便會將頭上的石頭投向布料，不過牠們會立即以舌頭抓回，除非石頭從布上暗藏的洞被取走，掉進儲水窖裡或盛水的瓶中。而若水冰冷，蟾蜍才會不敢跳進去拿。」

這顆寶石在古代被稱為巴特拉凱特斯❷，除了前述功效外，還另有一項。它能消除膽結石以及癲癇。古人進一步寫道，它還能驗毒，因為一碰到毒素，它就會變色。這就是古籍中有關這顆寶石的內容。至於我的部分，兩者我既不敢贊同，也不敢反對，因為有許多人深信這顆寶石自蟾蜍的腦部或頭上產生。另一方面，有些人則接受這顆寶石的名稱與特質，但是對其產生方式，

如同其他人所提出的存疑。也因此他們看法分歧，聽來聽去會把讀者搞糊塗。我會建議讀者剖隻蟾蜍來確認一下，這在尋常日子都辦得到。「只要蟾蜍一死，頭上寶石的功效便會消失，但它的形體還是存在。寶石的組成物質應該是來自眼睛或中間的藍斑，假如能在那種物質裡找到寶石，那麼寶石的來源的問題就解決了；但是假如沒有，就得另尋其產生的源頭了！」

注釋

❶ 顯然古代對蟾蜍的歸類，不盡完備，蟾蜍精確地說，自然是兩棲類。

❷ 即 Batrachites，古希臘文之「蛙／蟾蜍之石」。

水蛭
The Leech

友人與富翁用水蛭實驗圖。

　　水蛭自從久遠的古代，便被用來放血。不過在早期羅馬人之間，牠還有其他醫療用法，今日就一無所知了。水蛭被用來染髮。普里尼就給了兩帖染髮的方子，如果我們當他說的真實可靠，那其功效會相當強大：「讓水蛭放在紅酒中任牠腐爛個四十天，可以把頭髮染黑。還有人建議將一品脫❶的水蛭放在鉛製的容器中，加兩倍容量的醋，再任其腐爛與上述相同的天數，然後在陽光裡好好把此混合液拿來做頭髮按摩，就能把頭髮染黑。據索納夏厄斯的描述，這帖染劑不用說，功效強大，女性使用

時，口中若不含著油以保護自己，可能牙齒都會變黑。」

　　麥格納斯在此處提供的插圖，裡頭有個富翁坐在河畔扶手椅上，讓水蛭自行上身，但同時也被蚊蟲叮咬。還有他那十分謹慎的友人，用自己的駑馬的身體來做實驗，於是保存了自己的血；不過他沒有講到相關習慣與習俗。

注釋

❶ 原文為 sextarius，為古羅馬之容量單位，約今日之品脫或五百毫升。

蠍子
The Scorpion

關於蠍子，普里尼說：「這種生物真是天降的禍害，有蛇一般的毒液。差別在於它的毒性會讓人更痛苦，被叮咬的人可能拖個三天才死亡。處女被牠螫咬必然喪命，婦人也僅僅偶爾有存活的，男人情況也是如此。早晨時，蠍子空了一整晚的肚子出洞，就算還沒發生會讓牠射出毒液的狀況，牠的尾巴仍無時無刻都準備出擊，而且沒有一瞬間不表現敵意，一點機會都不會錯失。」

「在賽錫亞，蠍子甚至可以螫死豬。豬一般而言對付這毒素應該是十分具有抵抗能力。但黑豬被螫咬了後，死得比其他顏色的豬還快，當牠們接著跳到水裡時尤其如此。假如被螫的是人，一般認為，解毒方式是以酒調了蠍子燒成的灰服下。一般相信，沒有什麼比蠍子泡油更毒的了。有些作者也認為，蠍子會吃自己的後代。幼蠍中有一隻有獨門的逃生身手，能逃過叮螫的殺戮，爬上母蠍的背上，就能找到這個尾巴無法叮螫的地方。人們說，逃過一劫的這隻，會為其他幼蠍報仇，總有一天，會以牠居高臨下的優勢，將自己父母螫死。」

托普索對於蠍子的世代，也有些奇聞異譚可分享：「伊里昂納厄斯曾說，印度的伊斯塔密納斯一帶，只要有雨水積存發臭，就會生出大量蠍子。還有，巴西里斯克被打成碎片腐爛之

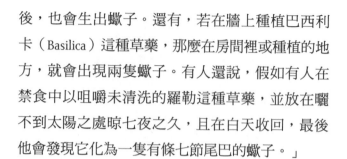

後，也會生出蠍子。還有，若在牆上種植巴西利卡（Basilica）這種草藥，那麼在房間裡或種植的地方，就會出現兩隻蠍子。有人還說，假如有人在禁食中以咀嚼未清洗的羅勒這種草藥，並放在曬不到太陽之處晾七夜之久，且在白天收回，最後他會發現它化為一隻有條七節尾巴的蠍子。」

霍勒瑞厄斯毫不懷疑地寫道，在他那個時代的義大利，有名男子在他大腦裡養了隻蠍，並以嗅聞羅勒的氣味來餵養牠。葛斯納聽了一名法國藥劑師的故事後也寫了則少女的故事，她聞了羅勒後陷入劇烈頭痛，由於無藥可治便死了，死後解剖驗屍，發現她的大腦裡有許多小蠍子。

亞里斯多德記得有種他稱為西辛布利亞的藥草，裡頭會生出腐爛的蠍子。我們在鱷魚的故事中已經說過，從鱷魚蛋中常會有蠍子跑出來，牠們一跑來便殺死孵化牠們的母親。

還有一則耐人尋味的傳說，假如蠍子被火圍繞讓牠無法遁逃時，牠便會自殺，不停螫自己螫到死為止。

PART 5
爬蟲傳說

螞蟻、蜜蜂、大黃蜂
The Ant、The Bee、The Hornet

　　沒有人信得過螞蟻，牠們的行徑讓我們這麼想。若從中可得到什麼智慧，便是牠們貪得無厭，酷嗜金子，至少在普里尼的時代還是如此。不過，當時螞蟻的體積異常地巨大：「印度螞蟻的角懸掛在伊瑞西亞（瑞翠伊）的赫拉克勒斯的神殿，因其體積大得神奇而受人欣賞。這種螞蟻從北印度某國的諸洞中挖出黃金，該國人民被稱為達爾代人。螞蟻的顏色如貓，體積跟一頭埃及狼一般。那金子於冬季挖出，在夏季被印度人奪取。那個季節因為螞蟻怕熱，為了避暑躲在牠們的洞穴裡。儘管如此，牠們因為聞到印度人的氣味而被驚動並衝出洞空，印度人儘管騎迅速的駱駝逃走，還是有些被螞蟻咬成碎片。由此可看出牠們有軍隊般的紀律，格外殘暴而且嗜金如命！」

蜂蜜會追逐醉漢。

大黃蜂。

　　麥格納斯提及：「忙碌的蜜蜂」的說法是從北方國度發展而來，我們也許會覺得這個特別的說法很奇怪，但是可能是由「禁酒協會」❶為了對社會產生有益的影響而鼓吹散播。蜜蜂因為受到醉漢身上散發的酒氣吸引，會追逐並加以叮咬。

　　這也是發生在北方，那裡的大黃蜂似乎品種不同，牠們似乎格外殘暴，人類或動物都不放過，從受害的屍體便可看出，還有從倖存的人如何奮力求生並抵抗這個敵人等就可看出。

注釋

❶ 即 Temperance Societies，十八世紀即有美國教會見美洲原住民酗酒問題嚴重，而倡導完全禁酒，由基督教裡如循道會等教派興起，開始一場禁酒運動；於是接下來的一個多世紀許多國家都有以此為宗旨的社團成立推動，包括英、北歐、印度等，到了二十世紀初更是達到最熾烈的階段，其中美國於二、三〇年代更是立法禁酒，視同犯刑；但以美國為例，立法之後只讓酒品因禁而貴，成為犯罪集團斂財奇貨，更讓私下無害品釀之人成為罪犯，而品質粗劣私酒更造成許多中毒死亡事件，如此造成的問題更甚酗酒問題；如今雖還有餘波，但這個運動已無政治上的影響力。

奇幻生物的起源
史上第一本古代幻獸檔案大解密

作　　者	約翰‧艾希頓 John Ashton
譯　　者	林為正
發 行 人	林敬彬
主　　編	楊安瑜
編　　輯	林子揚、李睿薇
內頁編排	吳郁嫻
封面設計	吳郁嫻
編輯協力	陳于雯、高家宏

出　　版	大旗出版社
發　　行	大都會文化事業有限公司
	11051 台北市信義區基隆路一段 432 號 4 樓之 9
	讀者服務專線：（02）27235216
	讀者服務傳真：（02）27235220
	電子郵件信箱：metro@ms21.hinet.net
	網　　址：www.metrobook.com.tw

郵政劃撥	14050529 大都會文化事業有限公司
出版日期	2020 年 08 月初版一刷‧2022 年 03 月初版三刷
定　　價	450 元
I S B N	978-986-99045-0-6
書　　號	B200801

Metropolitan Culture Enterprise Co., Ltd.
4F-9, Double Hero Bldg., 432, Keelung Rd., Sec. 1, Taipei 11051, Taiwan
Tel: +886-2-2723-5216　　Fax: +886-2-2723-5220
Web-site: www.metrobook.com.tw
E-mail: metro@ms21.hinet.net

First published in UK under the title Curious Creatures in Zoology by John Ashton, 1890

Chinese translation copyright © 2020 by Banner Publishing, a division of
Metropolitan Culture Enterprise Co., Ltd.

國家圖書館出版品預行編目 (CIP) 資料

奇幻生物的起源：史上第一本古代幻獸檔案大解
密 / 約翰‧艾希頓 John Ashton 著；林為正譯 . --
初版 . -- 臺北市：大旗出版：大都會文化發行，
2020.08. 448 面；14.8×21 公分
ISBN 978-986-99045-0-6（平裝）

1. 神話 2. 神秘學 3. 通俗作品

280　　　　　　　　　　　　　　　　109005493